北京人力资源开发服务的实践与探索

北京市人力资源和社会保障局编写组　编著

中国青年出版社

目　录

CONTENTS

前言

　　党的十九大报告提出要着力加快建设实体经济、科技创新、现代金融、人力资源协同发展的产业体系，推动数字科技和实体经济深度融合，在人力资本服务等领域培育新增长点、形成新动能。党的十九届五中全会提出，要实施人才强国战略，加快建设科技强国，让人力资本服务赋能科技创新，既为个人提高人力资本质量，也为企业解决人力资本组合。习近平总书记在中央人才工作会议上强调，要深入实施新时代人才强国战略，加快建设世界重要人才中心和创新高地。随着北京进入经济发展新阶段，加快构建新发展格局，人力资本服务逐步成为建设现代化经济体系、推进经济结构转型发展的重要力量。发展人力资源服务业对于促进社会化就业、更好发挥首都人力资源优势、服务经济社会发展具有重要意义。我们要坚持以习近平新时代中国特色社会主义思想为指导，认真贯彻党中央、国务院决策部署，以实施就业优先战略、人才强国战略和乡村振兴战略为引领，进一步提高人力资源服务水平。

　　为顺应数字经济发展趋势，人力资源服务业亟待转型升级。随着人工智能、大数据等新技术的广泛应用，用工新需求、新方式、新场景大量涌现，助推人力资源服务快速发展，人工智能＋人力资本服务带来的巨大便利正在对就业产生深刻影响。发展人工智能，降低用工成本，在某种程度上就是促进人力资源优化配置。企业建立劳动力分析能力、实施新的人力资源管理／云管理系统、进行人力资源流程改造等，不断推动人力资源传统业务升级为数字化业务及高端业务需求。人工智能、大数据等技术和 HR 应用的融合走向全面深入，在简历筛查、人才画像、智能面试机器人、员工服务机器人、员工学习机器人等众多创新应用中得到充分发展；区块链也将在背景调查、灵活用工、人才招聘、RPO、猎头、培训、员工激励、劳动合同存证等方面运用，将极大推动人力资源服务业转型升级。

为充分发挥人才对经济社会发展的支撑引领作用，党中央提出"到2035 年，我国人均国内生产总值达到中等发达国家水平，中等收入群体显著扩大，人民生活更加美好"的远景目标。"十四五"时期，我国社会将迈入中度老龄化，有效应对的关键是提升人力资本服务能力和水平，未来将出现更多的人力资本服务机构和创新创业人才，会有更多的技术和资金涌入，必然为人力资本服务业注入新的活力。为此，"十四五"时期北京人力社保事业必须坚持党的全面领导，坚持"五位一体"总体布局和"四个全面"战略布局，立足"四个中心"和"四个服务"，以推动高质量发展为主题，以深化供给侧结构性改革为主线，以改革创新为根本动力，以建设国际科技创新中心为新引擎，全面落实北京城市总体规划，深入实施就业优先政策，实行更积极更开放的人才政策。

　　追溯历史，总结经验，方能承继传统，坚守初心使命。坚持以人民为中心，突出体现民生为本、就业优先，把扶持经济、促进就业、维护稳定作为一切工作的出发点和落脚点，是贯穿人力社保事业改革发展的主题主线。中华人民共和国成立初期为消除失业、解决老百姓吃饭问题，探索形成了统包统配的劳动就业制度；改革开放后为解放生产力，率先改革企业劳动用工制度，发挥市场配置人力资源的基础性作用；当前为适应新经济发展格局，积极探索新就业形态下劳动者权益保障有效路径。在深入开展党史学习教育过程中，我们全面回顾北京市人力资源开发服务的改革历程，总结不同时期发展特点，探索转型发展过程中的工作规律，结合学习领会首都发展新阶段、新理念、新格局，特别是北京"两区建设"要求，对人力资源开发和服务的重点问题进行了梳理总结，并对其"十四五"时期的改革发展做了研究思考，在此基础上编著了《北京人力资源开发服务的实践与探索》一书。全书从法律法规制定实施、就业制度演进、人力资源市场发展、职业培训演变等多个维度，展现了长达70余年的纵向发展过程，还以典型案例的形式纪实性地再现了重大改革事件和场景，呈现出人力社保事业发展的历史脉络。

本书编写组

2022 年 3 月 16 日

第一篇
制度变迁

人力资源的概念最早由西方学者提出，虽然对我国人力资源学科建设产生了影响，但无论从理念还是实践层面看，我国人力资源开发和管理深深植根于自身的政治制度和思想文化中。北京劳动和人事管理工作可以追溯到 1949 年，通过实施劳动保险制度、统包统配就业制度、固定用工制度、干部计划管理制度等，充分调动人民群众的积极性、主动性和创造性，为建设社会主义新中国提供了有力的支持和保障。改革开放以来，随着经济体制改革和市场经济的发展尤其是知识经济的兴起，计划经济体制下的劳动和人事管理制度逐步演变为现代意义上的人力资源开发和管理，助推这种历史性转变的根本动力是各级党委政府始终秉承为人民服务的宗旨，围绕改善民生，坚持改革创新，从管理的理念、模式、内容、方法上推动实行全方位的变革，其改革内容丰富多彩、影响悠久深远，折射出北京人力社保事业 70 余年的转型发展历程。

第一章 综述

许金华

中华人民共和国成立后，在北京市委、市政府领导下，劳动和人事部门聚焦消除失业和促进经济发展，适应国家经济管理体制，积极探索，努力奋斗，逐步形成劳动、人事两套管理制度和工作体系，这两者长期共存并行，形成合力，为构建现代人力资源开发与管理体系奠定了坚实基础，也为首都经济发展、城市建设和社会治理提供了有力支撑。随着市场经济发展壮大，经济管理体制迎来了不可抗拒的变革，劳动、人事管理逐步改革开放，制度机制不断创新完善，加快向现代人力资源开发与管理转型过渡，极大地促进了首都社会主义现代化建设。

一、从劳动和人事管理到人力资本开发管理

（一）从集中统一管理到不断简政放权

劳动和人事管理制度是政治、经济和社会管理体制的重要组成部分，其建立和发展深受我国政治经济形势发展和经济管理体制改革的影响。从统一计划管理走向现代人力资源开发与管理，是适应我国社会主义建设和改革开放的必然选择，是加强社会治理体系和治理能力现代化

建设的关键环节。

1. 劳动和人事管理逐步改革开放

从 1949 年到 20 世纪 80 年代中期的 30 余年中，与我国国民经济计划管理体制相适应，劳动和人事领域实行集中统一的计划管理，形成了劳动和人事分工合作的工作格局，无论是面对干部还是职工，主要特征都体现为政府管理行为，劳动部门对劳动力实行统包统配就业制度，人事部门对干部实行计划管理，干部和职工工资待遇由国家统一规定，企业等用人单位基本上没有劳动和人事管理的自主权利。在中华人民共和国成立初期，这种管理体制对劳动就业合理分配、干部培养使用、稳定社会秩序起过重要作用，但随着时间的推移，高度集中的管理体制在很大程度上束缚了机关、企事业单位干部职工的积极性，越来越不能适应市场经济发展的需要，必然要求劳动和人事管理工作实现转型发展。

1949 年以来，北京市劳动工作大体上可分为四个阶段。第一阶段，1949 年到 1957 年，劳动管理从无到有，逐步建立并稳步发展；第二阶段，1958 年到 1965 年，由于三年"大跃进"运动给劳动工作带来了严重后果，1961 年开始，国家进行调整，恢复正常劳动管理工作；第三阶段，1966 年到 1978 年，因为"文化大革命"的冲击，劳动管理工作受到极大影响；第四阶段，1979 年到 1994 年，实行拨乱反正，劳动工作进入改革的崭新阶段。首先对就业制度进行初步改革，允许自愿组织起来就业和自谋职业，适应经济管理体制的改革，进行劳动管理制度改革，逐步废除统包统配劳动力的制度，改革工资制度，建立部分单位劳动保险基金统筹制度，并逐步扩大实行社会保险制度，从而拓宽了劳动工作领域，促进其全面发展。

北京市人事工作实行计划管理体制，从中华人民共和国成立一直延续到20世纪70年代末改革开放之前，这期间逐步建立了干部吸收录用、任免、培训、调配、奖惩、统计、工资福利、离退休等方面的制度和规定，根据经济建设的需要，有计划地调配了大量干部，接收安置军队转业干部，派遣了高等院校毕业生，干部的文化素质和专业技术水平都有了很大提高，有效推动了北京市各项工作的完成和发展。这种管理体制在相当一段时间里，对建立稳定的人事计划管理秩序和为首都经济建设提供人事保证起到过重要作用，保证了社会主义建设的推进和事业的发展。党的十一届三中全会以后，为适应工作重点转移到经济建设上来，人事工作也随之不断发展完善，恢复了职称评定工作，加强了对各类专业技术人员的管理，积极开展继续教育，在录用聘用干部、工资、考核任免干部等方面进行了积极改革，人事工作由计划经济下封闭式的工作方式向适应社会主义市场经济体制方向发展，建立并不断完善科学分类管理体制，自觉运用经济手段和法律手段加强宏观管理，发挥主动性、创造性，开辟新的工作领域，借助市场机制主动服务于经济建设。

2.劳动和人事工作不断规范化、法制化

第一，完成多项重大改革，推动实现制度转变。

从重视科技干部管理入手，推动干部实施分类管理。为了加强对全市社会科学和自然科学专业干部的统一管理，1983年12月成立北京市科技干部管理局。1984年北京市整顿"文化大革命"期间留下的以工代干人员，开始在企事业单位实行聘用制试点，1987年10月北京市人事局下发文件，对聘用制干部的条件、聘期待遇及审批管理问题做出决定，聘用制的实施打破了企事业干部工人的界限，拓宽了用人渠道，把竞争机制引入企事业单位，营造了人才脱颖而出的环境。

探索建立人才工作机制，加强专业技术人员队伍建设。开始重视高端人才培养，1984年启动有突出贡献专家的选拔工作，1988年制定了有突出贡献的科学技术管理专家选拔办法，完善选拔条件和程序。为加强专业技术人员队伍建设，1986年在企业事业单位进行职称改革，推行专业技术职务聘任制度，1993年2月成立北京市职称考试中心。1984年6月成立北京市人才服务中心，不断拓展服务领域，完善服务功能，大量人员通过人才市场求职，实现了流动或重新择业，人才市场为北京的经济建设发挥了积极作用。

建立完善公务员制度，提高政府管理效能。从考核、考录入手，加强政府机关建设。1987年，在部分党政机关进行目标管理岗位责任制试点，1991年6月开始将目标管理作为考核领导干部的依据，20世纪90年代后期将考核结果与单位奖惩和主要领导的任免挂钩。1990年北京市国家机关补充工作人员开始实行考录制度，1993年制定了北京市国家公务员录用实施办法，随后在干部选拔任免方面制定了一系列制度规范。1995 年北京市第一次公开选拔局级领导干部，干部选拔任免工作走向公开化、法制化、民主化。1995 年北京市全面推行公务员制度，开展了现有机关工作人员向公务员过渡的工作，随后陆续制定了一系列配套规章。

第二，做好计划与统计，推动实现工作标准化、科学化。

劳动和人事管理的基本前提是计划与统计，要求对干部职工人数以及工资总额，从总量和结构上进行宏观调控，以保证各个时期经济建设各项任务的完成。1985 年以前，北京市的工资计划和工资基金管理，由市劳动局统一负责编制并进行管理，1986 年以后，机关事业单位的工资计划和工资基金由市人事局进行管理，1989 年，根据国务院的要求，将机关事业单位工资基金管理纳入了人事计划管理。北京市从 1984 年开始进行人才需求与预测工作，为进一步做好人才培养和管理工作提供依据。1995 年 6 月根据北京市国民经济和社会发展的需要，北京市人事局与科干局在全市范围内编制"九五"人才计划。

中华人民共和国成立以来，计划管理工作始终把重点放在控制干部职工队伍规模上。比如，1988 年，根据国家劳动人事部、中共中央组织部先后下发《关于实行干部计划管理的意见》和《一九八七年全民所有制单位增加干部计划》的通知，北京市开始对全民所有制单位干部增长实行计划管理。在计划安排上，严格控制党政机关增加干部，事业单位原则上不从工人中吸收干部，需少量吸收的，必须在干部编制定员和专业技术职务比例限额内实行聘用制。根据国务院《进一步扩大国营工业企业自主权的暂行规定》的精神，企业单位可以从工人中选拔干部，实行聘用制。1989年，北京市明确提出，干部计划工作要按照中共中央关于治理整顿经济环境、整顿经济秩序、深化改革、压缩社会总需求的精神，控制机关事业单位干部队伍的过快增长，对机关事业单位新增干部实行指令性计划，对干部自然减员的补充实行严格控制，增加干部指标，主要用于接收安置统配人员。

第三，以关键环节为抓手，推动实现公平、公正。

自1949年1月1日北平市人民政府成立开始，全市行政机关事业单位的行政职务设置，主要围绕不同时期的政治经济社会和行政机构设置的变化，按照宪法、地方各级人民政府组织法有关规定，逐步系列化规范化，为加强干部队伍管理奠定了基础。

在干部任免方面，自1949年至1960年创建干部任免制度，历经1960年至1966年逐步健全完善干部任免制度，1966年至1976年干部任免完全停止后，从1977年开始，全面恢复和发展干部任免工作，根据国民经济建设和人事制度改革的需要，本着管少管活管好的原则，干部任免工作实行了统一管理和分部门分级管理相结合的办法，逐渐趋于法制化规范化，行政职务包括领导职务和非领导职务，并分别设置为市级行政机关行政职务、区县行政机关行政职务和事业单位行政职务三大类。

在干部录用方面，经历了制度建立与发展、完善三个阶段，1953年以前由行政学校培养输送大量干部；1953 年至 1992 年，逐步明确吸收录用干部的范围、标准、审批权限及工作程序，基本形成了一套相对完整的干部吸收录用制度；1992 年以后，实行国家公务员制度，在吸收录用中逐步推行了考试录用制度。严把录用入口关，是实现干部队伍规范化管理的前提，中华人民共和国成立以来不同时期的制度规定和实际探索，为我们积累了很多经验和具体案例。

3.人力资源开发与管理理念逐步培育

现代人力资源理念的萌生与培育，与劳动和人事管理工作具体实践密切相关。计划管理体制下，劳动和人事部门通过计划、统计和规划推动工作的做法，既有利于提高工作的标准化、科学化，也为走向现代人力资源开发与管理奠定了基础。改革开放以来，劳动和人事部门重视立法执法工作，制定实施了一系列法律法规，引导着人们树立新的劳动就业观念、劳动权益观念、工资收入观念、社会保障观念，不断营造公开、公平、公正的社会环境，有效促进了传统的劳动和人事管理向现代人力资源开发和管理过渡。

早在 1956 年，干部统计报表增加了专门人才统计表，按所学专业进行统计。1984 年 4 月按照市政府的要求，在全市进行专门人才现状普查与需求预测工作，普查的对象是具有研究生毕业学历、本科毕业学历、大专毕业学历、中专毕业学历和具有高级工程师、工程师、助理工程师、技术员职称的相应专业技术人员。普查的范围包括农村乡镇和城市街道以上，各级国家机关、人民团体以及全民所有制的企事业单位和集体所有制的企事业单位。为此专门成立了北京市人才规划办公室，由市计划委员会、市人事局、市成人教育局、市高教局组成。根据社会经济发展和科学技术进步趋势预测，1985年至1990年，北京市专门人才需求净增量为30万人，1991年至2000年北京市专门人才需求净增量为54万元。1992年北京市人事局着手研究适应首都经济建设和社会发展变化的人才管理模式，选择大兴区、建材工业集团、房山区普教系统，分别开展人才开发试点。1995年6月根据北京市国民经济和社会发展的需要，市人事局和市科干局在北京市范围内开展"九五"人才计划的编制工作，编制人才计划的对象是具有中专以上学历，在专业技术岗位工作，或者已取得初级以上专业技术职称的人员。1995年底，国家人事部决定，北京、上海等十省市人事计划部门为亚太经济合作组织人力资源开发工作网络国内协作单位。

从20世纪90年代开始，对1978年以来的改革成果进行系统的梳理，通过立法把好的政策制度转化为法律条文，以《中华人民共和国劳动法》（以下简称《劳动法》）为代表的一系列法律法规密集出台，劳动和人事管理逐步纳入法制化、规范化轨道。进入21世纪，现代人力资源开发与管理的理念越来越深入人心。2003年中央第一次召开人才工作会议，确立了党管人才的基本原则。为了贯彻落实中央人才决定精神，北京成立人才工作领导小组，以党政干部队伍建设为龙头，全面推进各类人才队伍建设，标志着人力资源开发与管理进入全新的发展阶段。

2020年9月，在中国国际服务贸易交易会人力资源服务主题活动期间，北京市人力资源和社会保障局公开发布《北京市新基建、新场景、新消费、新开放、新服务重点产业领域人力资源开发目录（2020年版）》（以下简称《目录》），这是人力资源开发与管理从理念到实务的全方位提升。《目录》紧密对接市委、市政府关于推进新基建、新场景、新消费、新开放、新服务的决策部署，在市场数据调查基础上，采用大数据技术，系统分析本市"五新"重点产业领域人力资源市场供需状况和技能需求，参考人力资源市场通用架构，以六项指标为"五新"重点产业领域人力资源需求画像，涵盖新一代信息技术、集成电路、医药健康、智能装备制造、节能环保、软件和信息服务、新能源智能汽车、新材料、人工智能、科技服务、商务服务11个产业大类，延伸形成36个人力资源开发子类、80个人力资源开发重点领域和190个人力资源开发代表岗位，并列出相应核心技能要求。《目录》的创新之处是设置了人力资源开发评级指标，从供需状况、培养难度、转行就业难度等方面对每个人力资源开发子类进行综合评级，最多五颗星，星级越高，表示人力资源综合紧缺程度越高，具有重点开发价值。36个人力资源开发子类中，评级为5星的有7个，分别是5G技术研发与应用，集成电路设计、制造与封装，集成电路材料研发，芯片研发，智能检测与装配装备制造，北斗卫星导航系统以及人工智能算法研发与应用。

《目录》从思想理念和工作机制方面，重点回答了四个问题。一是市场"需要什么人"的问题。劳动者可将《目录》作为就业创业的"机会清单"，有针对性地开展求职应聘、提升自身专业能力。用人单位可将《目录》作为"选、育、留、用"人才的"操作清单"，创造更多高质量就业机会。人力资源服务机构可将《目录》作为反映市场状况的"需求清单"，加大力度吸引国内外优质要素聚集，提供专业高效服务，促进人力资源优化配置。二是高等院校、职业院校等教育领域"需要培育什么人"的问题。《目录》客观呈现了本市"五新"重点产业领域人力资源供给不足、供需结构性矛盾突出的问题。高等院校、职业院校等教育领域可参照《目录》优化调整专业学科和课程设置，培养提升创新能力和实践能力，加快人力资源供给侧结构性改革，打造北京经济社会高质量发展急需紧缺的专业型、复合型人才队伍。三是以政府、市场为主体的培训机构"需要提供什么培训"的问题。《目录》根据市场普遍认可的评价标准，列出"五新"重点产业人力资源需要掌握的核心技能要求。以政府、市场为主体的培训机构可参照《目录》调整开发培训项目，助力劳动者技能提升。各培训机构、高校、用人单位可参考《目录》开展合作培训、学术交流，深化"五新"重点产业产教融合、共同发展。四是政府部门、社会组织等"需要加强什么服务"的问题。《目录》将为各级政府部门制定完善就业创业和人才服务政策提供参考，也可为社会组织等提供更为精准的服务。市人力资源社会保障局已将《目录》作为岗位筛选的参考依据，加大与本市猎头引才资金奖励政策的衔接力度，支持《目录》涉及单位和职工开展职业技能培训，并按政策规定给予补贴。

《目录》旨在为市场主体、教育培训机构和劳动者在求职招聘、教育培养、技能提升等方面提供宏观指引，促进本市人力资源深度开发、优化配置，更好地服务北京经济社会高质量发展。指明了未来将坚持市场化、专业化、产业化方向，结合产业发展和市场需求动态调整发布人才开发目录，集成各方资源，研究实施一批精准有效的配套政策和服务措施，进一步强化人力资源培育支持、培训服务和保障机制，形成以市场为主导、以产业为引导、以成果转化为目标，政府推动、多方合作的人力资源产业发展新格局。

（二）从救济失业到稳就业保就业

1. 统一安置就业

中华人民共和国成立以后，在城镇实行广泛就业政策、统一调配劳动力的管理制度和以固定工为主的用工制度，力图消灭城市失业现象，稳定社会秩序。1952 年 8 月，政务院发布《关于劳动就业问题的决定》和《关于处理失业工人办法》，规定公私营企业对多余的职工采取包下来的政策，不得解雇，开始统一介绍就业，逐步达到统一调配劳动力。1955 年以前，北京市首先通过以工代赈、生产自救、发放救济金等办法，救济失业人员，并进行失业无业人员登记，由劳动部门介绍就业。同时，严格禁止私自招收工人，职工调动也要经过劳动人事部门批准，不能自行流动，对新招收的工人实行固定工制度，对常年使用的临时工，分批转为固定工，到 1957 年北京市基本上解决了失业问题。此后的就业任务主要是统一安置达到劳动年龄的中小学毕业生，这种一次分配定终身的统招统配的就业制度，一直延续到 20 世纪 80 年代中期。

2. 首次改革就业制度

由于种种原因，在劳动就业方面曾经出现大起大落的局面，三年"大跃进"导致全市猛增职工近 60 万人，随后根据国家规定大规模精简职工，累计削减了 63 万人。"文革"开始后，号召广大知青去农村接受贫下中农的再教育，从 1966 年至 1978 年，累计动员组织了 60 万人上山下乡。到 1978 年底，面对 40 万人亟待就业的问题，根据中共中央和国务院的指示，北京市首先进行就业制度的改革，从统包统配改为介绍就业。遵循组织起来就业和自谋职业相结合的方针，在介绍就业的同时，全市迅速组织起大批小型的、自负盈亏的新集体企业，同时鼓励个体经营广开就业门路，仅用了五六年时间，基本上缓解了当时的就业压力，到 1984 年底，全市累计安排了 120 万人就业，纯待业人员仅有 0.8 万人左右。

随着经济体制改革不断推进，统包统配劳动力的管理制度和以固定工为主的用工制度越来越不适应经济社会发展需要，改革就业制度势在必行。一是在招工制度上，从统一计划、统一组织、统一时间，劳动部门介绍用人单位审查录用，逐步改为由企业自主决定招工人数、时间和对象，通过劳动力市场职业介绍机构和信息渠道与应招人员直接见面洽谈，实现双向选择。二是在用工制度上，根据1986年7月国务院发布的关于改革劳动制度的四个规定，开始对国有企业进行劳动合同制试点，从1987年下半年开始，新增加的工人一律实行劳动合同制，与此同时，在企业内部实行优化劳动组合，择优上岗，社会化安置离岗的多余职工，允许少量辞退，在这个基础上，推行企业职工全员劳动合同制度，并取得了一定效果。

改革中也存在一些问题尚待解决，如政策上允许辞退多余职工，或到期解除劳动合同，但社会上难以承受过多的失业人口，致使企业多余人员难于处理。再如20世纪80年代中期以后，许多国有大中型企业转型困难，经营亏损，无须增加职工，而外地农村劳动力大量涌入北京市务工、经商或从事劳务，占据了大量就业岗位，给北京市内失业和下岗人员再就业增加了困难。就业改革需要继续深化，改善民生仍然在路上。

3. 开辟就业新渠道

为促进各单位之间职工合理流动，解决就业难的问题，北京市通过引入市场机制来畅通就业渠道。

一是成立专门机构。1985年5月26日，市劳动局成立了北京市技术工人交流咨询服务中心，1988年2月28日改名为北京市劳动交流中心，在组织职工交流的过程中，这类组织逐步发展为劳动力市场，参加人员不仅有在职职工，也吸引了越来越多的待业人员参加进来。

二是允许用人单位与劳动力市场对接。1988 年市计划委员会发布通知，各单位可根据下达的招人计划指标直接到劳动力市场招收职工。从 1990 年起，市劳动交流中心正式增加了为初次求职人员介绍就业的工作，通过供需双方见面洽谈，为他们提供双向选择的机会。

三是把就业与职业培训结合起来。1990 年 3 月，市劳动交流中心与丰台区职业教育中心学校、北京钢琴厂等三方 8 个单位联合创办了集育才建才用才为一体的职业高中，此后这种办学方式迅速发展，到 1994 年全市已有 180 所职业高中，从 1990 年 3 月到 1994 年底，市劳动交流中心共为 3000 多名学有所长的职业高中毕业生落实了录用单位。

四是简化招工录用手续。1991 年 12 月市劳动局颁布了《关于简化招工录用手续的通知》，规定中央各部委及其所属在京各单位驻京部队招工时，可凭主管部门批准的计划，直接到所在的区县劳动局所属的劳动力市场办理，市属机关团体事业单位招工，可凭市劳动局下达的招人计划直接到所在的区县劳动部门办理，外省、自治区、直辖市（含计划单列市）驻京办事机构企业事业单位招工，可凭省、自治区、直辖市（计划单列市）劳动局（厅）批准的招工计划文件，直接到单位所在的区、县劳动局办理。

五是颁布实施劳动力市场法规文件。1991 年市政府发布第 3 号令，公布了《北京市劳务市场管理暂行办法》，同年 4 月市劳动局发布了与之相匹配的 6 个规范性文件，使职业介绍工作逐步纳入规范化和市场化的轨道，据当年统计，北京市的劳动力市场有 23 家，其中综合劳动力市场 19 家，行业劳动力市场 4 家。1994 年 1 月将劳动力市场改成职业介绍服务中心或职业介绍所，当年全市职业介绍服务机构发展到 76 家，其中行业的 30 家，社会团体开办的 10 家，街道办的 9 家。

六是不断拓展就业市场覆盖范围。早在 1984 年，第一家北京市人才市场诞生，1992 年至 1998 年，劳动力市场和人才市场并存发展，服务业务从国内拓展到境外，市劳动交流中心成立了境外就业服务所，从 1992 年 5 月到 1994 年底，共为 435 人赴世界 51 个国家和地区就业提供了服务。

二、人力资源供给的优化提升

北京市人力资源供给的主要特点为：中华人民共和国成立以来劳动力人口供给持续增长，人口红利窗口期相对延长，人才队伍规模和素质显著提升。当前和未来的发展趋势是：新就业形态规模扩大，人口老龄化势头不断增强。过去的发展经验表明，在人力资源供给中，产业发展、人员培训、市场机制、政府管理等都是重要环节和决定性要素。

（一）产业结构调整持续影响

纵观北京就业工作发展历程，就业的结构、形式、数量和质量都与宏观经济走势和产业结构调整紧密相关，就业人数增减是生产力发展的标志，而就业结构变化则反映产业结构调整，围绕实施首都城市功能战略定位和经济社会高质量发展，科技进步和人才素质将越来越成为核心要素。

1. 就业人数增减起伏

1949年，全市农业劳动者占全社会劳动者总数的71.7%，随后逐年下降，1949年到1963年的14年间，从事第一产业的人数比例下降了29.1%，1975年下降到了32.1%，1985年下降到16.9%，1994年下降到11%。与此相反，从事第二产业的人数比例，在1963年到1988年呈上升趋势，1975年为37.2%，比1963年上升了12个百分点，1988年为45.8%，但自1989年以后，略呈下降趋势，1994年为41%，比1988年下降了4.8个百分点，这反映了后几年对产业结构的合理调整。第三产业1963年至1980年基本上保持平衡，维持着32%左右的水平，自1981年以后，逐步有所增长，1985年为38.9%，比1963年上升了6.9个百分点，1990年为40.66%，1994年为48%，第三产业的上升，反映了市场经济快速发展。第一、第二、第三产业就业人员比重由1963年的42.6 ：25.2 ：32.2转变为2019年的3.3 ：13.6 ：83.1，第三产业升幅巨大，就业人员比例由1963年的32.2%跃升为当前的83.1%，成为扩大就业的主渠道。据《北京市2020年国民经济和社会发展统计公报》显示：北京市全年实现地区生产总值36102.6亿元，其中，第三产业增加值30278.6亿元，增长1.0%，第三产业占比83.8%，处于绝对的主导地位，服务业已经成为国民经济的第一大产业。

2.就业结构调整变化

一是体现在城镇就业人员的部门结构中。中华人民共和国成立后的前40余年中，城镇就业结构发生了较大变化，在各个产业部门中，工业部门的就业人员比例始终占据首位，1949年，工业部门就业人员占总就业人员的36.1%，到1975年达到46.9%，几乎占了半数，此后，随着经济结构的调整，建筑业和第三产业就业人员的比例上升，工业部门的比例相应下降，到1992年下降到32%。比如建筑业，由于城市建设的需要，建筑部门就业人员比例增长较快，1949年仅占1.6%，到第1个五年计划结束的时候，1957年增长到占13.5%，此后受"大跃进"运动和"文化大革命"的影响有所下降，"文化大革命"结束后，因经济建设和城市建设需要，建筑部门有了新的发展，1980年，就业人员的比例增加到10.3%，1992年又增加到12.8%。再比如商业服务部门，在1949年由于网点多从业人员多，就业人员比例较大，为27.9%，此后经过私营企业和个体经营户的社会主义改造，新建一些大型商场和服务企业，网点大大减少，从业人员下降，到1957年就业人员的比例下降到15%，1965年下降到10.1%，此后十余年稳定在略高于10%。1979年以后开始改革就业制度，发展小型企业，鼓励个体经营，大力发展第三产业，活跃市场，商业服务部门就业人员比例逐步上升，1980年达到12.4%，1992年又上升到15.5%。

二是体现在职工所有制结构的变化中。自1949年起，就业工作的重点是城镇劳动者，一般不包括农民在内，但是对进城后的农村多余劳动力也进行统筹安排。城镇就业人员中，除个体劳动者外，一般都属于职工，北京市私营企业职工 1949 年占 60.3%，1950 年占 57.9%，此后逐年下降，到 1956 年公私合营企业职工所占比例增加到 16.3%，1958 年以后，公私合营企业与原个体经营户通过不同渠道分别转为全民所有制和集体所有制单位。自此以后，全民所有制职工占职工总数的比例，一般都在 80% 以上，集体所有制职工所占比例，除个别年份达到 20% 以上外，一般都在 13% ～ 20%。1984 年以后实施对外开放政策，开始出现各种形式的中外合资合作企业，其职工数量逐年增加，占职工总数的比例 1984 年为 0.3%，到 1994 年增加到 7.4%。

3. 人力资源管理方式变化

引入市场机制直接带来了人力资源配置方式的转变，劳动力就业从统包统配过渡到通过市场进行劳动力资源配置，干部调配也适应市场机制发展进入人才引进阶段。劳动力管理包括劳动力招聘调配、企业之间劳动力调剂等，干部管理包括干部吸收录用、考核奖惩、激励、调配等，两者尽管呈现出各自的运行特点，但是都经历了从统一计划管理向引入市场机制进行配置的转换过程，反映了劳动和人事工作主动适应经济转型，不断进行职能调整和管理创新。

改革开放以前，劳动力调配实行集中统一管理，工人在部门单位之间不能自由流动，其工作调动必须经各级劳动部门审批后办理手续。

在 20 世纪 80 年代经济体制和劳动管理体制改革中，逐步下放劳动管理权限，简化审批手续，允许并组织工人合理流动，以适应搞活经济的需要。调配干部在 1949 年的主要原则是，根据社会主义建设和国民经济调整的需要，保证重点，充实基层，加强生产科研第一线，切实贯彻执行任人唯贤的干部路线，做到知人善任，用其所长，调配得当，按照编制管理要求和工作需要配备干部，调剂余缺，从严掌握从边疆地区或者中小城市调往北京市，从基层调往上级机关，注意解决夫妻两地分居问题。20 世纪 90 年代以来，尤其是历经两次政府机构改革，从市科干局划归市人事局，到在原市劳动局和原市人事局基础上组建市人力资源和社会保障局，干部调配工作越来越聚焦产业结构调整和首都城市功能战略定位，大力引进海内外高层次、急需紧缺人才，为北京经济社会发展提供有力支撑。随着供给侧改革不断推进，简政放权力度逐步加大，理顺政府与市场的关系，充分发挥市场在人力资源配置中的决定性作用，不断增强政府宏观调控力度，对于提升人力资源开发与管理效能意义重大。2020 年，为深入贯彻《中共北京市委 北京市人民政府关于加快培育壮大新业态新模式促进北京经济高质量发展的若干意见》，发布首个"五新"重点产业领域人力资源开发目录，加强"五新"产业人力资源开发，为构建人力资源开发与管理新格局打下基础。

（二）不断提升人力资源素质

中华人民共和国成立以来，党中央、国务院和市委、市政府高度重视人才培养，加大政策支持和财政投入，持续推动职工培训、干部培训，为党政干部队伍、专业技术人才队伍和技能人才队伍建设奠定了坚实的基础。

1. 职工培训

1949 年至 1978 年，实行以技工学校为载体的培训制度。最初为提高职工的素质，劳动部门举办一些短期技术培训班，帮助失业人员实现再就业，后来在全市陆续举办技工学校，培养出一批质量较好的中级技术工人。"文化大革命"期间，培训工作遭到严重破坏，"文化大革命"结束以后，技工学校得到了恢复和发展。

1979 年至 1994 年，职业培训体系初步形成。逐步普及和规范职工培训，同时开展中级工和高级工的培训，经考核后发等级证书，并建立工人技师的培训、考评和聘任制度；对上山下乡知识青年开展就业前培训，实行"先培训，后就业"制度；重点培训企业富余职工和下岗职工；大力扶持技工学校发展，学校规模不断壮大，教师的能力素质逐步提高。

1995 年至 2010 年，职业培训体系日臻完善。这一时期，为适应就业形势的变化，不断调整优化培训模式和培训内容；围绕实施再就业工程，开展了转岗、转业培训；改变企业内自行培训的单一模式，大力发展社会培训；调整优化技校教育布局和专业设置；全面实施劳动预备制，重点培养高技能人才。

2012 年至今，构建终身职业技能培训体系。建立终身职业培训政策体系；广泛开展技能提升培训、就业帮扶培训；加快建设开放多元职业培训体系；建立高技能人才队伍建设体制机制；健全技能人才多元评价体系，积极推进职业技能等级认定和第三方社会评价；应对新冠肺炎疫情，开展重点行业"以训稳岗"精准帮扶支持；打造"京训钉"服务平台，推进"互联网＋职业技能培训"。

2. 干部培训

北京市的干部培训工作一直围绕着党在各个历史时期的中心工作来开展。

一是在 1949 年，面临着建立政权，恢复生产和建设城市的艰巨任务，需要将大量工农干部派到各级政权和工作部门工作，为了迅速提高工农干部文化水平，成立北京行政干部学校，各区政府陆续建立业余文化补习学校，同时对国民党旧职员施行团结教育改造，经过教育培训给予重新录用。

二是在 20 世纪 50 年代，北京干部培训工作重点面向生产建设，培养出一大批桥梁道路、地下管道等城市建设专业干部，有计划地选调一些年轻干部到大学或者苏联学习，他们中有的后来成为专家学者和高级领导干部。20 世纪 60 年代初，因为调整机构和精简下放人员，干部培训工作相应缩减，"文化大革命"期间教育培训工作被取消。

三是在改革开放时期，1978 年党的十一届三中全会以后，为落实中央关于实现干部队伍革命化、年轻化、知识化、专业化的要求，以提高学历和专业技能培训为主，干部教育培训工作进入新的阶段。在政府机关开始实施公务员培训，1994年开展了机关工作人员过渡培训，1995年开始进行公务员初任培训、任职培训，1997年印发《北京市国家公务员培训暂行办法》。同时在专业技术人员中开展继续教育，从1986年开始，市科干局组织和指导全市专业技术人员学习新知识新技术，各行业围绕着科技、经济发展中的重点热点问题，开展分层分类的继续教育，为广大专业技术人员举办了多期各类培训班和研修班。1995年10月1日开始实施《北京市专业技术人员继续教育规定》，标志着专业技术人员继续教育工作走上规范化、法制化轨道。

3．人才队伍建设

1949年，围绕恢复和发展国民经济建设这个中心，干部调配工作坚持突出重点保证急需的原则，为重点工程和重点项目调动、调整和配备干部，在保证北京地区的全国重点工程项目建设对干部需求的同时，积极配合国务院人事局，抽调大批干部支援边疆和兄弟省市。另外，还遵循从严控制、重点管理、宏观指导的原则，对北京市干部进行内部调整和交流，根据干部家庭困难情况与北京经济建设和社会发展的需要，解决干部夫妻分居和老人身边无子女的问题，以及驻京部队军官家属随军调京安置工作。"文化大革命"开始后，北京市人事局被撤销，调配工作受到影响，1972年北京市人事局重新成立。20世纪80年代初期，北京市干部调配工作主要配合落实政策进行,解决历史遗留问题,随着改革开放的深入和建设有中国特色社会主义目标的确立,干部调配工作进行了以减少审批层次、简化调配手续和提高工作效率为重点的一系列改革,保证了北京市经济建设和社会发展的实际需要。

为简化干部调动手续,提高干部调配工作效率,市委、市政府先后制定下发了一系列文件政策,比如,1956年提出市属各单位之间商调干部可以直接办理调动手续;1981年提出严格控制从市外调入干部;1983年提出对专业技术干部通过计划调配,辅之以合同招聘等多种形式进行调整和交流,打破企业所有制和行业部门限制;1984年下放干部调动的审批权限;1985年市委组织部、市科委、市科干局、市人事局联合发文,采取措施解决重点建设项目所需专业技术干部,促进人才合理流动;从1990年开始,重点转移到为国有大中型企业服务上面,对国内取得博士学位的人员和获得国家级奖励的专业技术干部,被聘任为中级和中级以上专业技术职务人员优先解决夫妻两地分居问题,明确了适应首都经济建设的需要,大力吸引各类人才的方向。2000年5月1日,《北京市鼓励留学人员来京创业工作的若干规定》正式实施,标志着北京市为留学人员来京创业开辟"绿色通道"。

2003年中央人才工作会议提出了党管人才,人才队伍建设成为党和国家发展战略的重要内容。围绕贯彻落实中央人才工作会议精神,北京市从人才引进、职称评定等方面连续推出配套政策措施,鼓励支持人才来京创业发展。当年，在职称评审中推行个人自主申报、社会统一评价的社会化评审方式，放宽了职称申报人员范围。2007年，制定了《关于进一步加强高层次人才队伍建设的意见》，进一步完善了首都高层次人才引进、培养、使用和流动的机制。为了创新人才评价发现机制，2011年在中关村国家自主创新示范区核心区等重点产业区域试行职称评价快速通道，突破学历、资历、身份限制，选拔优秀人才；2012年继续在中关村海淀园和亦庄园开展高端领军人才职称评审直通车试点，随后继续扩大试点范围。2017年，在京津冀三地开展职称资格互认。2018年，北京职称制度迎来了30年来最重大改革，打破职称评价"一把尺子量到底"、职称论文"一刀切"、职称晋升"玻璃门"等制约，对不同人才制定不同标准，职称评价重品德、能力和业绩，支持人才自选代表性成果替代论文，新增4类人才职称申报渠道，创新6类晋升方式，改革涉及全市300万专业技术人员。

（三）逐步完善人力资源市场机制

建立劳动力市场和人才市场，开启通过市场配置人力资源的改革历程，有利于对北京人力资源和人才资源进行合理配置。1992年至1998年，劳动力市场和人才市场并存发展，1998年至2008年，是劳动力市场和人才市场改革创新的重要阶段，2009年开始整合北京劳动力市场和人才市场，人力资源市场建设全面展开。为贯彻落实国务院《人力资源市场暂行条例》，积极推进人力资源市场立法工作，2021年制定出台《北京市促进人力资源市场发展办法》。截至 2021 年 4 月，北京地区人力资源服务业产值达到 3000 亿元，在商务服务业中排名第三，占比达到 12.4%。

1. 发掘市场活力

伴随经济体制改革和干部人事制度改革的不断深化，人才交流工作改革被提上了议事日程，最有标志性意义的是，1984 年市人事局成立北京市人才交流服务中心。从落实知识分子政策和调整交流科技人员入手，把人才交流工作与市场机制直接挂钩，北京市人才流动服务机构随之迅速发展起来，人才交流活动因注入市场机制而更具活力和效率，供需见面采取直接洽谈形式，双向选择更加直观，具有信息量集中、成本相对较低、成功率高等优势，逐渐成为人才交流与配置的一种主要服务方式。为了给用人单位和求职人才双方提供经常化的定期服务，出现了固定人才市场，为提高人才交流的效果和质量，针对不同市场主体的不同需求，探索举办了专场人才交流洽谈会、老年人才洽谈会和外商企业招聘洽谈会等，提高市场化程度成为人力资源开发和管理的主题主线。

2. 提升市场效率

1990 年开始探索建立人才信息网，以加强人才交流服务机构之间的业务协作与沟通，1993 年全市多数人才流动服务机构实现了利用计算机收集、储存、整理、查询人才供求信息，1995 年市区县人才交流服务机构开始积极探索计算机联网，以实现人才资源信息的共享，北京地区人才中介服务一体化的格局初步实现。1992 年以后，北京市人才中介服务事业迅速发展，行业部门和社会力量即民办的人才流动服务机构迅速增加，初步形成以政府人事部门所属人才流动服务机构为主渠道，行业主管部门人才流动服务机构为辅助，社会力量和民办的人才流动服务机构为补充的多层次、多元化、多功能的人才中介服务网络体系。为加强对人才市场的监督和管理，推动北京市人才市场健康有序发展，1995年3月，北京市人事局设立人才市场管理办公室，负责依法管理北京市的人才市场，从而实现人才市场运作主体与管理主体的政事分开，并由市政府发布《北京市人才市场管理若干规定》，人力资源开发和管理信息化、规范化的发展趋势日益增强。

3. 统一规范市场

1998年，北京市先后制定实施了人才市场管理条例和配套办法，从人才招聘、应聘、中介服务和政府管理四个方面规范人才市场行为，形成了规范人才市场的法规制度体系。2007年党的十七大提出，要"建立统一规范的人力资源市场"。在随后出台实施的《就业促进法》中，明确提出了"人力资源市场"的概念。2009年，北京开启劳动力市场和人才市场的整合改革，人力资源市场建设全面展开。近年来，致力于全面推进人力资源市场公共服务体系整合，加强人力资源服务的标准化、规范化建设，贯彻京津冀协同发展战略，打通三地人力资源市场，推进人力资源服务产业园建设。还以北京作为全国首个服务业扩大开放综合试点城市为契机，于2018年12月专门出台文件，促进猎头机构进一步发挥融智作用，建设专业化和国际化人力资源市场，以推动人力资源市场逐步提升对外开放水平。积极落实"放管服"改革要求，深化人力资源服务行政许可先照后证改革，取消招聘会行政许可和人力资源市场从业人员资格证书，下放内资人力资源服务机构行政许可管理权限，在全市范围内推行人力资源服务许可告知承诺改革。

（四）不断创新就业管理

回望新中国发展史，在党和政府的决策部署中，就业工作从来都被摆到优先考虑的重要位置，对就业管理和制度建设的改革创新在政治上都是高标准高要求，因此就业工作最为集中地体现了党和政府为民办实事的初心使命。

1. 失业及无业人员管理

1949 年北平市和平解放以后，对原有政府工作人员和企业职工实行包下来的政策，对原国民党军政人员分别情况给予工作和生产出路，同时严格限制公私营企业裁减解雇员工，防止造成新的失业。同年 11 月 21 日，北京市召开的各界人民代表会议，通过了救济失业员工的决定，会后制定了该决定试行细则，1950 年 2 月在报纸上公布，由此开始了失业救济工作，管理失业无业人员成为政府劳动部门的一项重要工作。

失业无业人员管理主要包括两方面工作，一方面是每年进行登记管理，掌握失业无业人员的数量和情况，以便于开展失业就业和劳动就业工作。从 1961 年开始，由区劳动、教育部门联合成立机构，对初高中毕业生直接安排就业，1966年"文化大革命"开始以后，主要是组织初高中毕业生上山下乡，1978年又开始统计待业人数，到1981年恢复对城镇待业人员的求职登记和组织管理。另一方面是对失业人员进行救济和办理失业保险，1950年开始对失业人员进行救济，由劳动部门与有关部门配合，采取生产自救、以工代赈或发放救济金等办法进行，该项工作进行到1956年9月结束。失业救济的经费主要靠征收救济基金，从1986年开始对失业人员建立失业保险。

2．统一计划组织就业

1952年8月，政务院在《关于处理失业工人办法》中提出，为配合解决失业与剩余劳动力就业问题，应从统一介绍开始，逐步达到统一调配劳动力。公私营企业、机关招用职工时，均由劳动部门统一介绍，非经劳动部门批准，不得私自招收，这为实行统包统配的就业方针奠定了基础。1955年5月，市人民委员会通知：劳动计划中央批准之前一律不准增加人员，同年6月市长彭真在市人民委员会行政会议上强调，劳动力的调配应统一由劳动部门掌握，各单位不得无组织、无计划私自用人。招工办法是，由市劳动局编制全市各单位的招工计划，下达到各区县革命委员会计划组或劳动局后，再分配到各街道办事处介绍就业，招工单位很少有挑选的余地，个人更没有选择职业的权利，这种统包统配的方法持续到1978年。从1955年到1965年的11年中，年年都对未经劳动部门批准私自招收工人的问题进行检查处理，自谋职业基本上已不存在。

3. 走出就业困境

1958 年开始了三年"大跃进"运动，国有企业特别是工业基本建设企业大量增加职工，这场运动导致国民经济发展比例严重失调，城乡人民生活陷入困境，不得不在全市大量精减职工，精减后的职工大多数回到农村，并动员一部分城镇知识青年上山下乡。1966 年至 1976 年"文化大革命"期间，大规模地组织知识青年上山下乡，1975 年前后又根据生产建设单位需要从农村招收大量农民进城做工，这使城乡劳动力统筹安排受到了影响，到 1979 年北京市等待安置的各类人员多达 40 万人，其中 1977 年以前的初高中毕业生 10 万人，1978 年的初高中毕业生 20 万人，在郊区插队的和从外地回北京的知青 5 万人，大中专毕业生 1 万人，复员转业军人 1 万人，落实政策调回北京的 2 万人，刑满释放和解除劳动教养的约 0.5 万人。

北京市委、市政府决定，广开就业门路，大力组织待业青年参加各种集体所有制性质的生产服务组织，以解决青年就业问题。1980 年 8 月全国劳动就业会议上提出，在国家统筹规划指导下实行劳动部门介绍就业、自愿组织起来就业和自谋职业相结合的方针。除区县劳动部门继续根据各单位的需要，组织介绍待业人员就业外，市委、市政府决定成立北京市城市生产服务合作总社和北京市劳动服务公司，分别组织推动各区县街道和企业事业机关等部门单位广开就业门路，广设集体所有制的商业服务业网点安置大批待业人员，用四五年时间暂时缓解了北京市就业的压力。据统计，自 1979 年到 1984 年，全市累计安置了 120 万人就业，1984 年底尚未安置的仅有 0.8 万人。尽管如此，带有统包统配性质的招工办法不适应市场经济特点，企业的用工权和就业者的择业权得不到保障，劳动用工制度亟待改革。

1985 年先对一部分企业招工放权，规定那些已实行工资总额与经济效益挂钩的企业不再受劳动计划的限制，招工的数量由企业自行决定，集体所有制企业招工的时间和数量都由企业制定，各单位补充自然减员可以随时就地招工。1986 年招工不再进行文化考试，招工的时间不再统一，可以根据各单位的需要随时招收。自此以后，北京市不再实行统包统配的招工办法，通过发展劳动力市场和职业介绍机构，使招工单位与待业人员在劳务市场上面对面双向选择录用，就业制度改革逐步推行。

4. 分类施策提效能

在介绍就业中，根据当时经济社会发展的需要，对不同人员实行了不同的政策，把就业重点群体锁定为复员转业军人、大中专院校和技工学校毕业生、退休职工子女、归国华侨、少数民族人员、残疾人员、被征用土地的农民等。

比如，优先做好复员转业军人就业安置工作。20 世纪 50 年代先后由市财政局、民政局、人事局和劳动局等部门负责办理，区县成立了复员军人转业建设委员会，从 1950 年到 1956 年，北京市各单位安置复员军人 1.7 万人，加上中央在京单位接收安置的，约 8 万人。1957 年市人民委员会决定，转业军人中的干部由人事局分配工作，退伍的义务兵由劳动局负责安置。1968年3月北京市成立接收安置复员军人办公室，以劳动局、北京卫戍区为主，民政局、公安局派人参加，此后市劳动局每年把安置复员军人纳入劳动计划，把分配给各部门单位安置复员军人的任务随同劳动计划一起下达，接收安置复员军人办公室按此计划向各单位介绍安置复员军人。1985年起复员转业军人的安置工作改由民政局负责，每年市劳动局根据当年安置人数计划划拨劳动指标。

对大专院校、中等专业学校毕业生采取了统一分配的政策。由市人事局根据国家下达的大学生分配计划人数，分别分到各机关、事业和企业单位，1968年以后大学生分配计划纳入劳动计划，具体分配由人事局办理，1985年以后大学生分配计划由市人事局制定并分配，市劳动局根据实际分配数量划拨指标，1992年以后不再下达劳动计划和划拨劳动指标。

三、推动人力资源服务转型发展

党的十九大把人才发展放到党和国家事业发展全局的战略高度，指出人才是实现民族振兴、赢得国际竞争主动权的战略资源，提出要坚持党管干部、党管人才，大规模开展职业技能培训，着力加快建设实体经济、科技创新、现代金融、人力资源协同发展的产业体系。习近平总书记两次视察北京并发表重要讲话，明确要加强"四个中心"功能建设，做好"四个服务"，建设国际一流的和谐宜居之都，促进京津冀协同发展。贯彻落实党的十九大精神和北京城市战略定位，进一步深化放管服改革，推动北京科技创新中心以及"两区建设"，对北京人力资源管理能力和水平提出了更高的要求，迫切需要加强人力资源管理理念创新，形成科学规范开放的人力资源管理体系。关于北京人力资源开发和管理加快实现转型发展，有如下几点思考。

（一）贯彻落实党中央一系列战略部署，坚守初心使命，确保北京人力资源开发和管理正确的政治方向

一是党的十九大明确将人力资源服务产业作为新动能的发展领域，指出要"在人力资本服务领域培育新增长点、形成新动能"，需要我们站在更高的起点、从更宽的视野去理解和把握人力资源开发和管理的内涵和外延，努力破除理念和制度的藩篱，真正实现创新突破，厘清政府与市场关系，区分市区两级事权，加强政府部门间沟通协作，构建包括政府、企业、社会在内的多方治理体系。二是党的十九大提出新时代我国社会主要矛盾是人民日益增长的美好生活需要和不平衡不充分的发展之间的矛盾，需要我们坚持以人民为中心的发展思想，不断促进人的全面发展，扩大中等收入群体，实现全体人民共同富裕。在实施供给侧改革和简政放权过程中，需要坚持党管干部、党管人才原则，坚定不移全面从严治党，不断提高党的执政能力和领导水平，建设高素质的干部队伍，聚天下英才而用之。三是北京"四个中心""四个服务"的城市战略定位，对人力资源开发和管理提出了高标准和硬约束，"十四五"时期

在继续推进疏解整治促提升过程中，既要实现人口结构和就业结构双优化，又要进一步提高社会劳动生产率。四是中央全面深化改革的总目标是完善和发展中国特色社会主义制度、推进国家治理体系和治理能力现代化，针对北京人力资源发展存在不平衡不充分的问题，需要不断推进"互联网＋人社""接诉即办"和"局处长走流程"，增强人力资源开发和管理的科学性、规范性，切实提高为人民群众办实事的能力和水平。

（二）立足"十三五"时期的发展成就，继承优良传统，推动北京人力资源开发和管理向纵深拓展

在市委、市政府领导下，经过几代人的艰苦奋斗和改革创新，北京人力资源开发和管理走出了一条稳健发展之路。近年来，坚持就业优先政策，就业局势保持总体稳定，就业技能不断提升，就业形式更加多元，就业质量显著提升，就业结构更加优化，到"十三五"期末，从业人员总量达到1273万人，三次产业就业人员比重由4.2∶17.0∶78.8转变为3.3∶13.6∶83.1，城镇调查失业率控制在5%以内，牢牢守住了就业基本盘。坚持兜底线、织密网、建机制，率先建成城乡统一、覆盖全民的社会保障体系，社会保险基金安全可持续运行，职工养老、职工医疗、失业和工伤保险参保人数比"十二五"期末分别增长24.8%、18.0%、21.8%和24.2%，各项社保待遇水平稳步提高。坚持制度改革和政策创新，技术技能人才队伍建设持续加强，助力首都高质量发展的作用进一步发挥，全市专业技术人才和技能人才总量分别比"十二五"期

末增长 19.1% 和 10.5%。多元治理、协同治理的劳动关系调控体系不断健全，70% 的劳动人事争议案件在仲裁环节得到化解，根治欠薪工作连续 3 年被国务院考核评为"优秀"，劳动者权益得到有效维护。工资收入分配格局持续改善，居民人均可支配收入中工资性收入比"十二五"期末增长 37%，职工最低工资标准由 1720 元增长到 2200 元。围绕推进疫情防控和经济社会发展，认真落实"六稳""六保"任务，及时打出"减免缓返补"政策组合拳，创新推出以训稳岗、以工代训超常规举措，推出"京医保十二条"，开通医疗保障绿色通道，为新冠肺炎检测治疗提供支撑。全面推进行风建设，提升人力社保公共服务治理能力治理水平，深化"放管服"改革，开展"局处长走流程"活动，进一步提升群众满意度。京津冀人力社保服务共建共享格局初步形成，为"十四五"时期人力资源开发和管理奠定了良好的基础。

（三）研究制定"十四五"规划，完善顶层设计，优化北京人力资源开发和管理发展路径

2021 年北京市人力社保局在研究制定"十四五"规划中，明确指出 2035 年的远景目标为：随着我国基本实现现代化，人力资源和社会保障制度体系将更加完善。社会就业更高质量更加充分更加公平，保持较低的失业水平。全面建成面向市场、开放多元的终身职业培训体系。彰显社会公平正义、更具可持续性的多层次社会保障体系稳健运行。人才评价、培养、激励、流动机制更加完善，人才对经济社会发展的支撑引领

作用得到充分发挥。劳动关系更加和谐稳定，满足劳动者对美好生活的向往。工资收入分配更加公平合理，中等收入群体持续扩大，促进全体人民共同富裕取得更为明显的实质性进展。城乡一体、均等可及的人力社保基本公共服务体系更加高效优质。

"十四五"时期发展目标主要为：一是实现更加充分更高质量就业。加快完善就业工作体系运行机制，保持就业规模总体稳定，就业结构更加优化，就业质量稳步提升，确保就业局势基本稳定。二是多层次社会保障体系更加健全。按照兜底线、织密网、建机制的要求，进一步深化制度改革，提高保障水平，强化基金监管，优化经办质量，覆盖全民、统筹城乡、公平统一、可持续的多层次社会保障体系更加健全。三是技术技能人才队伍素质不断提升。统筹推进以专业技术人才、高技能人才为重点的各类人才队伍建设，实现人才队伍规模不断壮大、结构日趋合理、制度机制更加完善、创新创造活力进一步迸发。事业单位人事制度更加科学规范。四是劳动关系协商协调体制机制进一步健全。适应单位用工方式多元化、劳动者就业形态多样化，以及劳动关系灵活化、复杂化的趋势，创新劳动关系治理体系和协调机制，强化依法治理、系统治理、综合治理、源头治理，为劳动者就业创造良好条件，促进劳动者体面劳动、全面发展。五是人民收入水平持续提高。深化共同富裕，完善工资宏观调控机制，提高低收入群体的增收能力和收入水平，持续扩大中等收入群体。实现居民人均可支配收入增长和经济增长基本同步、劳动报酬提高和劳动生产率提高基本同步。六是人力社保公共服务体系日趋完善。人力社保公共服务制度和标准体系全面建立，智慧服务能力显著提高，广大群众享有基本公共服务的可及性显著增强，基本公共服务均等化水平明显提高。

（四）以"两区建设"为契机，实现制度创新，提升北京人力资源开发和管理能力水平

2020年在北京召开的中国国际服务贸易交易会开幕式上，习近平总书记亲自宣布了支持北京的两项重大政策，就是支持北京打造国家服务业扩大开放综合示范区、设立自由贸易试验区（简称"两区建设"）。10月9日，市委、市政府召开"两区建设"动员部署大会，市委书记蔡奇提出，一是树立全球视野，借鉴国内外经验，凡是其他自贸区有的政策，都要结合实际大胆争取，力争在京落地。二是突出北京特色，主要是在科技创新、服务业开放和数字经济上做足文章。三是强化制度创新，要拉出创新清单，制定跨境服务贸易负面清单，对首次创新政策，要秉持包容审慎的态度，鼓励大胆试、大胆闯，强化事中事后监管。四是抓好示范片区建设。自贸区所包含的科技创新片区、国际商务服务片区、高端产业片区三个片区要立足自身定位，走特色发展路子，空间上彼此呼应，功能上相互协调。五是强化两区政策联动。自贸区重在园区开放，服务业重在产业开放，是两种不同类型的开放模式，各有优势，互补性强。要在管理模式、推进机制等方面进行顶层设计，把两个方面的政策充分整合集成起来，形成叠加优势，发挥最大效力，实现"1+1>2"的效果。六是推动京津冀协同开放。七是强调安全发展。

如何理解和把握人力资源开发和管理与"两区建设"的关系？

第一，我们的观念必须更新。服贸区和自贸区政策红利叠加，是北京改革开放进程中的一件大事，也是一个重大战略机遇，更是对首都发展的新定位，比之其他省市的自贸区建设，中央对北京"两区建设"的标准和要求更高，希望在我国新发展格局下，使首都发挥更强的纽带作用，拓展对内对外开放新空间，确保全球产业链和供应链开放、稳定、安全，推动中国经济内循环与全球经济大循环相互包容促进。自贸区的发展特点可以概括为六个字，"拓展""深化""市场"。"拓展"是对标国际先进规则，推动制度创新，在自贸区先行先试，实施更加开放自由的投资与贸易政策，带动周边经济区域连片发展。"深化"是转变政府管理方式，以法治化、市场化、便利化为发展方向，为自贸区内外资企业营造良好的营商环境。"市场"就是创新发展体制机制，建立资源要素的自由流动和市场配置，实现投资自由、贸易自由、资金自由、运输自由、人员从业自由。人力社保工作和"两区建设"关系密切，在推进鼓励人才创新创业政策落实、加强人力资源市场建设等方面都有很大的创新空间。因此，只有提高政治站位，方能更全面、更深入地认识北京"两区建设"的重大意义。

第二，我们的视野必须开阔。北京"两区建设"是中央实施自贸区建设战略的重要组成部分，不仅体现了国家总的战略思维，而且在京津冀地区对外开放中能够起到示范和引领作用。要着眼于国际国内环境发展变化，分析中美贸易摩擦和新冠肺炎疫情的持续影响，既对我国外贸产生很大影响，也进一步推动我国的改革开放。当前科技创新、数字经济转型、服务业对外开放成为新的增长极，我国经济正在形成新的发展格局，北京"两区建设"因此肩负着为经济发展提供新动力的重要任务，需要应对新的国际贸易环境，以开放倒逼改革，形成可复制、可推广的新制度，通过顶层设计来构建全新的开放型经济体制，起到推动对外开放，全面提高我国对外开放水平的作用。"两区建设"实际上是要加速资源聚集，通过政府和市场的合力，对政策、资金、人才等要素重组聚合，释放更多更大活力，形成激活有创新力的产业，聚集有竞争力的企业，提供有吸引力的岗位的良好发展态势。由此看来，自贸区是政策创新的基地，先试行然后扩大实施，将会给人力资源开发和管理带来更为宽泛的创新空间。

（五）把握新就业形态发展趋势，努力解放思想，破解人力资源开发和管理的难点问题

中华人民共和国成立后，长期实行以固定工为主的用工制度，从20世纪80年代中期开始改革用工制度，逐步推行劳动合同制度，随着新就业形态蓬勃发展，劳动用工方式呈现多样化趋势，对劳动关系的规范和治理带来了直接影响，而深入研究劳动用工方式，不失为探寻破解劳

动关系难题的有效切入点。

固定工成为中华人民共和国实行的主要用工形式,有其特定的历史背景。为了稳定就业,1952 年 7 月,政务院发布《关于劳动就业问题的决定》,要求公私营企业,对于实行生产改革合理地提高劳动效率而多出来的职工均应采取包下来的政策,仍由原企业发放工资不得解雇。自此以后,凡是固定工作的岗位,规定必须使用固定工,不得使用临时工,固定工的规模增长很快,所占比例很大,据 1959 年至 1962 年的统计,固定工一般占职工总数的 90% 以上。固定工等同于铁饭碗,固定工制度实际成了统包统配的就业制度的主要标志,直到 20 世纪 80 年代以后,人们才逐步认识到实行单一的固定工制度的弊病,从 1982 年底开始,北京市力图改革这种一次分配定终身、能进不能出的固定工制度,但没有成功,直到 1987 年才开始逐步实施改革,新招工人实行劳动合同制。由于在同一个企业,新招工人实行劳动合同制,原有职工实行固定工资,两种用工制度同时并行,在管理方面产生了一些新的问题,不利于调动全体职工积极性,北京市决定把用工制度改革再推进一步,率先提出试行全员劳动合同制。但是,在实行全员劳动合同制中存在一些问题,如社会保障体系还不健全,为了服从稳定社会秩序的大局,对企业富余人员与合同期满不再需要续签的人,还不能全部辞退或解除合同,以免增加社会失业人员,这种情况制约着全员劳动合同制的实施,也是促进社会保险法制定实施的重要动因。

经过反复磨合，劳动合同制成为企业普遍采纳的用工模式，在劳动关系方面的规制建设基本上与之相对应。但是近年来，在数字经济的强力推动下，新就业形态蓬勃发展，但因其是依托互联网等现代信息科技手段，有别于正式稳定就业和传统灵活就业的灵活性、平台化组织用工和劳动者就业形态，在目前劳动关系规制中尚无明确规范，所引发的安全隐患、劳动纠纷等问题难以适用现有的法律法规。新型劳动用工方式又一次成为劳动关系领域的难解之题。

（六）围绕构建和谐劳动关系，着眼新发展格局，实现人力资源开发和管理的转型发展

计划经济时期，我国仍然属于城乡二元制结构，劳动和人事实行大一统管理体制，管理重点聚焦在城镇的干部和职工，1956年后不再存在个体经营者，职工集中分布在国营所有制企业和集体所有制企业，职工与企业之间的劳动关系相对简单，即使发生纠纷也都通过企业主管部门或行政部门协调解决。随着市场经济发展，尤其在产业化、信息化、全球化的大背景下，新经济组织和社会组织层出不穷，就业领域新的用工方式、就业模式、就业群体等频频出现，劳动关系越来越呈现多样化、复杂化的特点。

一是农民进城务工现象持续不减。

1949年以后，北京市逐步从消费城市变为生产城市，需要足够的劳动力做支撑，吸引了市内外大批农民经常无序地涌入，在满足劳动用工需要的同时，也常常造成超过城市负担的社会问题，如何管理好外来农民工成为一个难题。改革开放以后尤其是 20 世纪 90 年代以来，城乡一体化趋势不断加强，进京的农民工大量增加，确实满足了北京市各方面劳动力的需要，在一定程度上繁荣了首都市场，但是许多就业岗位被外来人口填充，增加了城镇待业人员就业和企业富余职工再就业的困难，过多的外来人口加大了交通、住房供应等方面的困难，对社会秩序和治安管理造成影响，再加上使用外来劳动力过程中出现了许多层层转包、从中渔利、克扣工资、出卖账号代签合同、贪污受贿等现象，需要加以管理整顿。

二是劳动者权益保障意识日益增强。

1949—1955 年，北京市根据中央规定的发展生产、劳资两利的政策，处理私营企业的劳资争议，同时建立由劳资双方代表组成的行业或企业的劳资协商会议，解决本行业或本企业的共同性的问题，签订行业性的劳资集体合同或协议，从 1949 年 6 月起到 1955 年底，市区劳动部门总共处理了 1.8 万余起劳资争议。1956 年 1 月，北京市私营企业全部实行公私合营，劳动劳资关系不复存在，对国营公营企业职工同行政方面发生的劳动关系方面的分歧意见，通过企业主管部门协调解决，对一些涉及面较大的问题，请示北京市政府裁定后解决，直接向政府劳动部门以书面或口头形式询问劳动政策，或反映劳动关系方面的问题，劳动局从 1950 年起就设有专门接待群众来访和处理群众来信的机构，专人负责解释政策并协助解决一些问题。20 世纪 80 年代以后，由于个体工商户和私营外资企业的发展，逐步出现了劳动争议，国有和集体所有制企业普遍实行劳动合同制以后在雇佣、辞退以及执行劳动法规、劳动合同方面也出现了劳动争议，1986 年根据国务院的规定，市及区县劳动部门先后建立了劳动争议仲裁机构，开始受理劳动争议案件并进行调解或仲裁。

当前，国际环境日趋复杂，外部环境动荡加速传导，全球疫情走势带来新影响，科技创新催生新变化，经济发展加快调整，城市发展方式深刻转型，人民群众对美好生活期待提出更高要求。同时，经济社会发展中不平衡不充分问题依然突出，就业总量矛盾持续存在，结构性矛盾更加突出；城乡收入分配差距较大，中等收入群体有待进一步壮大；产业转型升级、就业方式多样化加快发展给协调劳动关系提出了新挑战。要准确把握形势，应对挑战，树立"大人力资源"观念，站在整体的高度上思考问题，用治理思维和管理体系去解决问题，要理顺政府、市场和社会的关系，明确各自在人力资源管理中的职能权限。

参考文献

1. 北京市地方志编纂委员会.劳动志［M］.北京：北京出版社，1999：7，20-92.

2. 北京市地方志编纂委员会.北京志（1995-2010）［M］.北京：北京出版社，1999：24-28，43-46.

3. 北京市地方志编纂委员会.北京志·综合经济管理卷·劳动志［M］.北京：北京出版社，1999（3）.

4. 北京市地方志编纂委员会.北京志·人力资源和社会保障志［M］.北京：北京出版社，2018（5）.

5. 北京市人力资源和社会保障局.失业保险与促进就业实用手册（一）［M］.北京：中国民航出版社，2009：35-47.

6. 徐熙.疫情防控常态化下北京"九条举措"促农民工稳就业［J］.中国人力资源社会保障，2020（10）：28-29.

第二章　人力资源服务基本法律依据

梁雪芝

我国劳动和人事改革的制度性成果，突出体现为立法成果显著，执法不断规范，争议仲裁逐步完善。北京市高度重视劳动和人事法制建设，在改革开放前 30 年和改革开放后 40 年两个不同时期，围绕实施国家各项法律法规，因地制宜抓落实，积极主动促民生，先行先试、大胆创新、突出北京特色，既呈现出发展连续性和阶段性特点，也实现了法律法规体系的构建调整和政策制度的突破创新。

一、颁布《中华人民共和国劳动法》

（一）改革开放前 30 年的劳动立法变迁

1. 第一阶段：1949—1953 年

国民经济恢复时期。面对经济萧条、通货膨胀、民不聊生等旧中国遗留下来的问题，恢复国民经济和保障民生成为经济和社会领域的中心任务。1949 年《中国人民政治协商会议共同纲领》规定："公私企业目前一般应实行八小时至十小时的工作制，特殊情况得斟酌办理。人民政府应按照各地各业情况规定最低工资。逐步实行劳动保险制度。保护青工女工的特殊利益。"有效保障了劳动者的权益。

2. 第二阶段：1953—1956 年

工商业社会主义改造时期。"扩大社会主义的全民所有制和合作社社员的集体所有制，把农民和手工业者以自己劳动为基础的私人所有制改造为合作社社员的集体所有制，把以剥削工人阶级的剩余劳动为基础的资本主义私人所有制改造为全民所有制"为这一时期改造的主要任务。伴随此过程，商品经济因素逐渐退出，就业制度逐步走向统一调配劳动力，劳动用工制度由雇佣制转向固定工制，公有制劳动法逐步扩展适用范围。

3. 第三阶段：1956—1978 年

计划经济时期。基本经济制度为社会主义全民所有制和集体所有制，公有经济在国民经济总量中逐步接近100%。劳动立法体现在国务院行政法规和有关规定中，主要包括工资改革、临时工改革、退休退职等方面。其中最重要的制度有：城镇就业统包统配的就业制度，固定工制为主、计划内合同工制为补充的劳动用工制度，国家统一工资分配的工资制度，国家统收统支框架下的国有企业劳动保险制度。

（二）改革开放以来劳动立法的发展

1. 第一阶段：1978—1985 年

劳动制度恢复和改革试点阶段。发展社会主义有计划的商品经济被确立为经济体制改革的目标任务后，实施了一系列改革举措，成为影响劳动立法的主要因素，包括国有企业实行承包租赁制改革，鼓励外商投资、个体和私营经济发展，乡镇企业兴起等。这一阶段，恢复在"文化大革命"期间停止实行的劳动制度，同时开展劳动制度改革试点，如国企劳动合同制试点，外商投资企业和私营企业实行劳动合同制等，直接推动了 1982 年《中华人民共和国宪法》就公民的劳动权、休息权、获得物质帮助权、受教育权等作出全面规定，对日后制定实施劳动法具有重大影响。

2. 第二阶段：1985—1994 年

劳动立法孕育阶段。在市场经济发展背景下，对劳动立法产生影响的因素越来越多，出现了国有企业实行股份制改革，外商投资和民营经济日益兴起，促进了市场化劳动制度改革全面展开，1986 年 7 月国务院出台关于国有企业招用工人、劳动合同制、辞退违纪职工、职工待业保险的四项暂行规定；国有企业实行"固定工制 + 劳动合同制"用工双轨制；不同所有制企业实行不尽相同的劳动制度；农村剩余劳动力开始进入"离土又离乡"的就业模式。

3. 第三阶段：1994—2006 年

劳动立法兴起阶段。市场经济进入新的发展阶段，国有企业开始探索实行现代企业制度，培育和发展劳动力市场成为人力资源开发和管理的重点，农村剩余劳动力大规模向城镇转移，使优化就业结构、保障劳动者合法权益、提升就业质量提上议事日程。1994 年 7 月 5 日，通过了《劳动法》，1995 年 1 月 1 日正式施行。以《劳动法》为基本法，国务院及其劳动行政部门制定了包括劳动合同、集体合同、工资、工时、劳动保护、就业促进、劳动力市场管理、职业培训、社会保险等在内的多个与其配套的行政法规和规章。

4. 第四阶段：2007 年至今

劳动立法进入新阶段。由于新技术、新经济、新业态的发展，新就业形态带来了劳动关系的新变化，影响社会稳定的关键性因素日益突出，需要发挥市场在资源配置中的决定性作用，平等保护公有制产权与非公有制产权，促进城乡劳动力市场一体化。为全面构建和谐劳动关系，陆续出台了《中华人民共和国就业促进法》《中华人民共和国劳动合同法》等法律，这些重要立法与标志性政策的问世，标志着中国特色社会主义劳动法体系基本建成。2015 年以来，国务院在一系列关于促进新经济发展的政策文件中，对新业态下劳动者权益保护做出规定。因此，在构建和谐社会和全面深化改革的大背景下，实施《劳动法》的重要性和紧迫性更加凸显。

（三）社会效果及意义

《劳动法》是我国的一项重要的基本法，是中华人民共和国成立以来第一部以维护劳动力合法权益为宗旨，全面规范调整劳动关系的基本法律，在我国劳动保障法制建设史上具有里程碑意义。《劳动法》的适用群体包括在中华人民共和国境内的企业、个体经济组织和与之形成劳动关系的劳动者，以及国家机关、事业组织、社会团体和与之建立劳动合同关系的劳动者；内容主要包括促进就业、劳动合同和集体合同、工作时间和休息休假、工资、劳动安全卫生、女职工和未成年工特殊保护、职业培训、社会保险和福利、劳动争议、监督检查、法律责任等。以划定基本劳动标准条件为法律底线，所有企业统一执行；以平等自愿签订劳动合同的方式建立劳动关系。以集体协商签订集体合同的方法调整劳动关系，所有企业统一遵循；建立一体化覆盖所有劳动者的社会保险制度等规定，确立了所有企业和劳动者平等的市场主体资格和统一的劳动制度规则，确定了法定标准与契约自由相结合的劳动关系调控原则。已成为中国特色社会主义法律体系的不可或缺的重要组成部分，为劳动者依法主张和维护权益，企业依法规范和管理劳动关系，促进企业和谐发展提供了依据和保障。以《劳动法》为新起点，劳动法制由探索期步入成熟期。

二、颁布《中华人民共和国劳动合同法》

（一）北京市劳动合同制度发展历程

1. 协调劳动关系

劳动关系是劳动者与用人单位之间依法所确立的在劳动过程中产生的权利与义务关系。1995年1月1日《劳动法》开始实施，依据该法，2月5日，北京市人民政府颁布《北京市实行劳动合同制度的若干规定》，全面推行劳动合同制度，全市企业用工制度从计划经济下的固定工制度向劳动合同制度转变。同年，北京市集体合同制度开始逐步恢复，在 14 家国有企业进行试点工作。从 1997 年起，针对国有企业改制下岗分流人员的不断增加，市劳动局制定一系列政策，规范改制企业的劳动关系管理问题。2001 年开始探索建立协调劳动关系三方会议制度，6 月正式建立北京市三方会议制度，发挥政府部门、工会组织和雇主组织的协调劳动关系作用。12 月 24 日市人民政府颁布《北京市劳动合同规定》，进一步加强企业劳动合同管理，严格规范劳动合同订立、变更、解除、终止和续订行为。2005 年 7 月 22 日市人大常务委员会通过《北京市集体合同条例》，增强了权威性和可操作性。2006 年，北京市开展和谐劳动关系创建活动，推进劳动合同制度实施 3 年行动计划。2008 年《劳动合同法》与《劳动合同法实施条例》的实施，更加有力地保护了劳动者的权益。

2．推行劳动合同

1995 年前，北京市市属、区（县）属全民所有制企业与新招工人签订劳动合同，其中部分企业试行了全员劳动合同制，这在全市职工中仅是少数。

1995 年 2 月 5 日，市人民政府发布《北京市实行劳动合同制度的若干规定》，要求全市各类企业在 1995 年 12 月 31 日前与职工全部签订劳动合同。此规定主要明确了两个问题，一是原劳动合同与《劳动法》规定的劳动合同的衔接；二是尚未实行劳动合同制度的企业如何实施。从政策层面上解决了全市实施劳动合同制度的过渡问题，为全面推行劳动合同制度提供了保障。

同年，市劳动局依据国家劳动部有关经济补偿、医疗期和经济赔偿等办法，印发《北京市实行劳动合同制度的实施细则》等一系列的配套文件，解决劳动合同制度实施中多个具体操作难题。截至1995年底，除首钢和少数停产、半停产企业外，全市地方国有、集体和外商投资企业实行劳动合同制度的达到98%，签订劳动合同的职工达208万人，占应实行劳动合同制度职工总数的95%；中央和部队在京企业签订劳动合同工作也取得较大进展，乡镇企业签订劳动合同工作开始起步。同年还制定了私营企业和个体工商户签订劳动合同的办法和措施，全市企业基本实现了劳动合同制度。

1996年7月2日，市劳动局印发《北京市劳动合同管理办法（试行）》，规范企业与职工在履行劳动合同过程中的行为。8月16日，针对全市签订短期劳动合同的情况，提出了关于做好续订、终止劳动合同的意见。

1997年6月11日，市劳动局印发《关于终止、解除劳动合同有关问题处理意见的通知》，对部分企业反映终止、解除劳动合同后转移职工档案关系过程中存在的问题，提出确有困难而欠缴养老保险基金的企业，可通过局、总公司与社保中心签订还款协议，对不辞而别的职工按自动离职等办法处理。

1999 年 6 月 23 日，市劳动局印发《关于进一步规范劳动关系的通知》，要求依据劳动合同，规范和清理隐性就业人员的劳动关系。企业发生兼并、分立、合并或转制时，职工与原企业签订的劳动合同仍然有效。企业使用其他单位的职工或职工个人经原单位批准办理劳务输出，输入与输出单位应签订劳务协议，明确双方的权利和义务。

2000 年 2 月 2 日，中共北京市委办公厅、市人民政府办公厅转发《市劳动和社会保障局总工会关于进一步做好职工续订、终止劳动合同工作的意见》的通知，提出各级党委和政府切实加强对企业与职工续订、终止劳动合同工作的指导和监督，依法规范企业的劳动合同管理，企业职工劳动合同的续订、终止工作要依靠同级党组织和工会，周密组织，稳妥安排。还要求认真做好劳动合同期限届满职工的思想政治工作，对于因终止劳动合同引发的劳动争议和突发事件要及时上报有关主管部门。新闻单位要进一步加强《劳动法》的宣传工作，以正确的舆论引导企业和职工增强劳动合同意识。

根据市劳动局对 1996 年至 2000 年的追踪，全市区（县）、局（总公司）计划单列的企业纳入了监控，续订劳动合同工作平稳发展。1996 年城镇职工劳动合同届满为 16.1 万人，续订劳动合同 12.8 万人，剔除职工退休退职因素，续订率为 85.56%；1997 年续订率为 78.80%；1998 年至 2000 年续订率均达到 80% 以上。

2001 年，针对部分用人单位劳动合同管理随意性较强，特别是前半年劳动争议比上年同期增加68%，其中因签订、履行劳动合同发生争议占据相当比重的状况，12月24日市人民政府颁布《北京市劳动合同规定》，要求进一步加强企业劳动合同的管理，规范劳动合同的订立、变更、解除、终止和续订等环节，落实用人单位的用工自主权和劳动者的择业自主权。

2003年4月23日，市劳动保障局印发《北京市非全日制就业管理若干问题的通知》，规定于2003年7月1日起执行。结合非全日制从业人员就业特点，通知做出用人单位不得约定试用期，劳动合同双方可以随时通知对方终止劳动合同，也可以约定终止劳动合同的提前通知期，非全日制从业人员的工资按小时计算等多项具体规定。

2003年为了抗击"非典型肺炎"，市劳动局印发《部分行业可延缓执行北京市非全日制就业管理若干问题的通知》，对本市零售、餐饮、旅店、旅游、娱乐服务行业的企业执行该通知的时间延缓至2003年10月1日。6月18日市劳动局转发《劳动和社会保障部关于妥善处理劳动关系有关问题的通知》，要求用人单位应当严格按照法律法规和政策的规定进行劳动合同管理，不得以"非典"为由解除劳动合同。

2005年6月13日，市劳动局、市建委、市总工会三部门转发《劳动和保障部、建设部、全国总工会关于加强建设等行业农民工劳动合同管理的通知》，针对农民工问题的不断增多，要求用人单位使用农民工，应当依法与农民工签订书面劳动合同，并向劳动保障行政部门进行用工备案。包工头等不具备用工主体资格，不能作为用工主体与农民工签订劳动合同。此外，还就规范用人单位签订劳动合同行为和完善劳动合同其他内容等问题做出规定。

同年 6 月 21 日，市劳动局转发《劳动和社会保障部关于确立劳动关系有关事项的通知》，对某些用人单位招用劳动者不签订劳动合同，发生劳动争议时因双方劳动关系难以确定，致使劳动者合法权益难以维护等问题，明确可认定双方存在劳动关系的情况是：具有工资支付记录（职工工资发放花名册）、缴纳各项社会保险费的记录、用人单位向劳动者发放的"工作证""服务证"等能够证明身份的证件、劳动者填写的用人单位招工招聘"登记表""报名表"等招用记录以及考勤记录等。

2006 年 7 月，依据国家劳动保障部、中华全国总工会、中国企业联合会／中国企业家协会的要求，在全市正式启动了劳动合同制度实施三年行动计划。其总目标是：从 2006 年至 2008 年的三年时间内，规范企业与职工签订、终止、续订和解除劳动合同的行为；逐步建立企业劳动用工登记制度，劳动合同制度得到全面贯彻落实，企业劳动合同管理水平明显提高。计划执行结果是全市城镇职工劳动合同续订率达到90%以上。

2007 年 6 月 29 日，全国人大常务委员会审议通过《劳动合同法》，从 2008 年 1 月 1 日开始实施。该法针对用人单位不订立劳动合同、滥用试用期和违约金条款、劳务派遣用工形式不规范、劳动合同短期化等问题做出制度完善，将劳动合同制度推进到一个新的历史阶段。为切实贯彻实施《劳动合同法》，市劳动局转发《劳动和保障部关于做好〈劳动合同法〉贯彻实施工作的通知》；召开全市贯彻实施《劳动合同法》视频会议，要求各级劳动保障部门、各类用人单位全面贯彻实施《劳动合同法》，依法规范劳动用工管理，将发展和谐劳动关系落到实处。10月20日，市人民政府办公厅转发《市劳动保障局关于全面推进本市实施劳动合同制度的意见》，进一步要求加强劳动合同管理，全面落实国家劳动标准，加大劳动保障监察执法力度，强化劳动争议处理工作。同时，明确将用人单位签订劳动合同情况列入劳动保障书面审查内容和建立用人单位劳动保障守法诚信档案。

2008年4月25日，市劳动保障局、市总工会、市企业联合会/市企业家协会印发《关于做好奥运期间维护和谐稳定劳动关系工作的意见》，提出奥运期间凡是劳动合同届满人数超过职工总数30%、劳动合同续订率低于80%的企业，要纳入企业主管部门和劳动保障部门的重点监控对象。汶川地震发生后，为维护地震灾区在京务工人员的合法权益，市劳动局及时下发文件，要求用工单位做到生活上关心、工作上支持、经济上帮助，灾区来京务工人员返乡前，要确保及时足额结清工资，并给予必要的帮助。

2008年9月3日，国务院常务会议通过《劳动合同法实施条例》，并于9月18日开始实施。10月13日，市劳动局转发国家人力社保部做好该条例贯彻落实工作的通知以及宣传提纲。随后举办各类学习班，加强针对性培训辅导。

2009 年 2 月 19 日，为应对国际金融危机对全市劳动关系的影响，市劳动保障局、市总工会、市企业联合会 / 市企业家协会印发《关于应对当前经济形势稳定劳动关系的意见》，提出企业与职工要相互理解、共渡难关，尽最大努力不裁员或少裁员，要加强劳动合同管理，年内劳动合同期限届满人数超过职工总数 30%、续订劳动合同人数低于届满人数 80% 的企业，要及时向企业所在地的劳动行政部门报告。

同年 8 月 10 日，北京市召开以"创和谐、保稳定、迎国庆"为主题的首都和谐劳动关系工作促进会，对获得 2008 年度"北京市和谐劳动关系先进单位""北京市和谐劳动关系工业园区"称号的 121 户用人单位和 7 个工业园区给予表彰，要求各区（县）按照"属地管理、分级负责，谁主管、谁负责"的原则，认真查找薄弱环节，积极开展矛盾隐患排查、防控和化解工作，制订应对突发事件的工作预案，切实做到"办好自己的事、看好自己的门、管好自己的人"。

同年 8 月 19 日，市人力社保局、市总工会、市企业联合会 / 市企业家协会印发《关于开展创建"双百双规范"单位活动的通知》，决定以街道（乡镇）协调劳动关系三方为依托，在全市用工 30 人以下的用人单位开展创建"双百双规范"单位活动（百分之百签订劳动合同、百分之百缴纳社会保险；规范工资支付、规范工时管理）。

2010 年 7 月 29 日，市人力社保局、市总工会、市企业联合会 / 市企业家协会转发国家协调劳动关系三方《全面推行小企业劳动合同制度实施专项行动计划的通知》，要求到 2010 年底各区（县）辖区内 30 人以下小企业劳动合同签订率达到 65% 以上。

总之，《劳动合同法》颁布实施以后，通过调查了解，劳动合同签订率比《劳动合同法》颁布前有了进一步提高。职工就业的稳定性进一步增强，劳动合同短期化问题有所缓解。全市没有因为劳动合同制度的重大调整引发社会不稳定因素，维护了劳动关系的和谐稳定。《劳动合同法》实施过程中也遇到了非公有制企业特别是小型企业用工不规范的问题，与《劳动合同法》相配套的政策法规体系尚不完善，操作层面仍有空白点。

3. 集体合同

北京市自 1956 年对资本主义工商业的社会主义改造基本完成后，集体合同制度一度废止。改革开放之后，随着社会主义市场经济体制的不断建立、健全，从 1995 年起集体合同制度开始重新恢复、逐步发展。

1995 年 1 月 12 日，市劳动局转发国家劳动部颁布的《集体合同规定》，与市总工会确定了北京吉普车有限公司等 14 家国有企业为集体合同试点单位。各区（县）和市属各局、总公司也在本地区、本系统确定了一批集体合同试点单位。通过探索，在试点单位初步形成了劳动关系双方自我调节、政府部门依法调控的三方原则基本框架。

1996 年 6 月 10 日，中共北京市委办公厅、市人民政府办公厅发布

《关于成立北京市推行集体合同制度领导小组并转发〈关于积极推行平等协商和集体合同制度的意见〉的通知》，决定成立推行集体合同制度领导小组，要求在 1995 年试点的基础上，全市所有企业和实行企业化管理的事业单位逐步推进平等协商和集体合同制度。

1996 年 9 月 2 日，市劳动局、市总工会等九部门转发国家劳动部《关于逐步实行集体协商和集体合同制度的通知》，要求重点在非国有企业和实行现代企业制度试点的企业推行集体协商和集体合同制度；外商投资企业、私营企业要在抓好组建工会工作的同时加快推行。

1997 年 1 月 10 日，市劳动局转发国家劳动部《关于加强集体合同审核管理工作的通知》，提出劳动行政部门依法对集体合同法律效力进行审核确认是集体合同生效的必经程序和集体合同管理的重要内容，审核的重点是资格审核、程序审核和内容审核。同年 6 月 18 日市劳动局转发劳动部办公厅《外商投资企业工资集体协商的几点意见》，要求工资集体协商双方主体资格、协商程序、合同的签订以及报送等按《劳动法》《集体合同规定》等国家有关规定执行；集体合同按国家有关法律、法规的规定审核生效后具有法律效力，双方必须依法履行。

2001 年 6 月 22 日，市劳动局转发国家劳动保障部颁布的《工资集体协商试行办法》，要求将集体协商工资作为集体合同制度实施的重要内容，积极探索建立北京市集体协商工资制度，加强对集体协商工资协议的审查，妥善处理集体协商工资争议。

2004 年 1 月 20 日，国家劳动和社会保障部颁布修订的《集体合同规定》，其中对集体协商内容、协商准备、协商程序、协商中止等做出更加具体的要求，为各类企业普遍实行集体合同制度提供了依据。8 月 30 日，国家劳动和社会保障部等三部门下发通知，要求各地认真贯彻实施《集体合同规定》，推进企业普遍建立集体协商和集体合同制度。12 月 20 日，市劳动保障局、市总工会、市企业联合会 / 市企业家协会转发上述通知，要求以贯彻落实新修订的《集体合同规定》为契机，以工资集体协商为切入点，以改制企业和非公有制企业为重点，积极探索区域性、行业性集体协商，努力提高集体协商能力和集体合同质量。

2005 年 7 月 22 日，出台《北京集体合同条例》，条例对立法目的和依据、适用范围、遵循原则和各部门职能做出明确规定，对集体协商代表及内容，集体合同订立、履行、管理、监督及法律责任，区域行业集体合同签订和施行日期等内容进行了规范，为全市建立健全与市场经济相适应的企业调整劳动关系机制、妥善处理调整劳动关系矛盾提供了基本遵循。

2005 年 9 月 1 日，市劳动局下发《北京市集体合同备案管理办法》，对集体合同备案的情形、报送材料、劳动保障行政部门审查内容等方面提出明确要求。10 月 14 日，市劳动保障局、市总工会、市企业联合会 / 市企业家协会在西城召开集体协商工资现场会，总结推广西城区探索建立与市场经济相适应的集体协商工资的经验，要求努力推动工资集体协商，建立健全调整劳动关系机制，依法调整劳动关系，保护职工合法权益，维护和谐稳定的劳动关系。12 月 14 日，市劳动局下发《关于签订区域行业集体合同有关问题的通知》，对开展区域、行业集体协商和签订区域、行业集体合同行为进行规范。

2006 年 6 月 23 日至 7 月 31 日，市劳动保障局、市总工会、市企业联合会 / 市企业家协会开展了集体合同推进月活动，宣传贯彻《北京市集体合同条例》，引导用人单位围绕调整劳动关系热点、难点问题，开展集体协商，签订集体合同，推进实施集体合同制度，发挥集体合同在协调劳动关系中的作用。

2010 年 5 月 5 日，中华人民共和国人力资源和社会保障部、中华全国总工会、中国企业家联合会 / 中国企业家协会发布《关于深入推进集体合同制度实施彩虹计划的通知》，要求全国各地全面推进集体协商和集体合同制度。8 月 6 日，市人力社保局等三部门转发上述通知，提出从 2010 年到 2012 年，力争用 3 年时间基本在各类已建工会的企业实行集体合同制度的工作目标，其中 2010 年集体合同制度覆盖率达到 60% 以上，对未建工会的小企业，通过签订区域性、行业性集体合同努力提高覆盖比例。通知要求要以工资集体协商为重点内容，以非公有制企业和劳动密集型企业为重点对象，推进建立完善企业工资分配共决机制、职工工资正常增长机制和支付保障机制，进一步增强集体协商的针对性和实效性；大力推进行业性、区域性集体协商工作，在 5 类企业中积极开展集体协商"要约行动"，进一步扩大集体协商和集体合同制度覆盖范围；同时，进一步规范集体协商程序、增强集体合同实效性；进一步加强集体协商主体能力建设，切实提高协商代表的集体协商能力和水平；进一步加强对集体协商工作的指导和服务，为开展集体协商提供咨询服务等专业技术支持；进一步加强集体合同的审查管理和履约监督；进一步加强集体合同立法工作，增强法律、法规的操作性，为深入推进集体合同制度实施提供法制保障。

4. 率先推行电子劳动合同

为服务国家服务业扩大开放综合示范区和中国（北京）自由贸易试验区建设与发展，打造市场化法治化营商环境，推动便民利企，提高用人单位人力资源管理效率，丰富"互联网＋人社"应用场景，优化劳动用工管理模式，按照《人力资源社会保障部办公厅关于订立电子劳动合同有关问题的函》（人社厅函〔2020〕33号），就推进电子劳动合同相关工作，2020年10月27日，北京市人力资源和社会保障局发布《关于推进电子劳动合同相关工作的实施意见》（京人社劳发〔2020〕28号）。

（1）确立基本原则

根据国家和本市优化营商环境的要求，按照市场化运作、政府指导服务的原则，充分发挥市场主体积极性、强化政府服务管理职能，推动运用互联网、区块链等新技术手段，形成"线上签约、链上管理、大数据应用"的劳动合同电子化应用管理新模式；积极创造电子劳动合同多场景应用的制度环境，不断拓展政务链的综合运用；长远谋划、分步推进，逐步推动电子劳动合同广泛应用和管理服务优化，实现劳动关系治理体系和治理能力现代化。

（2）明确适用范围

本市行政区域内注册的用人单位及其劳动者、第三方电子劳动合同签署服务机构（以下简称"第三方签署服务机构"）适用本意见。

（3）电子劳动合同的订立

①签署意愿。用人单位与劳动者协商一致，可以采用电子形式订立书面劳动合同。

②技术条件。订立电子劳动合同，应当使用符合《中华人民共和国电子签名法》（以下简称《电子签名法》）规定的可视为书面形式的数据电文和可靠的电子签名。

③电子劳动合同内容。电子劳动合同内容应具备《劳动法》《中华人民共和国劳动合同法》（以下简称《劳动合同法》）等法律法规规定的必备条款和内容，约定条款应符合法律法规及相关政策规定。

④电子劳动合同防篡改要求。电子劳动合同的生成、传输、储存等应符合《电子签名法》等法律法规要求，确保其完整、准确、不被篡改。

⑤电子劳动合同的全流程管理。用人单位与劳动者可按照《劳动合同法》《电子签名法》及相关法律法规规定，采用电子形式续订、变更、解除、终止劳动合同。

（4）电子劳动合同的实行

⑥通过电子劳动合同签署系统管理。实行电子劳动合同，应通过电子劳动合同签署信息系统（以下简称"签署系统"）进行管理。用人单位可使用第三方签署服务机构提供的签署系统（以下简称"第三方签署系统"），或采用自建自用签署系统模式。

⑦签署系统相关资质要求。订立电子劳动合同的双方，应由依法设立的电子认证服务机构核查身份并颁发数字证书，该数字证书标识双方主体的真实身份。电子认证服务机构应取得《电子认证服务许可证》和《电子认证服务使用密码许可证》等相关资质。签署系统的密码模块或密码产品应具有《商用密码产品认证证书》，并采用国家密码管理部门认可的密码算法。签署系统应根据《中华人民共和国网络安全法》（以下简称《网络安全法》）等相关法律和技术标准实施网络安全等级保护。

⑧签署系统相关技术要求。签署系统应遵循《第三方电子合同服务平台功能建设规范（GB/T 36320–2018）》和《电子合同订立流程规范（GB/T 36298–2018）》的相关原则，具备较完善的身份认证、合同签署、合同存储和调用等功能。签署电子劳动合同应综合运用可信时间戳、哈希值校验、区块链等技术手段，确保电子劳动合同的生成、传输、储存全过程完整、准确、不可篡改。第三方签署系统应具有容灾备份保障机制，企业自建自用签署系统应具备数据备份和恢复机制。

⑨第三方签署服务机构网络安全保护义务。第三方签署服务机构应依据《网络安全法》履行网络安全保护义务，第三方签署系统或系

统所依赖的服务环境，应按照《信息安全等级保护管理办法》（公通字〔2007〕43号）第三级的相关要求实施网络安全等级保护。第三方签署服务机构应建立健全用户信息保护制度，不得泄露、篡改、毁损系统用户信息，妥善保管签署意愿、身份认证、操作记录等全流程信息，保证电子证据链的完整性，确保相关信息可查询、可调用。

⑩ 第三方签署服务机构提供服务相关要求。第三方签署服务机构应确保用人单位和劳动者方便查询使用合同文本、身份认证、操作记录和签约存证等相关信息，并对核心技术应用做好解释说明。

⑪ 用人单位的责任。用人单位应向劳动者说明签署系统的相关资质和技术条件以及确保数据信息安全、完整、不可篡改的措施等。用人单位应完善内部管理，告知劳动者订立流程和操作方法，为劳动者提供自主查询、下载、打印和验证等权限和便利，不得设置任何障碍或收取费用。

⑫ 劳动者的义务。劳动者在向电子认证服务机构申请身份认证登记或身份更新时，应确保个人相关信息真实、完整、准确。劳动者在签署电子劳动合同时，应使用可靠的电子签名，并妥善保管电子签名制作数据，当知悉电子签名制作数据已经或可能失密时，应及时告知有关各方，并终止使用该电子签名制作数据。

（5）电子劳动合同的应用

⑬ 推进电子劳动合同在政务服务事项中全面应用。在办理人力资源

社会保障政务服务事项时，相关机构和部门不得以电子形式不属于书面合同为由，否认电子劳动合同的法律效力。人力资源社会保障政务服务事项已采取告知承诺制的，用人单位或劳动者按相关程序提交电子劳动合同。市人力资源社会保障局将建立本市电子劳动合同服务管理平台，探索运用区块链技术，通过数据共享实现政务应用。

⑭ 推进在劳动争议调解仲裁、社会保险稽核、劳动保障监察执法中的应用。在劳动争议调解仲裁、社会保险稽核、劳动保障监察执法中，用人单位和劳动者均认可电子劳动合同签署真实性的，可以作为相关证据使用。

如用人单位或劳动者对电子劳动合同签署真实性提出异议的，行政（劳动人事争议仲裁）机构应结合存证平台、有资质的电子认证服务机构、第三方签署服务机构等出具的签约存证或电子签名验证报告等证明材料，按相关证据认定规则进行审查。

⑮ 逐步提升场景应用规模。加快电子劳动合同在人力资源社会保障领域内共享与应用，运用区块链技术逐步推广至全市政务服务、司法与行政执法领域，并逐渐拓展至京津冀劳动关系协同领域。

⑯ 鼓励支持市场主体优化服务。鼓励和支持第三方签署服务机构、电子认证服务机构提供签约存证或电子签名验证报告等服务时，优化管理、简化流程，不断降低用人单位成本、方便劳动者办事。

（6）加强管理与服务

⑰优化政务服务。本市电子劳动合同服务管理平台建成后，将适时推进数据集成汇总，开展宏观用工形势分析研判，为本市中小微企业提供便民、惠民服务。推动电子劳动合同服务管理平台与政务平台贯通，实现政务数据共享、业务协同，形成多层次、多领域的场景应用。

⑱做好管理监督。人力资源社会保障行政部门将实行电子劳动合同的用人单位纳入劳动合同统计报表调查范围，通过调研、培训等多种方式及时掌握相关情况。按照《劳动合同法》第七十四条的规定，对用人单位与劳动者订立和解除电子劳动合同的情况进行监督检查。

⑲强化行业自律。人力资源服务行业协会等行业组织应对第三方签署服务机构开展统计调研，并及时向市人力资源社会保障局反馈相关情况。人力资源服务行业协会等行业组织应通过加强行业自律、组建诚信联盟等方式，督促和引导第三方签署服务机构切实履行诚信义务，推动行业健康发展。

（7）做好组织实施

市人力资源社会保障局要做好推进电子劳动合同应用的宣传引导工作，重点就电子劳动合同的订立要求、实行条件、场景应用以及服务管理等向用人单位和劳动者做好解释和说明。

各区人力资源社会保障局要对本区电子劳动合同的实施情况进行监督管理，充分听取企业、工会和职工意见，做好指导和服务工作，并及时向市人力资源社会保障局反馈有关情况。

各行业主管部门要在各自职责范围内,对用人单位实行电子劳动合同的有关情况进行监督管理,并重点围绕政府优化服务、企业降本增效、加大政务运用等方面进行分析研究,并及时向市人力资源社会保障局反馈有关情况。

(二)《中华人民共和国劳动合同法》颁布

《劳动合同法》是为了完善劳动合同制度,明确劳动合同双方当事人的权利和义务,保护劳动者的合法权益,构建和发展和谐稳定的劳动关系而制定的。由第十届全国人民代表大会常务委员会第二十八次会议于2007年6月29日修订通过,自2008年1月1日起施行。2012年12月28日第十一届全国人民代表大会常务委员会第三十次会议《关于修改〈中华人民共和国劳动合同法〉的决定》修正。

《劳动合同法》规定中华人民共和国境内的企业、个体经济组织、民办非企业单位等组织(以下称用人单位)与劳动者建立劳动关系,订立、履行、变更、解除或者终止劳动合同,适用本法。订立劳动合同,应当遵循合法、公平、平等自愿、协商一致、诚实信用的原则。

依法订立的劳动合同具有约束力,用人单位与劳动者应当履行劳动合同约定的义务。用人单位应当依法建立和完善劳动规章制度,保障劳动者享有劳动权利、履行劳动义务。

用人单位在制定、修改或者决定有关劳动报酬、工作时间、休息休假、劳动安全卫生、保险福利、职工培训、劳动纪律以及劳动定额管理等直接涉及劳动者切身利益的规章制度或者重大事项时，应当经职工代表大会或者全体职工讨论，提出方案和意见，与工会或者职工代表平等协商确定。

县级以上人民政府劳动行政部门会同工会和企业方面代表，建立健全协调劳动关系三方机制，共同研究解决有关劳动关系的重大问题。工会应当帮助、指导劳动者与用人单位依法订立和履行劳动合同，并与用人单位建立集体协商机制，维护劳动者的合法权益。

（三）社会效果及意义

《劳动合同法》的颁布和实施，是中国劳动关系发展史和法制史上一个重大事件，是我国劳动法制过程中的一项基础工程。它的意义并不在于树立了劳动法制史上的"里程碑"，而是在劳动法制史上发挥了承前启后的作用。这部法律的颁布，标志着中国劳动关系的个别调整在法律建构上已经基本完成，同时又开启了劳动关系集体调整的新起点，并为劳动关系的集体调整提供了法律依据。《劳动合同法》的直接目的是健全规范劳动合同制度，主要作用在于调整劳动者与企业的个别劳动关系，有力地推动了我国整体劳动关系的转型。进一步明确了劳资双方的权利和义务，促进了中国劳动合同制度的完善，并为今后劳动法律体系的建构提供了基础，对于保护劳动者的合法权益，构建和谐稳定的劳动关系，发挥了十分重要的作用。

三、颁布《中华人民共和国就业促进法》

（一）北京市就业促进政策发展历程

1998 年 4 月，北京市劳动局印发《北京市促进就业经费管理办法》，对"3540"（女性满 35 岁，男性满 40 岁）人员的下岗职工、失业人员分别给予 1 万元和 5000 元的自谋职业补助费，缓解了下岗失业人员创业启动资金压力。

1999 年 6 月，为解决下岗职工中就业困难人员就业问题，市劳动局出台了社区公益性就业组织安置政策。在街道成立由政府出资扶植、社会筹集资金，以安置就业特困人员为主的公益性劳动组织。安置对象为下岗职工中家庭人均收入低于 300 元或本人、家庭成员因患病、肢体残疾未达到残疾标准，且就业愿望迫切的"3540"人员。开发的岗位主要有环境保洁、社区保安、社区车辆看管。经费补贴标准每人每年 1.4 万元（其中工资 8400 元）由区（县）财政、失业保险基金和项目收费"三家抬"。

2001 年 8 月，市劳动局印发《关于鼓励失业人员在社区实现弹性就业有关问题的通知》。对女 40 周岁、男 45 周岁以上，且月劳动收入少于北京市职工最低工资标准 2 倍（含 2 倍）的就业转失业人员，在社区从事规定范围内的社区服务项目，取得合法劳动收入，与社区居民形成服务关系的，给社会保险费补助，累计最长期限为 3 年。

根据《北京市就业再就业资金管理办法》《北京市外来农民工职业介

绍补贴管理暂行办法》《北京市职业介绍补贴暂行办法》，自 2001 年起，每年根据免费为本市失业人员、高校毕业生、农村劳动力及来京农民工提供职业介绍服务并推荐成功的人数，以及承担全市性公共就业服务专项活动情况，对全市公共职业介绍机构及部分经认定的社会职业介绍机构给予一定的职业介绍补贴。

2002 年 4 月，市劳动局出台《关于印发〈北京市城镇失业人员自谋职业社会保险费补助办法〉的通知》，调整了政策支持的形式，将一次性给予的自谋职业补助费变更为 3 年的社会保险补贴，解决了创业人员缴纳社会保险费的后顾之忧。

2003 年 6 月，针对形势的变化，对安置对象、认定程序、岗位及补贴标准进行了调整。调整后，安置对象为城镇登记失业人员中"4050"低保人员、"3540"低保且失业 1 年以上人员。并要求上述人员进行失业登记、经 3 个月援助、推荐岗位 5 次以上仍未就业的，通过素质测评确属就业困难的人员才可"托底"安置。将岗位扩展为社区保安、社区设施维护、劳动保障协管、社区保洁、保绿、交通协管。经费补贴标准调整为上年度本市职工平均工资的 70%，并由区（县）财政负担 2/3，失业保险基金负担 1/3。有收费项目岗位所需经费由区（县）财政、失业保险基金和项目收费各负担 1/3。

2004 年 9 月，市劳动局、市财政局、中国人民银行营业管理部（以下简称央行营管部）、市经委等印发《北京市下岗失业人员小额担保贷款管理办法》，对从事个体经营（建筑业、娱乐业、广告业、桑拿、按摩、网吧、氧吧除外）以及合伙经营小企业或组织起来就业的下岗失业人员，给予2万～10万元的小额担保贷款，贷款期不超过2年，对从事微利项目的由财政资金据实全额贴息。同年9月，市劳动局印发《关于进一步促进失业人员弹性就业有关问题的通知》，扩大了享受政策的人员范围，将中重度残疾人纳入享受弹性就业政策范围。

2005年8月，市劳动局、市财政局和央行营管部印发《北京市信用社区小额信用贷款工作办法（试行）》，以街道（乡镇）辖区内失业人员诚实守信的个人品行记录和个人信用承诺的方式申请办理小额信用贷款的办法，解决贷款程序复杂、下岗失业人员反担保抵押财产困难等实际问题。

2006年，市劳动局出台了多项政策。一是《关于印发〈北京市鼓励城镇就业困难人员自谋职业（自主创业）社会保险补贴办法〉的通知》，调整了自谋职业政策，提高了门槛，对享受自谋职业政策的条件进行了调整，年龄由原来的"3540"调整为"4050"；并将政策的重点转移到失业人员自谋职业实际经营方面，增加了"正常经营3个月以上"条件，从源头杜绝了享受政策而不实际经营的现象。二是《关于促进高失业率地区失业人员就业有关问题的通知》，为推进区域就业协调发展，保持全市就业局势的稳定，对经认定的高失业率地区，提高公益性就业组织的专项补助比例，由失业保险基金承担1/3调整为2/3。三是市财政局、市劳动局、央行营管部印发《北京市小额担保贷款管理实施暂行办法》，将享受政策的范围扩大到城镇登记失业人员、大学毕业生、农村转移劳动力和复员（转业）军人，贷款担保额度提高到 5 万元和 20 万元。四是为适应就业工作重点从下岗职工转向城镇登记失业人员的变化，制定《用人单位招用失业人员社会保险和岗位补贴办法》，对于商贸企业、服务型企业招用"3540"失业人员，在合同期内给予最长不超过 3 年的社会保险补贴；企业事业单位、国家机关、社会团体、个体工商户等各类用人单位招用"4050"失业人员、中重度残疾失业人员，签订 1 年及以上期限劳动合同的，在合同期内给予最长不超过 3 ～ 5 年的社会保险补贴；签订 3 年及以上期限劳动合同的，每招用 1 人再给予 5000 元的岗位补贴。五是印发《北京市城镇失业人员灵活就业社会保险补贴办法》，在提高自谋职业政策享受门槛后，针对部分未能真正自谋职业却享受自谋职业政策的人员，多采取非全日制的较为灵活就业的方式获取收入，作为自谋职业政策的补充，调整了部分政策内容，并将"弹性就业"更名为"灵活就业"。

2007 年 9 月，市劳动局印发《关于用人单位招用失业人员享受工资性岗位补贴有关问题的通知》，规定用人单位招用"4050"人员、城市低保人员、中重度残疾人、零就业家庭人员、初次来京的随军家属以及登记失业 1 年以上的其他失业人员，签订 3 年及以上期限劳动合同的，在合同期内给予最长不超过 3 年的工资性岗位补贴，补贴标准为每人每年 3000 元。

2008年7月，市劳动局印发《关于调整促进高失业率地区失业人员就业政策有关问题的通知》，将高失业率地区公益性就业组织的专项补贴比例，由失业保险基金负担2/3调整为80%。

2009年8月，市人力社保局印发《关于进一步促进高失业率地区城乡劳动者就业有关问题的通知》，对高失业率区（县）制定出的鼓励用人单位招用城乡劳动者的岗位补贴和社会保险补贴，鼓励城乡劳动者自谋职业（自主创业）的社会保险补贴政策所需资金，由失业保险基金给予50%的补贴。

2009年4月至2010年，陆续对社区公益性就业组织政策进行调整规范。安置对象为城镇登记失业人员中"4050"低保人员、"3540"低保且失业1年以上人员、残疾低保人员和零就业家庭人员；岗位为劳动协管、城管协管、社区保安、公共设施维护、交通协管、残疾人工作协管、社区保洁（不含收费项目）；经费补贴标准由各区（县）在北京市上年度职工平均工资的50%～70%内确定，失业保险基金和区（县）财政各负担50%。对高失业率地区，由失业保险基金负担80%，区（县）财政负担20%。

（二）《中华人民共和国就业促进法》颁布

《中华人民共和国就业促进法》（以下简称《就业促进法》）是为促进就业，促进经济发展与扩大就业相协调，促进社会和谐稳定而制定的法律。于2007年8月30日第十届全国人民代表大会常务委员会第二十九次会议通过，自 2008 年 1 月 1 日起施行。

国家把扩大就业放在经济社会发展的突出位置，实施积极的就业政策，坚持劳动者自主择业、市场调节就业、政府促进就业的方针，多渠道扩大就业。劳动者依法享有平等就业和自主择业的权利。劳动者就业，不因民族、种族、性别、宗教信仰等不同而受歧视。倡导劳动者树立正确的择业观念，提高就业能力和创业能力；鼓励劳动者自主创业、自谋职业。各级人民政府和有关部门应当简化程序，提高效率，为劳动者自主创业、自谋职业提供便利。

1. 政策支持

鼓励各类企业在法律、法规规定的范围内，通过兴办产业或者拓展经营，增加就业岗位。国家鼓励发展劳动密集型产业、服务业，扶持中小企业，多渠道、多方式增加就业岗位。国家鼓励、支持、引导非公有制经济发展，扩大就业，增加就业岗位。

实行有利于促进就业的财政政策，加大资金投入，改善就业环境，扩大就业。县级以上人民政府应当根据就业状况和就业工作目标，在财政预算中安排就业专项资金用于促进就业工作。就业专项资金用于职业介绍、职业培训、公益性岗位、职业技能鉴定、特定就业政策和社会保险等的补贴，小额贷款担保基金和微利项目的小额担保贷款贴息，以及扶持公共就业服务等。就业专项资金的使用管理办法由国务院财政部门和劳动行政部门规定。

2. 公平就业

用人单位招用人员、职业中介机构从事职业中介活动，应当向劳动者提供平等的就业机会和公平的就业条件，不得实施就业歧视。保障妇女享有与男子平等的劳动权利。用人单位招用人员，除国家规定的不适合妇女的工种或者岗位外，不得以性别为由拒绝录用妇女或者提高对妇女的录用标准。用人单位录用女职工，不得在劳动合同中规定限制女职工结婚、生育的内容。

3. 就业服务和管理

鼓励社会各方面依法开展就业服务活动，加强对公共就业服务和职业中介服务的指导和监督，逐步完善覆盖城乡的就业服务体系。加强人力资源市场信息网络及相关设施建设，建立健全人力资源市场信息服务体系，完善市场信息发布制度。

建立健全公共就业服务体系，设立公共就业服务机构，为劳动者免费提供下列服务：就业政策法规咨询；职业供求信息、市场工资指导价位信息和职业培训信息发布；职业指导和职业介绍；对就业困难人员实施就业援助；办理就业登记、失业登记等事务；其他公共就业服务。公共就业服务机构应当不断提高服务的质量和效率，不得从事经营性活动。公共就业服务经费纳入同级财政预算。

建立劳动力调查统计制度和就业登记、失业登记制度，开展劳动力资源和就业、失业状况调查统计，并公布调查统计结果。统计部门和劳动行政部门进行劳动力调查统计和就业、失业登记时，用人单位和个人应当如实提供调查统计和登记所需要的情况。

4. 职业教育和培训

依法发展职业教育，鼓励开展职业培训，促进劳动者提高职业技能，增强就业能力和创业能力。加强统筹协调，鼓励和支持各类职业院校、职业技能培训机构和用人单位依法开展就业前培训、在职培训、再就业培训和创业培训；鼓励劳动者参加各种形式的培训。

人民政府和有关部门根据市场需求和产业发展方向，鼓励、指导企业加强职业教育和培训。职业院校、职业技能培训机构与企业应当密切联系，实行产教结合，为经济建设服务，培养实用人才和熟练劳动者。企业应当按照国家有关规定提取职工教育经费，对劳动者进行职业技能培训和继续教育培训。

5. 就业援助

建立健全就业援助制度，采取税费减免、贷款贴息、社会保险补贴、岗位补贴等办法，通过公益性岗位安置等途径，对就业困难人员实行优先扶持和重点帮助。就业困难人员是指因身体状况、技能水平、家庭因素、失去土地等原因难以实现就业，以及连续失业一定时间仍未能实现就业的人员。就业困难人员的具体范围，由省、自治区、直辖市人民政府根据本行政区域的实际情况规定。

采取多种就业形式，拓宽公益性岗位范围，开发就业岗位，确保城市有就业需求的家庭至少有一人实现就业。法定劳动年龄内的家庭人员均处于失业状况的城市居民家庭，可以向住所地街道、社区公共就业服务机构申请就业援助。街道、社区公共就业服务机构经确认属实的，应当为该家庭中至少一人提供适当的就业岗位。

6. 监督检查

有关部门应当建立促进就业的目标责任制度。县级以上人民政府按照促进就业目标责任制的要求，对所属的有关部门和下一级人民政府进行考核和监督。审计机关、财政部门应当依法对就业专项资金的管理和使用情况进行监督检查。劳动行政部门应当对本法实施情况进行监督检查，建立举报制度，受理对违反本法行为的举报，并及时予以核实、处理。

7. 法律责任

违反《就业促进法》规定，劳动行政等有关部门及其工作人员滥用职权、玩忽职守、徇私舞弊的，对直接负责的主管人员和其他直接责任人员依法给予处分。侵害劳动者合法权益，造成财产损失或者其他损害的，依法承担民事责任；构成犯罪的，依法追究刑事责任。

（三）社会效果及意义

《就业促进法》是当前我国构建和谐社会背景下颁布的一部重要法律，与此前颁布的《劳动合同法》一样，体现了党和国家对广大劳动者的权益维护、民生保障的高度重视和关怀。制定《就业促进法》，是为了促进就业，促进经济发展与扩大就业相协调，促进社会和谐稳定。

就业是民生之本，不仅是每一位劳动者生存的经济基础和基本保障，也是其融入社会、共享社会经济发展成果的基本条件；就业是安国之策，促进就业关系到亿万劳动者及其家庭的切身利益，是社会和谐发展、长治久安的重要基础。就业问题历来是各国经济和社会发展的核心问题之一。我国劳动力资源丰富，高素质劳动力供大于求的格局还将继续存在，就业的结构性矛盾十分突出，新成长劳动力就业、农业富余劳动力转移就业和经济结构调整中失业人员再就业的矛盾相互交织，这就决定了解决我国的就业问题具有长期性、艰巨性和复杂性，促进就业是我国必须长期坚持的一项重大战略任务。

《就业促进法》通过将经过时间检验的积极的就业政策措施上升为法律，以法制化的手段确立国家推动经济发展与扩大就业良性互动，把扩大就业放在经济社会发展的突出位置，实现社会和谐稳定，是我国做好促进就业工作，构建和谐社会的必然选择和重要内容。

四、颁布《中华人民共和国公务员法》

（一）公务员制度建立

1. 公务员制度推行试点

1949 年中华人民共和国成立后，各级党政机关公职人员通常使用干部概念。1992 年 4 月，经国家人事部批准，北京市人事局在市税务局、市审计局、市统计局 3 个局级部门和西城区、海淀区、大兴县 3 个区（县）开始进行北京市国家公务员制度推行试点工作。

试点期间，研究制定了《北京市国家公务员录用实施办法》《北京市国家公务员考核试行办法》《北京市国家行政机关工作人员任职资格审查办法》《北京市国家公务员辞职辞退试行办法》《北京市国家公务员回避制度实施细则》等单项法规，开展了对公务员制度的宣传和学习，进行了职位工资套改工作。

2. 公务员制度正式诞生

1993 年 8 月 14 日，《国家公务员暂行条例》发布，标志着中华人民共和国公务员制度正式诞生。依照该条例，1995 年 7 月北京市人民政府制订《北京市国家公务员制度实施方案》，开始全面推行国家公务员制度。成立北京市推行国家公务员制度领导小组，领导小组办公室设在市人事局。实施方案规定：实施国家公务员制度的范围包括：各级国家行政机关中除工勤人员以外的工作人员；其他行使行政职能、从事行政管理活动的单位中除工勤人员以外的工作人员。凡实行国家公务员制度的单位，不得实行企业、事业单位的职称、工资及奖金等人事管理制度。国家公务员制度的实施，要根据机构改革的进程，与其他各项改革相配套，争取用一年左右的时间，在全市范围内基本建立起国家公务员制度，实现平稳过渡后，再逐步完善。市、区（县）各行政机关要抓紧制定具体实施办法，在本机关机构改革完成定职能、定机构、定编制的工作后及时推行国家公务员制度，结合人员分流半年内完成职位设置、人员过渡，并实施考试录用、培训、考核等主要法规、规章。乡、镇政府机关和街道办事处国家公务员制度的实施工作，由各区（县）根据机构改革的进程具体安排。

3. 探索公务员管理方式

至 1998 年 8 月，北京市完成国家公务员制度的初步建立与人员过渡工作。之后又相继制定了关于职位分类、录用、考核、职务任免、辞职辞退、申诉控告、培训、职务升降、回避、职位轮换、考核奖励等一系列配套规章。

2000 年，北京市人民政府机构改革，通过职能整合，北京市人事局成立了公务员管理处，负责对在职公务员的管理工作。此后，不断探索公务员管理方式，建立和完善新录用公务员基层锻炼制度，推行公务员交流轮岗和竞争上岗制度。围绕公务员能力素质提升和岗位工作的需要，深化公务员初任培训、任职培训和在职培训。2002 年 1 月，为进一步优化首都发展环境，市人事局提出了改进基层公务员服务态度，提高工作效率的要求，对基层公务员深入开展"立党为公，执政为民"的主题教育活动，以"群众认可"为重点，按照岗位职责、业务标准和工作重点，加强平时考核和年度考核，并制定出忠于职守、爱岗敬业、勤政为民，态度和蔼、礼貌待人、文明执法等多条行为规范。

4.加强公务员队伍建设

2005年3月，中共北京市委办公厅和市人民政府办公厅转发中共北京市委组织部、市人事局《关于进一步加强基层公务员队伍建设的意见》，强调坚持"凡进必考"，通过公开考试，严把新录用公务员进口关，要求新录用公务员初任培训时间不得少于80学时，各种表彰奖励名额比例要向基层公务员倾斜，上级单位不得挤占基层单位处、科级职数，通过多项具体措施保障与提升基层公务员队伍整体素质和专业化水平。

(二)《中华人民共和国公务员法》实施

1.贯彻落实《中华人民共和国公务员法》

2005年4月27日，第十届全国人大常务委员会第十五次会议审议通过《中华人民共和国公务员法》(以下简称《公务员法》)，自2006年1月1日起施行。为贯彻落实《公务员法》，市人民政府于2005年10月25日召开第44次市人民政府常务会议，中共北京市委于2005年11月10日召开第167次中共北京市委常委会议，分别传达学习全国实施《公务员法》工作会议精神，研究北京市贯彻实施意见。两次会议上，中共北京市委、市人民政府领导都明确指出，北京市实施《公务员法》，要以提高公务员队伍整体素质为目标，把实施《公务员法》作为提高公务员队伍依法执政、依法行政能力的新起点，把公务员登记作为加强公务员思想作风教育的新契机，把确定职务与级别作为优化公务员队伍结构的新抓手，努力建设一支政治坚定、业务精湛、作风过硬、人民满意的公务员队伍。

2005 年 12 月，北京市成立"北京市实施公务员法工作领导小组"，由中共北京市委副书记杜德印任组长，中共北京市委常委、组织部部长赵家骐和市委常委、常务副市长翟鸿祥任副组长，成员包括中共北京市委组织部、市人事局、市编办、市财政局等有关部门主管领导。领导小组办公室设在市人事局。

2. 印发《北京市贯彻〈中华人民共和国公务员法〉实施意见》

2006 年 4 月 9 日，中共中央、国务院印发《〈中华人民共和国公务员法〉实施方案》的通知，要求各地区各部门在实施《公务员法》过程中，要严明纪律，维护法律的严肃性和权威性。严禁扩大实施范围和参照《公务员法》管理范围，不得滥设职位，不得超编和扩大范围进行登记，不得超职数配备人员。对违反规定的，要及时、坚决予以纠正，并依法追究有关领导人员及其他直接责任人的责任。

2006 年 8 月 4 日，中共北京市委、市人民政府召开全市实施《公务员法》工作会议，市实施《公务员法》工作领导小组组长杜德印在会议上做动员讲话，强调以实施《公务员法》为契机，以提高公务员队伍素质为重点，认真抓好公务员队伍建设。会议进行工作部署，明确了北京市实施《公务员法》的主要任务和工作步骤。

同日，中共北京市委办公厅、市人民政府办公厅印发《北京市贯彻〈中华人民共和国公务员法〉实施意见》，规定北京市下列机关列入《公务员法》实施范围：中国共产党各级机关；各级人民代表大会及其常务委员会机关；各级行政机关；中国人民政治协商会议各级委员会机关；各级审判机关；各级检察机关；各民主党派和工商联的各级机关。北京市列入《公务员法》实施范围的各级机关，都要按照《公务员法》及其各项配套政策法规的规定，全面实施录用、考核、职务任免、职务升降、奖励、惩戒、培训、交流与回避、工资福利保险、辞职辞退、退休、申诉控告等公务员各项管理制度。

3. 主要任务

北京市实施《公务员法》工作，主要包括公务员登记、职务与级别确定、工资套改、配套法规建设和参照《公务员法》管理5项任务。

公务员登记必须根据《北京市公务员登记实施办法》规定的对象、条件、程序和管理权限，统一组织，逐级负责，积极稳妥地进行；必须在国家行政编制限额内进行，不得违反规定超编登记；必须由所在机关领导班子集体讨论确定登记对象，组织、人事部门统一填写公务员登记表，逐级上报审核、审批及备案机关。公务员登记表作为确认公务员身份的依据装入公务员档案。

在公务员登记后，各级机关要在规定的编制、领导职务职数和非领导职务职数限额内合理设置职位，根据国家职务与级别管理和非领导职务设置管理的有关规定，确定公务员的职务与级别。在国家有关专业技术类、行政执法类公务员分类管理规定出台前，北京市各级机关公务员均按综合管理类公务员进行管理。在公务员登记和职务与级别确定工作完成后，按照《公务员工资制度改革实施办法》进行工资套改，严格执行公务员工资政策，巩固规范公务员收入工作成果，完善公务员管理和公务员工资发放的联动机制。对没有按照规定进行公务员登记和确定职务级别的，不得套改公务员工资。各区（县）和市有关部门要对照《公务员法》及本市配套政策规定，对现行公务员管理相关政策规定进行清理，视情况修订或废止。要按照国家及本市规定的条件、审批权限和程序，确定列入参照管理《公务员法》的单位。对于《公务员法》实施前列入参照、依照《国家公务员暂行条例》管理范围的事业单位，要重新进行审批。经批准实行参照管理的单位，要认真执行《公务员法》及其配套政策法规，严格按照规定做好公务员登记、确定职务与级别及工资套改等各项工作。

4. 全面推进实施《公务员法》

按照全市统一部署，2006 年 9 月底前，北京市 18 个区（县）党委、政府分别召开了各区（县）实施《公务员法》工作会议，部署本区（县）实施《公务员法》的各项工作，并组建出由区（县）主要领导任组长的实施《公务员法》专门机构，全面推进实施《公务员法》工作。

2009 年，北京市人力资源和社会保障局建立，公务员制度管理部门随之做出相应调整，内设机构由职位管理处、考核奖惩处、考试录用处等处室组成,对外可以北京市公务员局名义开展工作。同年,北京市公务员考试录用取消了原来的资格证书制度,开始实施公务员职位竞争考试。2010年,全市首次开展面向基层公开遴选公务员工作,开创建立来自基层一线的公务员培养选拔链,优化市级机关公务员队伍来源和经历结构。

《北京市贯彻〈中华人民共和国公务员法〉实施意见》按照《公务员法》的规定与要求,积极稳妥地完成了公务员登记,合理确定公务员职务与级别以及对非领导职务的设置与管理,制定了北京市公务员处分条例、考核、奖励办法等,使公务员队伍建设又迈上法制化建设的台阶。

(三)新《公务员法》出台

2018年12月29日,第十三届全国人民代表大会常务委员会第七次会议修订,2019年6月,新《公务员法》实施,结合了"国家干部管理制度"、《国家公务员暂行条例》和《公务员法》的制度精华,结合时代要求,使公务员管理更加科学化、民主化和制度化,为国家治理能力的现代化添砖加瓦。

《公务员法》的修订,适应了新时代改革发展任务对公务员能力素质的要求,同时也是推进国家治理体系和治理能力现代化,强化中国特色社会主义事业总体布局的必然要求。其最大亮点在于吸收了党的十八大以来全面从严治党的经验,将全面从严治党好的、成熟的做法和有益于提升公务员素质的做法纳入其中,体现了新时代对公务员队伍的新要求。

五、颁布《事业单位人事管理条例》

事业单位是我国宪法规定的六大类组织之一，也是民法通则规定的四类法人之一，是一种具有鲜明中国特色的社会组织。事业单位是我国提供公益服务的主要载体，是各类专业性人才的主要集中地，做好事业单位人事制度改革，建设高素质、专业化的人才队伍，对推动经济发展和社会全面进步具有重要的现实意义。

"事业单位"一词首次出现在 1955 年第一届全国人大第二次会议《关于 1954 年国家决算和 1955 年国家预算的报告》中。1963 年《国务院关于编制管理的暂行规定》，从经费来源和编制管理的角度对国家及其管理的机构进行分类，事业单位首次作为一类机构主体走上历史舞台。1998 年发布和 2004 年修订的《事业单位登记管理暂行条例》，对事业单位作出明确的概念定义，即事业单位是"国家为了社会公益目的，由国家机关举办或者其他组织利用国有资产举办的，从事教育、科技、文化、卫生等活动的社会服务组织"。

（一）《事业单位人事管理条例》制定背景及内容解读

1. 制定背景

在 2003 年出台的《中共中央　国务院关于进一步加强人才工作的决定》中，提出要制定事业单位人事管理条例，2008 年 3 月，原人事部会同中央组织部起草了《事业单位人事管理暂行条例（送审稿）》，报请国务院审批。

2011 年，国务院法制办在充分听取有关部门、地方政府和事业单位意见的基础上，会同国务院有关部门反复研究、修改，形成了征求意见稿。同年 11 月 24 日，国务院法制办公布《事业单位人事管理条例（征求意见稿）》（共 10 章 68 条），面向社会各界征求意见。

2014 年 2 月 26 日，国务院第 40 次常务会议审议通过《事业单位人事管理条例（草案）》。4 月 25 日，总理李克强签署国务院令（第 652 号）。5 月 15 日，国务院公布《事业单位人事管理条例》全文，自 2014 年 7 月 1 日起施行。

2．内容解读

《事业单位人事管理条例》（以下简称《条例》）共 10 章 44 条，自 2014 年 7 月 1 日起施行。《条例》适应事业单位改革发展的新形势新要求，将岗位设置、公开招聘、竞聘上岗、聘用合同、考核培训、奖励处分、工资福利、社会保险、人事争议处理，以及法律责任作为基本内容，确立了事业单位人事管理的基本制度。

《条例》规定，事业单位人事管理，坚持党管干部、党管人才原则，全面准确贯彻民主、公开、竞争、择优方针。国家对事业单位工作人员实行分级分类管理。中央事业单位人事综合管理部门负责全国事业单位人事综合管理工作；县级以上地方各级事业单位人事综合管理部门负责本辖区事业单位人事综合管理工作；事业单位主管部门具体负责所属事业单位人事管理工作。事业单位应当建立健全人事管理制度。事业单位制定或者修改人事管理制度，应当通过职工代表大会或者其他形式听取工作人员意见。

（1）岗位设置

国家建立事业单位岗位管理制度，明确岗位类别和等级。事业单位根据职责任务和工作需要，按照国家有关规定设置岗位。岗位应当具有明确的名称、职责任务、工作标准和任职条件。事业单位拟订岗位设置方案，应当报人事综合管理部门备案。

（2）公开招聘和竞聘上岗

事业单位公开招聘工作人员按照下列程序进行：制订公开招聘方案；公布招聘岗位、资格条件等招聘信息；审查应聘人员资格条件；考试、考察；体检；公示拟聘人员名单；订立聘用合同，办理聘用手续。

事业单位内部产生岗位人选，需要竞聘上岗的，按照下列程序进行：制订竞聘上岗方案；在本单位公布竞聘岗位、资格条件、聘期等信息；审查竞聘人员资格条件；考评；在本单位公示拟聘人员名单；办理聘任手续。

（3）聘用合同

事业单位与工作人员订立的聘用合同，期限一般不低于3年。初次就业的工作人员与事业单位订立的聘用合同期限3年以上的，试用期为12个月。事业单位工作人员在本单位连续工作满10年且距法定退休年龄不足10年，提出订立聘用至退休的合同的，事业单位应当与其订立聘用至退休的合同。事业单位工作人员连续旷工超过 15 个工作日，或者 1 年内累计旷工超过 30 个工作日的，事业单位可以解除聘用合同。事业单位工作人员年度考核不合格且不同意调整工作岗位，或者连续两年年度考核不合格的，事业单位提前 30 日书面通知，可以解除聘用合同。事业单位工作人员提前 30 日书面通知事业单位，可以解除聘用合同。但是，双方对解除聘用合同另有约定的除外。事业单位工作人员受到开除处分的，解除聘用合同。自聘用合同依法解除、终止之日起，事业单位与被解除、终止聘用合同人员的人事关系终止。

（4）考核和培训

事业单位应当根据聘用合同规定的岗位职责任务，全面考核工作人员的表现，重点考核工作绩效。考核应当听取服务对象的意见和评价。考核分为平时考核、年度考核和聘期考核。年度考核的结果可以分为优秀、合格、基本合格和不合格等档次，聘期考核的结果可以分为合格和不合格等档次。考核结果作为调整事业单位工作人员岗位、工资以及续订聘用合同的依据。事业单位应当根据不同岗位的要求，编制工作人员培训计划，对工作人员进行分级分类培训。工作人员应当按照所在单位的要求，参加岗前培训、在岗培训、转岗培训和为完成特定任务的专项培训。培训经费按照国家有关规定列支。

（5）奖励和处分

事业单位工作人员或者集体有下列情形之一的，给予奖励：长期服务基层，爱岗敬业，表现突出的；在执行国家重要任务、应对重大突发事件中表现突出的；在工作中有重大发明创造、技术革新的；在培养人才、传播先进文化中做出突出贡献的；有其他突出贡献的。

奖励坚持精神奖励与物质奖励相结合、以精神奖励为主的原则。奖励分为嘉奖、记功、记大功、授予荣誉称号。

事业单位工作人员有下列行为之一的，给予处分：损害国家声誉和利益的；失职渎职的；利用工作之便谋取不正当利益的；挥霍、浪费国家资财的；严重违反职业道德、社会公德的；其他严重违反纪律的。

处分分为警告、记过、降低岗位等级或者撤职、开除。受处分的期间为：警告，6个月；记过，12个月；降低岗位等级或者撤职，24个月。给予工作人员处分，应当事实清楚、证据确凿、定性准确、处理恰当、程序合法、手续完备。工作人员受开除以外的处分，在受处分期间没有再发生违纪行为的，处分期满后，由处分决定单位解除处分并以书面形式通知本人。

（6）工资福利和社会保险

国家建立激励与约束相结合的事业单位工资制度。事业单位工作人员工资包括基本工资、绩效工资和津贴补贴。事业单位工资分配应当结合不同行业事业单位特点，体现岗位职责、工作业绩、实际贡献等因素。

国家建立事业单位工作人员工资的正常增长机制。事业单位工作人员的工资水平应当与国民经济发展相协调、与社会进步相适应。事业单位工作人员享受国家规定的福利待遇。事业单位执行国家规定的工时制度和休假制度。事业单位及其工作人员依法参加社会保险，工作人员依法享受社会保险待遇。事业单位工作人员符合国家规定退休条件的，应当退休。

（7）人事争议处理

事业单位工作人员与所在单位发生人事争议的，依照《中华人民共和国劳动争议调解仲裁法》等有关规定处理。事业单位工作人员对涉及本人的考核结果、处分决定等不服的，可以按照国家有关规定申请复核、提出申诉。

负有事业单位聘用、考核、奖励、处分、人事争议处理等职责的人员履行职责，有下列情形之一的，应当回避：与本人有利害关系的；与本人近亲属有利害关系的；其他可能影响公正履行职责的。

对事业单位人事管理工作中的违法违纪行为，任何单位或者个人可以向事业单位人事综合管理部门、主管部门或者监察机关投诉、举报，有关部门和机关应当及时调查处理。

（8）法律责任

事业单位违反本条例规定的，由县级以上事业单位人事综合管理部门或者主管部门责令限期改正；逾期不改正的，对直接负责的主管人员和其他直接责任人员依法给予处分。

对事业单位工作人员的人事处理违反本条例规定给当事人造成名誉

损害的，应当赔礼道歉、恢复名誉、消除影响；造成经济损失的，依法给予赔偿。

事业单位人事综合管理部门和主管部门的工作人员在事业单位人事管理工作中滥用职权、玩忽职守、徇私舞弊的，依法给予处分；构成犯罪的，依法追究刑事责任。

（二）社会效果及意义

《事业单位人事管理条例》是深化事业单位人事制度改革的首部法律成果，也是建立人才集聚体制机制的一项重大举措。事业单位工作人员是我国人力资源和人才队伍的重要组成部分，事业单位治理是国家治理能力现代化的重要方面。《条例》的制定和实施，对于促进事业单位人事管理法制化建设，提高事业单位人力资源管理效能，建立权责清晰、分类科学、机制灵活、监管有力、符合事业单位特点和人才成长规律的人事管理制度，建设高素质的事业单位工作人员队伍，切实保障事业单位工作人员的合法权益，加快形成具有国际竞争力的人才制度优势，促进公共服务发展，聚集人才、用好人才，从而为广大人民群众提供更加优质高效的公共服务，具有十分重要的意义。

参考文献

1. 北京市地方志编纂委员会.北京志（1995-2010）［M］.北京：北京出版社，1999.

2. 中华人民共和国劳动合同法.2013.

3. 中华人民共和国就业促进法.2015.

4. 王全兴，石超.新中国70年劳动法的回顾与思考［J］.求索，2020（3）：118-119,123.

5. 郭军.《劳动法》伟大的历史作用和现实意义［N］.工人日报，2014-7-8（006）.

6. 国务院法制办公室.保障公平就业促进社会和谐.2007.

7. 胡晓东.我国公务员制度的"双螺旋"演进逻辑研究［J］.学术界，2020（9）：179.

8. 池霏霏.事业单位人事制度改革历程与展望［J］.中国人力资源社会保障，2019（3）：34-36.

9. 吴江.为集聚人才营造法制环境［J］.中国人力资源社会保障，2014（6）：28-29.

第二篇
就业引导人力资源配置

　　中华人民共和国成立后迎接的第一场考验，就是如何解决旧社会遗留下来的失业问题。北京市在对失业人员进行登记、实行"包下来"、介绍就业等政策基础上，探索形成了统包统配的就业制度，很好地解决了当时的失业问题，有力地保障了社会主义建设。20世纪70年代后期，失业问题再度突出，北京市首先进行就业制度改革，开始实行介绍就业、自愿组织起来就业和自谋职业相结合的方针，基本上缓解了当时的就业压力，同时改革用工制度，实行全员劳动合同制，企业享有用工自主权，职工享有择业自主权，另外，"北京市劳动交流中心"和"北京市人才交流服务中心"的成立，标志着市场雏形显现，以及人力资源服务业开始发端。进入20世纪90年代，北京积极实施再就业工程，保障下岗职工基本生活并促进其实现再就业，实现基本生活保障向失业保险并轨，建立起市场导向的就业机制，劳动力市场和人才市场快速崛起，人力资源服务业城乡布局日趋合理，业态发展日益多样化。21世纪以来，北京实施积极的就业政策，打破城乡二元结构，努力实现城乡劳动者公平和比较充分的就业，使就业工作迈上了新台阶。进入新时代，北京坚持实施就业优先战略和积极的就业政策，不断健全工作机制和政策体系，努力推动实现更充分、更高质量就业，统一规范的人力资源市场基本形成，市场环境不断优化，对外开放水平逐步提高，开创了新时代就业工作的新格局。

第三章 北京就业改革发展在人力资源开发中的历史贡献

王海英

中华人民共和国成立 70 多年来，北京市委、市政府始终将就业摆在突出位置，从计划经济体制时期的统包统配制度到市场经济条件下的就业优先战略，各级党委政府千方百计维护就业局势稳定，有力保障了首都民生。本文简要回顾了中华人民共和国成立 70 多年以来北京就业改革发展历程，其成就与经验，对于做好新时期北京的就业工作具有重要启示。

一、稳定促进就业是永恒的主题

（一）1949-1978 年，计划经济体制下的统包统配

中华人民共和国成立之前的北京是一座工农业落后、商品经济不发达的畸形高消费城市，帝国主义长期的侵略与国民党长期的反动统治，导致民生凋敝，失业严重。1949 年初北京和平解放，市人民政府对劳动就业问题非常重视。在城市实行"包下来"与介绍就业和自行就业相结合的政策，按照 1949 年中共中央《对旧职员的处理原则的决定》，继续留用原有公教人员、企业职工，对原国民党军政人员分情况给予工作和

生产出路，同时严格限制公私企业裁减员工，防止造成新的失业。对于社会失业人员，1949 年 8 月，市劳动局就着手进行登记安置。1952 年 7 月专门成立北京市劳动就业委员会，负责组织对失业无业人员的登记和介绍就业工作。这一时期，为了让失业无业人员尽快找到工作，除了进行登记管理、介绍就业外，还允许自谋职业，但用人企业要向市劳动局备案。同时，开展对失业无业人员的救济工作，制定了《救济失业员工决定试行细则》，采取的办法主要有以工代赈、生产自救、发放救济金等。

1952 年 8 月，政务院在《关于劳动就业问题的决定》中提出：为迎接即将开始的大规模国家建设，全面解决各种失业人员的就业问题，逐步消灭失业半失业现象，应从统一介绍开始，逐步达到统一调配劳动力的目的。这个提法在劳动就业方面奠定了实行统包统配方针的基础。1955 年 6 月，按照时任市长彭真的指示：劳动力的调配应统一由劳动部门掌握，各单位不得无组织、无计划私自用人。自此，北京的劳动就业工作开始采用行政手段统一调配劳动力。在劳动计划内，市劳动局综合制定全市招工计划，统一组织，严禁私招。为了严查企业私自招工问题，1955 年到 1965 年连续 11 年，每年劳动部门都清退企业私招的工人，自谋职业基本上已不存在。统一调配劳动力为北京的经济发展提供了有利条件，当年北京工业化建设正如火如荼开展，建筑、工矿、交通运输等与工业相关的行业，急需大量劳动力，正是在政府的统一招工和调配下，才有效配置了劳动力资源，使工业就业人口占全市城镇就业人口比例达到最高的 29.8%，在那个激情燃烧的岁月，为工业化建设提供了有力支撑。

为保证女性青年的就业，市劳动局根据各单位的工作性质和劳动强度，对招收的男女比例做了规定，如商业、服务业男女各为 50%，纺织行业女性占 70% ~ 80%，幼儿园保育员则全部安排女性，机械加工行业安排男性 70%、女性 30%。为了保证失业无业人员都能就业，按照人员条件和用工单位性质进行分类，采取好坏搭配办法，条件好的优先分配到党政机关、保密性强的企事业单位，条件差的分到商业、服务企业，用工方式均采用固定工制度。截至 1957 年，通过各种途径安排社会失业无业人员共计 27 万余人，基本解决了失业问题。

与此同时，对大专院校、中等专业学校、技工学校毕业生、复员转业军人，则统一由劳动部门和有关部门分配。据统计，1950 年至 1958 年底，从城镇招工 28.67 万人，从农村招工 34.9 万人，统一安排复员转业军人 11.35 万人，统一分配上述各类学校毕业生 3.03 万人。

从 1958 年开始，劳动就业工作出现了一些起伏变化。三年"大跃进"导致全市国有企业特别是工业、基建企业猛增职工近 60 万人，吸收了大批农村劳动力，随后又大规模精简，很多职工又回到农村。"文化大革命"时期，城镇广大知识青年响应国家号召上山下乡，1966 年到 1968 年城镇招工人数不多，1969 年以后招工人数才逐年增多，又恢复了以前的招工办法。对知识青年的招工，是把招工任务下达到县革命委员会计划组（后改为下达到县劳动局），再分配下达到公社（后改为乡）和生产大队。这种统包统配的方法持续到 1978 年。

在农民就业方面，中华人民共和国刚成立时北京征用农村土地数量不多，没有安置农民就业。随着经济建设和社会发展征用农村土地日趋增多，1957 年 10 月市革命委员会决定，对征用土地的农民，先由征地单位根据工作需要安置，如工作不需要，可采取留社、插社、并社的方法安置，再解决不了，由劳动部门负责安排。1968 年，由于被征收土地越来越多，需要安置的农民不断增加，市革命委员会要求，凡厂矿企业吸收被征用土地的农民，必须经市革命委员会批准，这种安置办法充分体现了计划体制下的就业政策。

总的来看，统包统配的就业制度在计划经济时期，对北京建立工业化体系和经济发展起到了积极作用，就业结构不断优化，从事第一产业人数比例持续下降，由 1949 年的 71.7% 下降到 1975 年的 32.1%，说明了生产力增加迅速。特别在社会主义改造时期，国家百废待兴，北京作为首都，对失业问题很好地解决，有力保障了社会安全稳定，首都稳则全国稳，这对中华人民共和国成立初期的全国来讲至关重要。但是这种一次分配定终身的"铁饭碗"，让劳动者难以自由流动，工作积极性不高，企业缺乏活力，影响了生产力，束缚了经济发展。

（二）1979–1991 年，**就业制度改革和劳动力市场初步形成**

党的十一届三中全会以后，改革开放的大潮开启了历史新时期，就业体制由计划管理逐步走向市场调节，为顺应形势发展，北京市广开就业门路，大力改革用工制度，促进培育劳动力市场，就业工作有了较大发展。

1. 拓宽就业渠道，促进更多待业青年就业

20 世纪 70 年代后期，北京市包括回城的上山下乡知识青年在内，等待就业安置的各类人员达 40 万人之多，就业矛盾异常突出，计划体制下的统包统配就业制度已无法满足形势发展需要。为此，北京开辟多种就业渠道，积极创造就业条件和岗位，大力组织待业青年参加各种集体所有制性质的生产服务组织，解决青年就业问题。一是开展宣传教育，转变待业青年就业观念。二是出台优惠政策，专门下发《北京市劳动局关于参加生产服务合作社、劳动服务公司、厂办社的待业青年被招工后的待遇问题的通知》（〔1980〕市劳资字第 317 号），规定凡参加生产服务合作社的人员，年龄在 35 岁以下，符合招工条件的，在全市招工时，可以参加报考；在大专院校招生时，可以报名应试，也可以应征服兵役等，这些优惠政策打消了待业青年的顾虑，进而解决了近 4 万人的就业问题，缓解了城镇就业压力，并在全国起到了示范效应，被党中央、国务院给予充分肯定。1979 年北京市上报国务院的《关于安排城市青年就业问题》被转发各地参考。三是成立劳动服务公司，承担安置城镇待业人员任务。那一时期，北京的产业结构正由重工业向轻工业和服务业转移，劳动服务公司应运而生，1982 年底，劳动服务公司安置了 13.1 万待业青年。在当时特定历史条件下，劳动服务公司的创办为企业自主用工、推行劳动合同制、进一步深化就业制度改革创造了有利条件。

2. 实行劳动合同制，改革用工制度

以固定工为主体的劳动用工制度，在计划经济时代发挥了"稳定器"的作用，职工成为固定工后，即有了"铁饭碗"，不会造成失业。但在向市场经济过渡中，这种用工制度已经越来越不适应经济社会发展需要。1982 年，北京市根据党中央关于改革劳动制度的精神，在全市企业新招工人中，试行劳动合同制。到 1984 年底，全市共招收合同制工人13.9 万人。但是由于固定工与合同工在管理和待遇上有较大差别，"一厂两制"形成的企业管理矛盾，影响了职工积极性，用工制度改革遭遇困境。党的十二届三中全会后，国家通过经济体制改革推动企业用工制度改革，让企业享有用工自主权，可为了避免新老制度带来的管理矛盾，企业却不再招收合同制工人，因此这一阶段试行劳动合同制没有成功。

但是历史的车轮不会倒转，改革的脚步不会停歇，实行劳动合同制是我国经济体制改革的目标，也是中华人民共和国成立以来对用工制度的一次重大变革。1986 年下半年，市人民政府根据国务院关于改革劳动制度四个规定颁布了落实的具体细则。其中，实行劳动合同制暂行规定

的实施细则中规定：国有企业招用常年性工作岗位上的工人（包括学徒工人），应当与其签订劳动合同。从 1987 年 7 月 1 日起，全市国有企业和机关、事业单位新招收的工人全部实行劳动合同制，对 1987 年 6 月 30 日以前经市劳动局批准招收的合同制工人，一律不准改为固定工，以保证劳动制度改革顺利进行。自此以后，社会上新招收的工人统一实行劳动合同制。

同时，北京市还决定先行一步，走在全国前列，试行全员劳动合同制。1988 年 9 月，首先在煤炭总公司所属煤炭二厂试行，这个厂成为全市第一个在原固定工制度基础上改行劳动合同制的企业，从领导干部到每个职工都签订劳动合同。党委书记、厂长同上级煤炭总公司签订劳动合同，其他职工同厂长或厂长委托的代理人签订劳动合同。合同期限分为短期、中期、长期三种。合同规定了双方的权利义务，还规定职工原来享受的一切福利待遇在合同期内不变，并建立个人补充养老储备金制度，自实行全员劳动合同制之月起，按核定的挂钩工资总额给职工增加 4% 的工资性补贴，其中 2% 用于建立个人补充养老储备金，由企业代为存储，待职工退休时，除享受国家规定的退休待遇外，可以连本带息一次支取这笔储备金，作为退休费的补充。另外 2%，职工每人每月交纳 1 元的待业保险基金，存入全市社会统筹部门，其余部分纳入企业对职工的分配。

之后，微电机总厂、仪表机床厂、商标印刷三厂、化工机械厂等企业相继试行了全员劳动合同制，职工签订率达 98.6%。经过先行试点，继而在全市铺开，截至 1994 年底，北京市全民所有制单位共有 63.9 万余人实行了全员劳动合同制。企业和职工普遍反映实行全员劳动合同制方向对、效果好，企业不仅吸引留住了技术骨干，提高了经济效益，职工也增加了收入，有了自由选择权。

3. 实行双向选择，形成劳动力市场雏形

为了适应经济体制改革的需要，更好地保障企业用工权和劳动者择业权，北京先后成立了"北京市劳动交流中心"和"北京市人才交流服务中心"，为人才提供双向选择的机会，后逐步发展为劳动力和人才市场，1990 年有 1.5 万人通过双选实现了就业。同时，家庭劳务市场也为 1.2 万名保姆介绍了工作。这种逐步形成的劳动力市场雏形，为以后建立统一开放的人力资源市场奠定了基础。

改革用工制度，实行全员劳动合同制，奏响了北京劳动就业制度改革的新篇章，虽然在开始执行中有波折和失败，但它打破了过去统包统配和一次分配定终身的用工制度，正是有了全员劳动合同制，才有了后期更多人才流向市场，使市场发挥配置劳动力资源的作用。可以说，用工制度改革赋予企业和劳动者更大自主权，从而初步确立了企业和劳动者在市场中的主体地位，双方合同的签订，明确了责权利，为今后构建和谐稳定的劳动关系打下了坚实基础，也为未来的劳动力市场构建了雏形。

(三) 1992-2002 年，实施再就业工程和建立市场导向的就业机制

1992 年初，邓小平同志视察南方途中的重要讲话，为改革开放迎来了又一个春天，经济体制改革不断向纵深推进，北京的就业工作也得到长足发展。按照党的十五届四中全会提出的建立市场导向就业机制，北京积极实施再就业工程，完成了由保障国有企业职工基本生活制度向失业保险制度"并轨"的任务，初步建立起市场导向的就业机制。

1. 实施再就业工程

1993 年 11 月，党的十四届三中全会召开，国企改革进入建立现代企业制度的新阶段，企业需要转换经营机制，激发内生动力，实行开放搞活，但长期以来，北京的国有企业在原有固定工制度下形成的冗员问题严重，面对激烈的市场竞争，企业想要求生存谋发展，必须将长期积压的富余人员分流出来。自 1994 年开始，随着纺织行业"砸锭减产"，粮食流通领域深化改革等，国有企业由原来安置就业的主力军变为向社会疏散劳动力的"压力阀"，职工下岗、破产企业职工分流问题凸显，给就业工作带来巨大挑战，保障职工基本生活，实施再就业工程迫在眉睫。

为此，1995 年 6 月北京市人民政府印发《关于在全市实施再就业工程意见的通知》(京政办发〔1995〕52 号)，要求充分调动政府、企业、劳动者和社会各方面力量，综合运用政策扶持和就业服务手段，保障困难企业职工基本生活，促进下岗职工尽快实现再就业。1997 年 10 月，北京市人民政府再次下发《关于进一步实施再就业工程的意见》(京政发

〔1997〕87号），提出建立再就业服务中心。同年，纺织、化工机械等14个行业和部分重点企业纷纷建立了再就业服务中心，开展对117家企业下岗待工人员的"托管"试点帮扶。

1998年根据市劳动局印发的《北京市国有企业下岗职工管理办法》（京劳就发〔1998〕126号）和《北京市再就业服务中心管理规定》（京劳就发〔1998〕128号），全市凡有下岗职工的企业都建立了再就业服务中心，下岗职工与再就业服务中心签订为期不超过两年的"职工下岗协议"，其间再就业服务中心负责保障下岗职工基本生活并促进其实现再就业。两年协议期满仍未实现就业的，与企业终止解除劳动关系进入社会失业，继续促进再就业。

对于国有企业政策性破产企业职工的安置，北京市劳动局于1997年7月印发《关于企业破产涉及劳动工作有关问题的通知》（京劳就发〔1997〕132号），这是北京市第一个破产企业职工安置的专项政策。破产企业职工安置和下岗职工一样，与再就业服务中心签订不超过两年的协议，期满后未就业的成为失业人员，享受失业保险待遇。

另外，针对就业特别困难的大龄下岗职工，政府专门制定了公益性组织托底安置政策。这些下岗职工与企业终止解除劳动合同后，劳动部门安排其进入公益性就业组织，从事社区公益性劳动，实现托底安置。

通过建立下岗职工基本生活保障制度和制定多项促进就业的政策措施，进一步帮助下岗职工实现了就业。在1995年至2002年底的8年间，全市共筹集下岗职工基本生活保障资金 21.08 亿元，帮助 61.13 万名下岗职工实现再就业，在 1998 年至 2002 年的 5 年间，1006 家国有、集体企业建立了再就业服务中心，有 30.03 万名下岗职工通过进入再就业服务中心，保障了基本生活，也实现了再就业。

2. 建立市场导向的就业机制

1998 年中共中央在《关于切实做好国有企业下岗职工基本生活保障和再就业工作的通知》（中发〔1998〕10 号）中，第一次提出"争取用 5 年左右时间，初步建立起适应社会主义市场经济要求的社会保障体系和就业机制，强调了市场就业机制的内容"。1999 年 9 月党的十五届四中全会进一步明确提出建立市场导向就业机制。北京市按照党中央的部署要求，于 2001 年出台了《关于加快建立市场导向就业机制意见的通知》（京政办发〔2001〕16 号），规定国有、集体企业富余人员从 2001 年起不再进入再就业服务中心，通过依法终止解除劳动关系，从企业中分离出来，在劳动力市场实现再就业。截至 2002 年底，全市 1006 家再就业服务中心撤销完毕，标志着作为过渡性措施的再就业服务中心顺利完成历史任务，并提前完成了下岗职工基本生活保障向失业保险制度的"并轨"，从而为北京的就业工作全面走向市场机制铺平了道路。

市场就业机制的建立，为劳动力市场提供了良好发展前景。北京市按照 1998 年中央 10 号文件提出的"劳动者自主择业、市场调节就业、政府促进就业"的新就业方针，以及劳动力市场要科学化、规范化、现代化（以下简称"三化"）建设的要求，加快发展劳动力市场，不断规范管理服务。一是市场化配置劳动力资源。城镇失业人员和新增劳动力等，都进入劳动力市场参与竞争，让市场发挥配置劳动力资源的基础性作用。二是建立公共服务制度。根据《中共中央 国务院关于进一步做好下岗失业人员再就业工作的通知》（中发〔2002〕12 号）文件精神，落实向下岗失业人员提供免费就业服务政策，2006 年出台向农村转移劳动力免费提供职业介绍的政策，正式确立政府提供公益性就业服务的制度。三是形成公共就业服务体系。建立了以公共职业介绍机构为窗口的综合性服务场所，并向街道和社区延伸，为辖区内求职者和用人单位提供服务。四是劳动力市场管理走向法制化轨道。在劳动保障部的指导下，北京先行先试，于 1998 年 7 月正式颁布《北京市劳动力市场管理条例》，明确了劳动力市场的管理制度。

通过实施再就业工程和下岗职工基本生活保障制度向失业保险制度"并轨"，企业解决了长期形成的冗员问题，劳动者实现了从"单位人"向"社会人"的身份转变，劳动力市场的建设发展，让劳动者的就业理念发生了根本变化，从单纯找"市长"逐步变为找"市场"，就业形式也更加灵活多样，市场合理配置劳动力资源的作用逐年增强。可以说，再就业工程在促进北京的经济结构调整和深化国有企业改革中，不失为一个良策，其建立的基本生活保障制度和再就业服务中心，在那个历史阶段起到了"缓冲社会压力"的作用，成功实现了国企分流职工的"软着陆", 从而完成了向市场就业机制过渡的华丽转身。

（四）2003-2011 年, 城乡一体化的市场就业机制和积极的就业政策

2002 年 11 月, 党的十六大提出了把比较充分就业作为全面建设小康社会的一个重要目标, 并确立了做好新世纪就业再就业工作的方针政策。党的十七大进一步明确了实现社会就业更加充分的新目标。北京市委、市政府认真贯彻落实党的十六大、十七大精神, 坚持以人为本, 面对城镇新增劳动力、农村转移劳动力和下岗失业人员叠加交织的情况, 把扩大就业摆在经济社会发展的突出位置, 实施积极的就业政策, 打破城乡二元结构, 努力实现城乡劳动者公平和比较充分的就业, 使就业工作在 21 世纪迈上新台阶。

1. 统筹城乡就业

进入 21 世纪以来, 随着城镇化、市场化进程加快和城乡社会经济发展, 农村转移劳动力作为产业大军中的新生力量在迅速增加, 如何本着"人本服务"理念, 打破城乡壁垒, 将进城务工的农村求职者纳入就业服务范围, 实现公平就业和公共服务均等化, 建立城乡一体化的市场就业机制, 被北京市委、市政府提上重要日程。

首先, 建立城乡统筹的就业管理制度。2003 年 3 月在《北京市加强农村富余劳动力就业工作的意见》(京劳社就发〔2003〕29 号) 中提出: 研究制定促进农村富余劳动力就业政策, 强化农村富余劳动力职业培训, 不断提高农村富余劳动力择业能力和竞争力, 促进农村劳动者就

业，形成管理规范、市场配置、流动有序、素质准入的城乡一体化的就业新格局。在之后的几年中，乡镇社会保障事务所相继完善，村级就业服务站陆续建立，主要承担动态掌握农村劳动力就业状况、开展就业政策宣传、就近向农村劳动力提供就业服务等工作职责。到 2007 年底，北京市所有行政村全部建立了就业服务站，并对配备的专（兼）职工作人员 6000 余人开展全面培训。

其次，建立城乡统筹的公共就业服务制度和体系。2006 年 2 月，在《北京市人民政府贯彻落实国务院关于进一步加强就业再就业工作文件的通知》（京政发〔2006〕4 号）中，首次提出对本市农村劳动力以及来京务工人员提供免费职业介绍服务，标志着农村劳动力被纳入全市就业管理服务体系。

为提高转移就业管理效率，针对部分区（县）因为首都城市功能定位，导致岗位资源匮乏，不能满足当地农村劳动力转移就业需求的实际问题，市劳动保障局推广建立城乡"手拉手"就业协作机制，在区（县）、街乡、乡企之间搭起就业互助平台，城区与郊区的公共就业服务机构联手开展公共就业服务活动，双方以组织下乡招聘和上门应聘，开展对口技能培训和职业指导，实行就业信息网络沟通，交流学习业务等形式，把城区的岗位资源优势与郊区的劳动力资源优势有效对接，缓解城乡就业矛盾，促进农村劳动力跨地区流动就业。

为进一步加大对农村劳动力转移就业的政策扶持力度，2008 年

12月，市人民政府办公厅转发市劳动保障局《关于促进农村劳动力转移就业工作指导意见》（京政办发〔2008〕57号），提出四项扶持政策：一是实行鼓励用人单位招用农村就业困难人员的岗位补贴和社会保险补贴政策。二是实行鼓励农村劳动力自谋职业、自主创业的减免行政事业性收费和小额担保贷款政策。三是实行鼓励农村劳动力增强就业竞争能力的职业培训补贴政策。四是实行帮助农村劳动力稳定就业的城乡平等的社会保险政策。各区（县）、乡镇和部分村级组织也针对农村社会经济发展特点和农民转移就业需求制定本地区的社会保险补贴、自谋职业补贴、交通补贴、劳务派遣、单位招工奖励、外出就业奖励等扶持政策，形成了市级政策为重点、区（县）政策为特色、乡村政策为补充的转移就业政策体系。

到2010年底，北京市人力资源市场信息系统共登记446万名有转移就业要求的农村劳动力的实时就业信息，为政府部门决策和向农村劳动力实施有针对性的就业服务和政策帮扶，提供了可靠依据。全市共有16个区（县）、170个街乡建立起城乡"手拉手"就业协作关系，累计帮助6万多名农村劳动力实现了跨地区转移就业。

另外，针对春节后大量外来务工人员集中进京求职的实际需求，2005年1月，首次在全市开展以"为来京务工人员创造良好就业环境"为主题的"春风行动"，为进城务工者提供职业介绍服务，此后"春风行动"成为劳动部门为广大农村劳动者办实事的品牌服务项目。

2.实施积极的就业政策

就业乃民生之本，关乎群众切身利益。扩大就业、促进再就业，关系改革发展稳定大局。北京市全面贯彻落实党中央、国务院关于就业再就业工作的部署，坚持实施积极的就业政策。2002年，市委、市政府下发了《关于贯彻落实中共中央 国务院关于进一步做好下岗失业人员再就业工作文件的通知》（京发〔2002〕18号），该文件政策项目全、扶持力度大，既包括鼓励性措施，如劳动者自谋职业，企业吸纳就业，困难群体再就业等，也包括税费减免、社保补贴、就业援助、就业服务等扶持性政策。随后密集出台了《北京市国有破产企业职工分流安置暂行办法》（京劳社就发〔2002〕53号）和《关于印发〈国有大中型企业主辅分离辅业改制分流安置富余人员的劳动关系处理办法〉的通知》（京劳社资发〔2003〕212号）等一系列配套政策和操作性办法，对推动就业和再就业工作起到了积极作用。2006年国务院启动新一轮积极就业政策，北京市及时印发《北京市人民政府贯彻落实国务院关于进一步加强就业再就业工作文件的通知》（京政发〔2006〕4号），对2002年18号文件加以延续、扩展、调整和充实。经过多年的探索实践，就业再就业工作取得了很大进展，基本解决了体制转轨和产业结构调整中的再就业问题，逐步形成了覆盖城乡全体劳动者的，具有北京特色的积极就业政策体系。具体有：

一是健全就业困难群体帮扶制度。针对城镇失业人员、国有企业调整搬迁重组改制关闭破产需要安置人员以及城镇就业困难群体，2006年开始发放《再就业优惠证》，鼓励其自谋职业、自主创业、合伙创办小企业，并提供工商、小额担保贷款等政策扶持。特别对"4050"人员和特困人员，建立促进困难群体就业再就业援助制度，实行"一对一"全程服务，通过政策倾斜、就业助理、承诺服务、托底安置等措施，帮助"4050"人员实现再就业。

二是建立就业失业保险联动机制。积极引导失业人员通过自谋职业、自主创业和灵活就业等形式实现就业，为企业减免税金，鼓励企业吸纳失业人员再就业，免费为失业人员提供职业指导、职业介绍、职业培训等服务，从失业保险基金中安排促进就业的专项经费，扩大政策享受范围。为了实现国企下岗职工基本生活保障制度向失业保险制度"并轨"，2007年6月及时修订《北京市失业保险规定》，使国企下岗职工在进入劳动力市场之前，及时享受到失业保险待遇，解除其后顾之忧。

三是促进以创业带动就业。为落实党的十七大和《就业促进法》提出的以创业带动就业的战略举措，积极鼓励劳动者到市场中主动"造饭碗"。不断优化创业环境，对自谋职业和自主创业者给予税费减免、提供小额担保贷款等一系列优惠政策。建立了市、区（县）、街道（乡镇）三级公共创业指导服务体系，为劳动者创业提供创业项目展示、创业培训、创业指导等服务。创业带动就业的效应，进一步推动了北京就业工作向前迈进。

四是完善公共就业服务体系。根据党中央、国务院提出的"要进一步探索和完善再就业服务的运行机制，实现就业服务体系的制度化、专业化和社会化（即'新三化'），尽可能为下岗失业人员提供更好的服务"的要求，本着"人本服务"理念，不断完善失业保险登记、就业困难人员就业援助等公共就业服务的各项制度。为服务对象提供求职登记、职业介绍、职业指导、职业培训等丰富的服务内容。不断简化服务手续，提供"一站式"就业服务。完善公共就业服务信息系统，形成了市、区（县）、街道（乡镇）、社区三级管理、四级服务的体系，做到"一点登录，全市查询"，提高了劳动力市场供求匹配率。

进入 21 世纪以来，北京突出"以人为本"思想，打破城乡壁垒，建立城乡劳动者平等参与市场竞争的就业制度，完善公共就业服务体系，不断为劳动者创造公平的就业环境。实施积极的就业政策，打破过去就业再就业被动保生活的局面，进而转向积极促进就业推动创业，使就业工作更上一层楼。

（五）2012—2021 年，新时代实施的就业优先战略

迈入新时代，是落实首都城市战略定位、实现首都高质量发展、建设国际一流和谐宜居之都的关键阶段。北京市委、市政府以习近平新时代中国特色社会主义思想为指引，坚决贯彻落实党的十八大、十九大精神，坚持实施就业优先战略和积极的就业政策，不断健全工作机制和政策体系，努力推动实现更充分更高质量就业，开创了新时代就业工作的新格局。

1. 实施积极的就业创业政策，带动就业

一是围绕实施积极的就业创业政策，加强联动创新，2019 年出台的《北京市人民政府关于做好当前和今后一个时期促进就业工作的实施意见》，重点打破了制度壁垒，惠及政策面广，扶持力度大，既包括城乡劳动者的就业服务，也包括自谋职业、自主创业和灵活就业等不同形式的引导，还包括危机风险下的稳定就业。二是聚焦全国科技创新中心优势，发挥创业带动就业倍增效应。首先加大创业资金支持，带动人员就业，使越来越多的劳动者进入新业态，实现对传统就业的有力补充，2021 年，北京市服务业比重为 83.1%，接近世界城市水平，有力推动了创新创业向纵深发展；其次完善创业服务平台，建立大学生创业"陪跑"体系；最后强化创业培训指导服务，扶持留学人员创业园和创业孵化示范基地发展。

2. 援企稳岗，稳定就业

一是发挥政策优势，失业保险金从"降、返、补"三方面入手，及时出台稳就业措施，为企业减负，让其有更多获得感。特别是在新冠肺炎疫情防控阻击战中，第一时间快速响应，从社会保险、资金支持、企业用工等方面出台多项政策"组合拳"，及时稳定了就业形势。建立重点企业用工调度保障机制，搭建急聘平台，提供"一对一"响应服务。开辟农民工"点对点"返京通道，搭建"北京市外来务工人员有序返岗共享服务平台"。通过"就业超市"、"百姓就业"、"空中课堂"、线上办理就业失业登记等渠道，开展"不见面"公共就业创业服务。指导"FESCO"上线"HELO 共享用工平台"，调剂劳动力余缺。二是落实企业"3+N"清单，定期梳理预警企业清单、后备企业清单和即时服务清单，为企业提供有针对性的帮扶。三是制订和落实集体协商三年行动计划，针对企业裁员问题，给企业和职工提供精准化、贴身式的服务，帮助企业发展，保障从业人员合法权益，实现劳动关系的微循环。

3. 保障重点群体和区域，帮扶就业

重点推动高校毕业生就业创业，引导参与乡村振兴、京津冀协同发展、冬奥会、冬残奥会等重点任务，拓展多元化就业渠道。加大困难家庭毕业生就业帮扶力度，实施"一生一策"精准帮扶。大力促进农村劳动力转移就业，妥善安置企业分流职工，运用公益性岗位兜底帮扶，确保零就业家庭动态清零。化解重点区域就业压力，大力挖掘环卫、公交等城市公共服务类岗位，定向安置支持生态涵养区农村地区劳动力，并出台了公共服务类岗位补贴政策，实现一人就业全家脱贫。

4. 提升公共就业服务效能，促进就业

一是开展职业指导、职业介绍标准化建设，实行精准识别、精准指导、精准匹配、精准支持的"四精准"公共就业服务。二是利用互联网和大数据，搭建集岗位信息发布、职位搜索查询、职业技能提升、咨询宣传等于一体的"就业超市"，实行"互联网＋公共就业服务"。三是促进职住平衡，把"就业超市"办进"回天地区"，为劳动者提供就近就地就业机会。四是整合市、区两级公共就业服务机构，加强人力资源市场建设，完善市场调查监测体系，促进人力资源市场供需匹配和有序流动。五是利用新一代信息技术，构建公共就业创业信息服务平台，压缩经办环节，提高办事效率，增强百姓的幸福感。通过提升服务效能，进一步优化了营商环境，在《全球营商环境报告 2020》中，北京营商环境得分 78.2 分，为提升中国营商环境在世界的排名做出了贡献。

5.注重劳动者素质提升，技能就业

积极实施《职业技能提升行动实施方案三年行动计划》，在全国率先实施以训稳岗、以工代训政策，通过高精尖、文化创意等产业，生活性服务业，城市运行保障等重点领域，大力开展职业技能提升培训，使促就业稳就业、提升就业成效显著，提高了职工的认同感，形成了面向全体劳动者的终身职业技能培训制度。

新时代，北京的就业工作更加乘风破浪，砥砺前行。坚持实施就业优先战略和就业优先政策，推动经济发展与扩大就业良性互动，以创业带动就业，提供精细化精准化公共就业服务，疫情期间采取的援企稳岗政策，在北京的就业史上写下了浓墨重彩的一笔。

二、稳定促进就业在人力资源配置中的主要贡献

在历史的长河中，北京市委、市政府将就业工作与首都各项事业同改革共发展，七十载风雨兼程，七十载一路高歌，越是艰难越向前，北

京的就业改革发展取得了巨大成就。具体讲，主要有以下5个方面：

（一）经济发展就业导向更加鲜明

中华人民共和国成立后，北京在计划经济体制下，实行统包统配制度，消灭了失业问题。党的十一届三中全会后，积极转变观念，大胆探索实践，通过实施全员劳动合同制，极大激发了人才活力，在全国做出了表率。改革开放中积极建立市场导向就业机制，大力实施积极的就业政策，基本形成了城乡统一的就业格局，让就业从最初的只保障人民基本生活走到了推动经济发展的最前沿。特别是近年来，在全市各级党委政府的共同努力下，坚持经济发展就业导向，积极实施就业优先战略和就业优先政策，强化促进就业创业的体制机制，聚集财政、货币、投资等政策合力，将经济增长与就业增长挂钩，着力构建经济增长和促进就业的良性循环。积极增加新就业，在以畅通国民经济循环为主构建新发展格局过程中，优先发展吸纳就业能力强的行业产业。全市就业规模不断扩大，就业结构不断优化，第一、第二、第三产业就业人员比重由1963年的42.6 ∶ 25.2 ∶ 32.2转变为2019年的3.3 ∶ 13.6 ∶ 83.1，第三产业升幅巨大，从业人员比例由1963年的32.2%跃升为当前的83.1%，成为扩大就业的主渠道。城镇登记失业率基本保持在1.5%左右，城镇调查失业率控制在5%以内，劳动者实现了比较充分的就业，保持了就业局势持续稳定。

（二）人力资源市场化机制逐步完善

中华人民共和国成立 70 多年来，北京的就业制度紧跟国家改革发展步伐，在"统包统配"向市场就业的历史性跨越中，大力培育和发展人力资源市场，让企业和城乡劳动者在统一开放、竞争有序的市场"大舞台"上平等参与竞争，经过多年实践探索，市场成为北京人力资源流动配置的主渠道，成为用人单位招聘和劳动者实现就业的主要载体，"有效市场"和"有为政府"相得益彰。在市场中催生的人力资源服务业蓬勃发展。截至 2021 年 4 月，北京地区人力资源服务业产值达到 3000 亿元，在商务服务业中排名第三，占比达到 12.4%，首次被列入本市高精尖产业目录。建立的中国北京人力资源服务通州产业园，成为人力资源服务业集聚发展的重要载体和平台。为健全完善首都人力资源市场体系，推动人力资源服务业健康发展，2021 年 5 月发布的《北京市促进人力资源市场发展办法》，对人力资源市场体系、人力资源市场培育、人力资源服务活动等方面做出系统规定，成为做好促进新时代首都人力资源市场建设发展的基本依据和准则。这一办法的出台将对促进人力资源自由有序流动和优化配置、更好地服务就业创业工作和首都高质量发展发挥重要作用。

（三）全方位公共就业服务效能大力提升

在多年努力下，与市场就业机制相配套的城乡公共就业服务制度逐步建立完善，形成了三级管理四级服务的全方位公共就业服务体系。

始终聚焦重点群体，将高校毕业生就业摆在首位，建立就业"陪跑"机制，助力毕业生跑出"加速度"。优化拓展毕业生就业服务模式，实现毕业生就业创业服务"码上办""征信办""智能办""打包办"和"一网通办"。深入实施"一生一策"精准帮扶，使本市困难家庭高校毕业生全部就业。积极实施公益性岗位、灵活就业帮扶城乡就业困难人员。创新实施公共服务岗位补贴政策，支持农村劳动力转移就业，确保"零就业家庭"动态清零。紧跟数字化、互联网技术，构建了精准识别、精细分类、专业指导的公共就业服务模式，积极搭建"就业超市"网上服务平台，建立"回天地区"10公里就业服务圈，促进职住平衡。新冠肺炎疫情防控阶段，针对不同群体需求，开展"不见面"公共就业创业服务，全方位公共就业服务提质增效。

（四）职业培训制度日益健全

中华人民共和国成立70多年来，职业技能培训已经从最初的只面向重点人群、阶段性培训，转变为覆盖城乡全体劳动者、全职业生涯、全过程衔接的培训。职业培训体系不断丰富完善，从被动解决就业问题，转变为积极开展技能开发，从以企业内部为主自行培训，转变为大力发展社会培训。尤其进入新时代以来，深入实施职业技能提升行动，面向企业职工、就业重点人群等城乡各类劳动者开展了大规模职业技能培训，培训政策获得企业高度认可。创新职业技能培训模式，大力推行面向市场的订单、定岗、定向培训，全面推行企业新型学徒制。积极推进"互联网＋职业技能培训"，提高了职业技能培训的便利度和可及性。深入推进职业技能培训市场化、社会化改革，充分发挥企业主体作用，鼓励支持社会力量参与，实现补贴性培训和市场化、社会化培训共同发展，建设知识型、技能型、创新型劳动者大军。厚植工匠文化，积极宣传展示大国工匠、能工巧匠和高素质劳动者事迹，大力弘扬劳模精神、劳动精神和工匠精神，营造了尊重劳动、崇尚技能的良好社会氛围。

（五）营造平等就业的环境基本形成

改革开放以来，北京的经济发展迅速，社会建设步伐加快，推动了农村劳动力转移就业。市委、市政府始终坚持就业优先战略，打破城乡壁垒，建立统筹城乡的就业管理制度和公共就业服务体系，为束缚于土地的农民，开辟更加广阔的就业空间，不断加快农村劳动力向非农产业转移的市场化步伐，使其有序性、规模性流动，同时也为第三产业发展提供了大批劳动力资源。近年来，针对新生代农民工数量逐渐增多，新业态用工关系复杂等实际问题，本着"以人民为中心"的发展思想，深入研究提出对策，为农村劳动力创造平等就业的环境。新冠肺炎疫情防控期间，为做好农民工安全有序返京复工工作，聚焦助力防控、稳定用工、确保就业的集成政策措施，全力加强就业服务，保证了疫情防控和稳就业工作"两不误"。总之，北京大力营造的城乡劳动者平等参与市场竞争的就业环境，为首都的高质量发展提供了力量源泉。

三、就业改革发展的历史经验及启示

纵观中华人民共和国成立以来北京的就业改革发展历程，从中得到很多启示，有利于我们进一步增强"四个自信"，做好新时期的就业工作。

（一）勇担当解难题促就业

市委、市政府始终将促进就业摆在首要位置。中华人民共和国成立伊始，将解决百姓"饭碗"问题当作头等大事，在初期就消灭了失业。计划经济向市场经济转型中大胆改革，初步建立起市场导向的就业机制。改革开放后，将就业改革不断推向高潮，建立覆盖城乡统筹全民的公共就业创业服务体系，不断创造良好的就业创业环境。抗击新冠肺炎疫情时期，出台多项措施牢牢守住了就业基本盘，体现了责任担当。新时代，北京要紧密围绕首都城市战略定位和高质量发展，一是各级党委政府要统筹协调，综合施治，提升敏捷治理能力，继续坚持实施就业优先战略和就业优先政策，促进扩大稳定就业。二是进一步发挥市场配置资源的决定性作用，积极营造就业创业的良好环境。三是积极发挥政府主导就业困难群体托底帮扶机制，提高全方位公共就业服务效能。四是积极引导劳动者的就业观念和劳动精神，提高他们的职业技能。

（二）高质量快发展扩就业

改革开放后，北京的经济高速发展，促进了充分就业，从而推动了经济增长，实现了经济发展和扩大就业的良性互动。当下"两区建设"

更是我国新发展格局下对首都发展的新定位，为新时期的就业带来更为广阔的创新空间，构建首都高精尖经济结构，深入推进京津冀协同发展，都需要按照党中央关于稳就业的指示精神，一是优化调整政策着力点，把就业工作放在首都经济社会发展大局中统筹谋划、协调推进、认真落实，提高就业质量；二是坚持经济发展就业导向，把稳定和扩大就业作为经济发展的优先目标，加强与宏观政策联动，形成围绕就业共同发力的就业政策体系，实现更快速发展、更稳定的扩大就业。

（三）联社保防失业保稳定

就业与社会保险就像孪生兄弟，相互促进，互为补充。早在1949年，北京就采取失业救济方式解决失业人员的基本生活问题。20世纪90年代，经济体制改革造成部分城镇职工下岗失业，北京在全国率先制定并实行《企业职工失业保险规定》，之后又出台了《北京市失业保险规定》，从扩面调标，到逐步向人群全覆盖迈进，其出发点就是利用社会化的保险解除企业职工后顾之忧，帮助失业人员尽快实现再就业。近年来，为预防企业规模性裁员，通过失业保险金安排促进就业经费，对企业实施"降、返、补"政策，充分稳定了就业岗位，失业保险促就业稳就业的作用越来越显著。新时期，一是进一步完善失业保险制度，加大中小微企业稳岗返还力度，扩大稳岗返还受益范围。二是持续巩固拓展多层次、多支柱的养老保险体系，争取将更多的农民工、灵活就业人员、新业态从业人员纳入企业职工基本养老保险范围，推进企业年金和个人养老金的发展，推进医保支付方式改革，确保社会保障实现人群全覆盖。

（四）多渠道促创业保民生

根据人民群众就业保障需求和经济社会发展实际，立足新发展阶段，贯彻新发展理念，构建新发展格局。一是拓宽渠道保重点群体就业，抓好高校毕业生、农民工和城镇困难人员等重点群体就业工作，实施市场吸纳、创业引领、基层成长、见习推进等政策措施。继续开发公益性岗位，帮扶残疾人、零就业家庭成员就业。二是提升劳动者技能素质，促进就业创业，选取具有北京特色、带动能力强、规模比较大、效益比较好的行业企业，打造北京特色品牌。鼓励个体经营，增加非全日制就业机会，支持发展新就业形态，带动更多劳动者多渠道灵活就业。三是加大劳动权益保障力度。加强对卡车司机、快递小哥、外卖配送员等新形态就业人员的权益保障。规范和引导企业依法用工，加强用人单位劳动保障诚信制度建设，加强欠薪隐患排查处置，强化部门联动执法，严管重罚，增强法律法规的威慑力，用心用情解决好人民群众急难愁盼的问题，切实增进民生福祉，提高人民生活品质，增强人民群众获得感幸福感安全感。

（五）提素质促培训强队伍

劳动者作为最重要的人力资源，在国家改革发展中发挥着重要作用。北京在千方百计扩大就业的同时，大力发展职业教育和技能培训，从最初的就业训练、先培训后就业、培训与就业相结合、农村劳动力转移培训到当前的终身职业技能培训制度，始终努力提高劳动者的职业素质，坚持强化职业技能培训与就业相结合。在当前和今后一段时期，为实现高质量发展目标，北京疏解非首都功能，产业转型升级、"腾笼换鸟"后面临严峻挑战，新业态发展和科技进步对劳动者带来的替代效应造成新问题，劳动者面临严峻考验，需要各级政府努力提升劳动者的职业转换能力。一是建立面向全体劳动者、全职业生涯、全过程衔接的终身职业技能培训制度，全方位提升人力资本质量和劳动者就业创业能力。二是积极探索完善职业资格评价、职业技能等级认定、专项职业能力考核等多元化评价方式，做好评价结果有机衔接，创新产业工人职业技能培养与评价体系。三是加强技能人才队伍建设，继续推行企业首席技师制度，深入开展技能大师工作室项目建设，广泛开展职业技能竞赛活动。

"长风破浪会有时，直挂云帆济沧海。"中华人民共和国成立70多年来，在市委、市政府的坚强领导下，北京的就业工作在人力资源开发配置中发挥了重要作用，这些历史性成就必将为"十四五"乃至更长时期的就业工作奠定坚实的基础。经验弥足珍贵，为我们留下了宝贵的精神财富，有利于我们从容应对未来的挑战，增强信心，坚定方向，努力践行初心使命，推动就业工作不断走向新辉煌。

案例：组织居民和职工家属就业

1958 年 7 月，按照时任中共中央副主席刘少奇到石景山钢铁厂视察时，提出要以工厂为中心、工厂与农村相结合，组织职工家属与居民参加生产劳动的指示，北京以石景山区和海淀区为试点，在石景山区以石景山钢铁厂为中心，与该厂所在地的中苏友好人民公社共同负责组织职工家属参加生产劳动。当时，公社有农业人口 8.2 万余人，其中钢铁厂职工家属 1.7 万多人，先将集中住在厂职工宿舍区的 6800 名职工家属组织起来，编成家属生产大队，派到工厂学习技术，做合同工和临时工的有 4000 多人，派到商业部门当售货员的 500 多人。为解决职工家属参加劳动后家务劳动遇到的困难，办起了食堂、托儿所、生活服务站 45 个。对分散住在农村的职工家属，由公社生产队建立自负盈亏的生产、服务组织。在海淀区以清河毛纺厂为中心，与清河镇人民公社共同组织在镇居住的毛纺厂职工家属和无业居民中有劳动能力的 938 人参加生产劳动，其中 240 名家属由毛纺厂工会组织到厂内参加生产劳动；其余 698 人由镇人民公社负责组织，有 126 人办起食堂、托儿所、洗衣组，为社会服务，其余 572 人由镇公社安排到工厂学徒或做合同工、临时工。随后东城、西城、崇文、宣武四个城区也分别选择一个街道进行试点，并很快在全区普遍组织，形成高潮。到 1958 年底，全市未就业劳动力，几乎都被动员起来。

参考文献

1. 北京市地方志编纂委员会．劳动志［M］．北京：北京出版社，1999：7，20-92.

2. 北京市地方志编纂委员会．北京志（1995-2010）［M］．北京：北京出版社，1999：24-28，43-46.

3. 张小建．中国就业的改革发展［M］．北京：中国劳动社会保障出版社，2009：99-119，239-247.

4. 北京市人力资源和社会保障局．失业保险与促进就业实用手册（一）［M］．北京：中国民航出版社，2009：35-47.

5. 徐熙．疫情防控常态化下北京"九条举措"促农民工稳就业［J］．中国人力资源社会保障，2020（10）：28-29.

6. 刘小军．浅谈新形势下北京就业工作的特点［J］．中国人力资源社会保障，2019（6）：37-38.

7. 王茂福，李平菊．中国城镇就业政策的形成与演变：1949-2008［J］．广西社会科学，2014（3）：141-147.

8. 王胜利，桑慧娟．新中国成立以来就业政策变迁的回顾、成就与经验［J］．湖北经济学院学报，2020，17（11）：79-82.

9. 程连升，贾怀东．建国初期就业政策的演变及其原因［J］．天津商学院学报，2001，21（3）：35-38.

第四章 人力资源市场的发展演变

王晶晶

北京市人力资源市场发展与经济体制改革进程同步，伴随着经济体制改革的不断推进，劳动人事制度改革日益深化，劳动力市场和人才市场在改革中成长、在发展中完善，取得显著成效：统一规范的人力资源市场基本形成，人力资源市场环境不断优化，服务功能和内容逐渐多元化，对外开放水平不断提高。

一、起步探索：市场雏形显现

（一）劳动力市场初步萌发

改革开放之前，由于长期实行计划经济体制，北京市形成了统包统配的人力资源配置制度，即政府根据计划和需要通过统一安排就业的方式来配置劳动力，劳动力市场几乎完全消失。在劳动计划之内，各单位向劳动局申报招工计划，劳动局综合制订全市的招工计划，统一组织招收。对进行就业登记的失业无业人员，大专院校、中等专业学校、技工学校毕业生，未升学的初、高中毕业生，复员转业军人，上山下乡的知识青年等所有待业人员，由劳动部门和相关部门统一分配工作。为保证所有待业人员都有工作可干，一般采取好坏搭配的办法，将所有人员和用工单位分别按条件和性质分成若干等级，条件好的待业人员优先分配到党政机关、事业单位，条件一般的分配至商业、服务企业。这种统一时间、统一组织的招工办法，招工单位没有挑选职工的余地，个人也没有选择职业的权利。

党的十一届三中全会后，改革开放的各项政策陆续落地，原先统包统配的人力资源配置制度开始被打破，人力资源领域服务开始发端，社会上出现了以职业介绍和技术工人交流为主要内容的"劳务市场"，形成了劳动力市场的雏形。

20世纪70年代，城镇出现了严重的就业问题，北京市贯彻实施"三结合"就业方针，即在国家统筹规划指导下，实行劳动部门介绍就业、自愿组织起来就业和自谋职业相结合的方针，初步改变了统包统配的人力资源配置制度。另外，经济体制改革促使经济形式、经营方式日益多元化，城镇对劳动力的需求更加多样，为调剂劳动力余缺，北京市开始试行劳动合同制，企业拥有一定的招工自主权，在计划指标内可根据生产需要自行招工，同时还可以招收城镇待业人员和农民工①为临时工。在农村，随着家庭联产承包责任制的实行，大量富余农村劳动力开始向城

---

① 1986年，北京市发布《北京市国有企业使用农民合同制工人管理办法（试行）的通知》，通知规定：凡使用农民合同制工人的单位，一律纳入本市劳动计划，企业招收农民合同制工人，应当同有关部门签订劳动合同，合同书应附农民合同制工人的名单。

镇转移流动，这也为劳动力市场的复苏创造了条件。在探索解决就业问题的实践过程中，北京市通过兴办集体经济、乡镇企业，建立劳动服务公司，组建技术工人交流咨询服务中心等途径，安置了众多待业青年，形成了最初的劳务市场。

1979 年，大批上山下乡的知识青年陆续回城，加上多年积累的待业人员，北京市等待安置的各类人员达 40 万人。为探索待业青年就业的途径，北京市积极发展各种集体所有制的生产服务企业。较典型的例子是生产服务合作社，在有技术有管理经验的退休老职工的悉心指导下，以待业人员为经营主体、自负盈亏的生产服务合作网点，在手工业、服务修理业、商业、饮食业等领域，如雨后春笋般大量涌现，既解决了待业青年的就业问题，又繁荣市场，促进经济发展。生产服务合作社在全市自上而下形成了三级管理体系：北京市成立了市城市生产服务合作总社，区和街道分别成立生产服务联社，居民委员会设基层生产服务社或组。为消除待业青年的顾虑，北京市规定在生产服务合作社工作的青年保留其"三招权"，即全市招工的报考权利，大专院校招生报名权利和应征服兵役权利；全民所有制和区县属集体所有制单位工作的青年，其工作时间顶替或缩短学徒年限，并计算连续工龄；其工资、奖励和福利待遇不作统一规定，由合作社自定颁发。截至当年 5 月底，全市先后建立生产服务社和合作小组 1200 多个，安置待业青年大约 4 万人。到 1981 年，全市生产服务合作社系统已安置待业青年 8.6 万余人。

　　1981 年，北京市成立市劳动服务公司，其基本任务是通过广设集体所有制企业及事业单位，安置待业人员；对待业人员进行管理教育和介绍就业；对待业人员进行职业培训，指导待业人员自谋职业。根据 1981 年发布的《北京市劳动服务公司组织条例》，全市各区（县）、各街道、各行业、各部门、各单位纷纷建立了劳动服务公司。各级各类劳动服务公司组织兴建的劳动就业服务企业是独立核算、自负盈亏的集体所有制单位[①]，享受税务部门规定的减免税收的待遇；在劳动就业服务企业工作的待业青年，同样享受"三招权"，其工资由企业根据经营情况自行决定。截至 1982 年底，全市共建立劳动服务公司 795 个，兴办劳动就业服务企业 2386 个，安置待业青年 13.1 万人。由于劳动就业服务企业完全根据市场需要建立，以安置待业青年就业和满足社会需要为主要目的，企业内的青年不断有人被招收到国营和区、县所属的集体企业工作，少数人升学或参军，又不断补充进新的待业青年，整个劳动服务公司系统起到城镇社会劳动力"蓄水池"的作用。自 1982 年起每年劳动服务公司安置待业青年 10 万人以上。随后，劳动服务公司根据市场需要，侧重于职业介绍等服务，逐渐发展为职业介绍服务机构。

　　为促进各单位职工流动和技术交流，1985 年，北京市成立了市技术

---

① 1990 年 12 月，国务院发布《劳动就业服务企业管理规定》，1993 年 8 月北京市发布《北京市劳动就业服务企业管理实施办法》，明确指出劳动就业服务企业的任务是"安置城镇待业人员"，性质是"由国家和社会扶持、进行生产经营自救的集体所有制经济组织"。

工人交流咨询服务中心（1988年改名为北京市劳动交流中心），其主要任务是组织技术工人交流，为企业提供咨询和技术服务。从1990年起，北京市劳动交流中心增加了为初次求职人员介绍就业的工作，通过供、需双方见面洽谈，为他们提供双向选择的机会。1991年，北京市政府发布了《北京市劳务市场管理暂行办法》，同年4月，发布了与之相配套的《北京市劳务市场组织管理暂行规定》《北京市劳务市场许可证管理暂行规定》《北京市劳务市场管理监察暂行规定》《北京市劳务市场管理监察程序》《北京市劳务市场信息工作管理暂行规定》《北京市流动中的工人人事档案管理暂行规定》6个规范性文件，使职业介绍工作步入规范化和市场化的轨道。截至1991年，北京市的劳务市场发展到23家，其中市、区、县劳动部门办的综合劳务市场19家，行业劳务市场4家。

劳动服务公司和劳动交流中心既是典型的人力资源中介服务机构，也是劳务市场的主要组成部分。在这一阶段，人力资源中介服务机构的服务内容相对简单，主要包括：为各类人员介绍职业；开展技术工人交流和余缺调剂；为农民工提供服务；为单位和个人暂存人事档案等。但这些组织在推动劳动制度改革、形成公平自由的竞争环境方面发挥了重要的作用。

（二）人才市场的诞生

人才市场诞生也是由政府行政力量来推动和主导的。1984年6月13日，北京市委办公厅转发了市委组织部《关于改革干部制度的几项试行意见》，公布了建立北京市人才交流中心的决定，6月15日，市人事局下发了《关于成立北京市人才交流服务中心的通知》。北京市第一个由政府人事部门举办的人才服务中心诞生了。虽然最初只有4万元财政经费，4名工作人员，3间平房，但是它的成立对于首都人才市场却具有非常重要的意义。虽然只提供填表登记推荐业务，却已是一家专门的人才交流服务机构。为了适应乡镇企业异军突起，民营企业、三资企业快速发展的需要，鼓励和促进人才流动，北京市出台了促进人才合理流动和优化配置的相关政策，从1985年开始，全市各个区（县）人事部门相继成立了人才交流服务中心和人才市场。

这一时期人才市场非常突出的特点就是以政府培育为主导，人才服务机构全部是全民所有制事业、企业单位，人才交流服务具有明显的非营利性。人才服务机构是专门为人才双向选择、社会流动服务的机构，并且人才流向社会的流量和流速在日益增大，一些不具有市场机制但具有市场色彩的服务方式开始出现并得到发展，刺激了人才流动需求，转变了人们的择业观念，实际上为人才市场机制的建立和发展做了重要铺垫。

第一家人才市场诞生记

来源：2018年7月10日星期二 北京青年报

人才市场如今司空见惯。而30年前却不为人所知。

在改革开放的1988年5月，党中央、国务院批准在海淀划出100平方公里，建立"北京新技术产业开发试验区"。市场要素不能缺少人才要素，由此拉开了中国科技人才大规模"下海"和流动的序幕，北京第一家人才市场——海淀区人才市场孕育而生。

1988年12月，我被时任海淀区人事局局长陈其耀调到人事局，去组建经海淀区政府批准的由海淀区人事局领导的自收自支的事业单位"北京市海淀区人才市场"。

海淀区人才市场于1989年1月10日正式向社会开放，除我和另一名从局里派来的人之外，又向社会招聘了三名工作人员，是当时北京市18个区（县）中第一家为社会服务的人才市场。其时确认开展的主要业务：一是人才交流和调解；二是承接人才培训；三是人才技术转让和咨询；四是人才技术开发和生产；五是组织人才交流洽谈会和配合区人才交流中心为个人存档（专业技术干部）提供服务等。

海淀区人才市场当时位于海淀大街善缘桥37号，只有10多平方米。但就是在这么一间仅10多平方米的小屋里，建起了一个引发社会议论的单位。当我们把书法家欧阳中石先生书写的"海淀区人才市场"的大牌子一挂上，就引来好多说法。有人说，卖菜的有市场、卖药的有市场、卖鸡鸭鱼肉的有市场，怎么人才也进了市场？甚至有人直呼我为"人贩子"。

不过，什么说法都挡不住人才改革的浪潮。海淀区人才市

场的建立首先得到新闻界的热情支持,《中国人才报》1989年
3月8日报道:海淀区人才市场自1月10日正式开张以来,已
有228名各类人才在此登记,要求流动(其中包括一名日本人
和一名美籍华人)。

除日常接待人才登记和单位查询外,人才市场于1989年
5月7日在区政府7号楼举办了海淀有史以来第一次现场人才
洽谈会。洽谈会得到刚刚成立的高新技术企业的积极响应,星
河电子音响公司、中科院三环公司等公司积极参与,中央人民
广播电台等八家新闻单位发布了洽谈会信息。

当时的海淀区政府7号楼有三层,一、二层是饭堂,三层
是会场,当天共有58家用人单位到场招聘。现场气氛异常火
爆,那天累得我直吐黄水。

《北京青年报》记者杨菊芳在1989年6月2日以"人往高
处走 高处鏖战急"为题特写招聘会:"队伍排出将近200米,
3000张票(当时每张票只卖5毛钱)在3小时被抢购一空,
某公司招聘一名会计,两小时内就有20人登记应聘……这是
记者于日前在海淀人才市场举办的首次人才洽谈会上看到的
情景。"

如今,原先的海淀大街已变成了中关村西区。"海淀区人
才市场"也已更名为"中关村人才市场",从10多平方米的小

屋，搬进了数千平方米的现代办公场所。我也从创办海淀区人才市场的一员，成为一名退休老人，结合自己的工作体会出版了《经营求职》一书。

现而今，人们已把进人才市场真的当作了"逛市场"，有滋有味地到那里寻找自己新的梦想。

二、快速发展：两类市场并存

1992年10月，党的十四大提出"我国经济体制改革的目标是建立社会主义市场经济体制"。首次明确要使市场在国家宏观调控下对资源配置起基础性作用，使经济活动遵循价值规律的要求，适应供求关系的变化，通过价格杠杆和竞争机制的功能，把资源配置到效益较好的环节中去。以贯彻落实党的十四大精神为开端，北京市密集出台多项政策、法律、法规，推动劳动力市场和人才市场进入快速发展时期。

（一）劳动力市场快速崛起

1993年，党的十四届三中全会通过了《关于建立社会主义市场经济体制若干问题的决定》，提出"要改革劳动制度，逐步形成劳动力市场"，这是首次提出劳动力市场的概念，标志着劳动力市场进入快速发展的新阶段。劳动部围绕经济体制改革的中心任务，在《关于建立社会主义市场经济体制时期劳动体制改革总体设想》中提出，要"建立竞争公平、运行有序、调控有力、服务完善、城乡一体的现代劳动力市场"的目标，指明了劳动力市场的发展方向。

这一时期，国家、北京市密集出台一系列法律法规，劳动力市场运行的基本管理制度初步建立。1992年，北京市劳动交流中心成立了境外就业服务所，开始为赴世界各地就业的人员提供代办护照、签证等服务。1994年《劳动法》颁布，作为调控劳动力市场运行的基本法，为劳动力市场的快速发展提供了法律依据。同年，北京市发布《关于规范我市职业介绍服务机构名称的通知》，对各级职业介绍服务机构名称进行规范，区分劳动部门开办的职业介绍服务机构和其他社会办职业介绍服务机构，将其正式命名为"职业介绍服务中心"或"职业介绍所"[①]。截至1994年，全市职业介绍服务机构发展到76家（其中行业开办30家，社会团体开办10家，街道开办9家）。1996年，北京市发布的《北京市实施〈职业介绍规定〉办法》，进一步明确了职业介绍服务机构的开办条件、享有权利和管理办法，从规范职业介绍行为的角度，促进劳动力资源的开发利用和合理配置，也确立了劳动力市场的管理制度。

随着社会主义市场经济体制的逐步建立，企业和职工初步享有用人自主权和择业自主权，其劳动力市场主体地位基本确立。1992年，国务院发布《全民所有制工业企业转换经营机制条例》，赋予企业包括劳动用工权、人事管理权、工资奖金分配权等在内的14项自主权，企业的自主

---

① 将北京市劳动交流中心改称为北京市职业介绍服务中心，将区、县劳务市场机构改称为职业介绍服务中心，将社会团体和街道开办的职业介绍服务机构改称为职业介绍所。

权明显扩大，在劳动力市场的主体地位日益凸显。企业按照面向社会、公开招收、全面考核、择优录用的原则，自主决定招工的时间、条件、方式、数量，同时有权决定用工形式，可以实行合同化管理或全员劳动合同制。1993 年，《关于切实保障企业职工合法权益的通知》颁布，从企业招工、职工工资、职工培训、社会保险、劳动保护、休假等方面对企业行为进行规范和纠正，保障职工的合法权益。

（二）人才市场全面发展

北京市人才市场开业以后，各类人才流动服务机构数量迅速增加，形成了以政府人事部门所属人才流动服务机构为主渠道，行业、社会力量、民办人才流动服务机构为补充的多层次、多元化、多功能的人才服务体系。

人才市场管理纳入法制化轨道。为优化人才市场环境，促进人才合理流动，1995 年，北京市在全国率先实现人才市场运作与管理的政事分开，北京市人事局成立专门的人才市场管理机构。同年，北京市人民政府发布《北京市人才市场管理若干规定》，建立了人才流动服务业许可证实行年审制度。1996 年，全国首家人才服务机构的行业协会——北京人才交流协会成立，它的诞生促进了服务机构之间的交流协作。1997 年，北京市通过了地方性法规《北京市人才市场管理条例》，明确了人才市场管理制度，从政府责任、人才市场中介服务机构、人才招聘、人才应聘4 个方面规范了人才市场行为，同时指明了以市场需求为导向的专业化、信息化、产业化、国际化的人才市场服务体系的建设目标。之后，北京市政府、北京市人事局又相继出台了若干政府规章和一系列人才市场管理的规范性文件，初步形成了人才市场管理法规体系，建立了人才市场行政执法队伍，加大了对人才市场的宏观调控和处罚监管力度，促进了人才市场的良性发展。

在人才市场快速发展的过程中，人才服务业务随之多元化发展，并且人才服务信息化水平不断提升。人事咨询规划、人才网站、人才信息数据库、人才测评、人事代理、高级人才寻访（猎头）等人才服务方式均已出现并获得了较快发展。1993 年，北京市人才职业介绍网建立，利用计算机收集、存储、整理、查询人才供求信息。1996 年，人才服务专线建立，以自动声讯和人工接听相结合的方式提供招聘求职信息服务。1997 年，北京市人才服务中心推出人才素质测评业务，为机关、企事业单位的人才公开选拔、内部竞聘和个人职业生涯发展提供素质测评服务，人才素质测评工作推进了政府和企事业单位人才选拔和公开招聘工作的科学性。同年，北京市人才职业介绍网与北京市 18 个区（县）人才服务中心的人才招聘和求职登记信息网络连接，通过"一点登记、多点查询"的方式构成了一个覆盖全市人才供求信息的网络系统。1998 年之后，北京市人才服务中心人才培训、人事代理、人才派遣和国际人才交流业务不断扩大，离退休人才开发工作逐步推进。

这一时期，市场配置人才资源的基础性作用开始显现，体现竞争、价格、供求机制的人才市场初步形成，首都人才市场由于它自身的资源优势、活跃程度和良好的发展环境，具有了较强的人才吸纳能力和辐射能力，成为全国人才市场布局中的重要战略高地。

三、改革创新：让市场发挥作用

贯彻新的就业方针、全国和北京市人才工作会议精神，按照实施首都人才战略的要求，深入推进劳动力市场和人才市场建设的改革创新。这一时期是劳动力市场机制和人才市场发展最快的时期，市场在人力资源配置中的主导地位逐步确立，人力资源服务业城乡布局日趋合理，业态发展日益多样化。

（一）劳动力市场在改革中完善

1998 年，国务院下发《关于切实做好国有企业下岗职工基本生活保障和再就业工作的通知》，提出了"劳动者自主择业、市场调节就业、政府促进就业"的方针，强调了鼓励劳动者自主择业的积极性。同年，中央 10 号文件中明确要求，从科学化、规范化、现代化（以下简称"三化"）的角度，大力加强劳动力市场建设。1999 年，党的十五届四中全会通过的《关于国有企业改革和发展若干重大问题的决定》，提出要积极发展和规范劳动力市场，形成市场导向的就业机制。按照国家统一部署和要求，北京市不断加强劳动力市场"三化"建设与管理，促进劳动力市场规范发展。截至 2008 年，劳动力市场的发展取得了重要进展。

表 4-1 北京市劳动力市场和人才市场中介机构统计表

年份	人才中介机构	职业介绍机构	人力资源服务机构	合计
1995	72	154	—	226
1996	91	239	—	330
1997	105	295	—	400
1998	121	360	—	481
1999	132	380	—	512
2000	140	415	—	555
2001	133	450	—	583
2002	154	413	—	567
2003	176	510	—	686
2004	189	559	—	748
2005	227	626	—	853
2006	256	632	—	888
2007	302	637	—	939
2008	331	655	—	986
2009	353	660	—	1013
2010	—	—	1046	1046

劳动力市场初步实现法制化。1998 年 7 月，北京市公布《北京市劳动力市场管理条例》，从政府责任、择业求职、招聘用人、职业介绍、调控市场与促进就业 5 个方面规范了劳动力市场行为，明确了劳动力市场管理的基本制度。该条例还强调劳动行政部门指定的职业介绍机构对持

有求职证、下岗证的人员，免费提供职业咨询、职业指导和职业介绍。随后，为进一步加强劳动力市场管理的制度建设，北京市相继出台了一系列职业中介管理的规定规章。2000年，北京市发布了《北京市职业介绍管理规定》，明确开办职业介绍机构应当有明确的职业介绍服务对象、方式、内容等业务范围，有与业务范围相适应的固定场所和办公设施，以及达到规定数目的资金和专职工作人员。2001年，北京市印发了《关于加强公共职业介绍服务体系建设的意见》，明确要建立职业指导式的职业介绍工作新模式，提高职业介绍成功率，真正发挥公共职业介绍机构促进就业的主渠道作用，同时提出"统一形象标识、统一业务表格、统一服务流程、统一服务标准"和"公开服务程序、公开服务项目、公开监督电话"，使全市公共职业介绍机构外在形象达到统一。2005年，北京市印发了《北京市实施〈中外合资中外合作职业介绍机构设立管理暂行规定〉办法》，明确规定了设立中外合资、中外合作职业介绍机构的申请条件、审批手续等。2007年，我国颁布了《劳动合同法》，明确规定了企业和劳动者的权利和义务，为维护劳动者合法权益，促进劳动力市场健康发展奠定了基础。同年，我国还颁布了《就业促进法》，明确了职业中介机构的管理制度，并提出"政府培育和完善统一开放、竞争有序的人力资源市场"，对进一步整合劳动力市场和人才市场形成统一的人力资源市场提出要求。

劳动力市场管理逐步规范。针对劳动力市场存在以职业介绍为幌子诈骗求职者钱财的违法行为，非法中介活动和欺诈行为猖獗的情况，北京市强化劳动力市场清理整顿工作，严厉打击违法犯罪活动，努力建立良好的劳动力市场制度。1999 年，北京市劳动力市场和人才市场管理联席会议制度建立，明确了联合进行劳动力市场和人才市场清理整顿工作，通过联合执法检查，取缔非法中介 87 家，并没收非法所得。1999 年、2002 年、2006 年、2007 年，北京市多次开展清理整顿劳动力市场秩序专项执法大检查，检查的范围逐步扩大，检查活动越来越密集，共取缔了 363 家非法职介机构。2005 年 3 月，国家劳动保障部、国家人事部、国家公安部、国家工商总局、国务院法制办组成的全国清理整顿劳动力市场秩序专项行动联合调研检查组，对北京市开展清理整顿劳动力市场秩序、改善农民工进城就业环境工作进行调研检查①。此外，2006 年，北京市印发了《北京市职业介绍机构管理监督暂行办法》，将对劳动力市场的清理整顿工作纳入制度化轨道。该办法针对政府部门对职业介绍机构的监督检查频次和内容做出了详细的规定：区（县）劳动保障行政部门对辖区内各职业介绍机构每年至少应开展两次监督检查，检查内容包括：开办条件、经营服务等是否符合法律法规要求；各项管理规章制度的建立健全和落实情况；专职工作人员参加业务培训和任职

---

① 检查组分别到海淀职介中心、丰台区六里桥外来人员聚集地、朝阳区东睿职业介绍所、朝阳区珠江帝景建筑工地进行实地考察，并对海淀区劳动保障部门开展的为来京务工人员提供免费职介服务，丰台区劳动保障部门开展的对外来人员引导性政策宣传服务以及朝阳区民办职业介绍机构承诺服务等方面的工作给予肯定。

资格情况；职业介绍及相关业务的行为规范情况；职业介绍及相关业务的开展情况；促进就业的成果；服务对象的满意程度7项内容。对检查中发现存在违法违规行为的职业介绍机构，责令其当场改正或者下达限期整改意见书并督促整改。

表4-2 北京市几次清理整顿劳动力市场秩序大检查

	1999 年	2002 年	2006 年	2007 年
检查职业介绍机构数量	—	184	296	316
取缔非法职介机构	87	130	87	59
下达询问通知书	—	95	17	5
发出责令改正通知书	—	—	14	24
没收/退还求职者求职费	—	3200	2400	1000

（二）人才市场在创新中发展

1998年，北京市先后制定实施了人才市场管理条例和配套办法，由一项法规、三个政府令构成法规制度体系，从人才招聘、应聘、中介服务和政府管理4个方面规范人才市场行为，为用人单位和个人"双向选择"以及社会化服务提供了制度保障。为提高人才市场的专业性和针对性，2001年以后陆续成立了北京中高级人才市场、北京毕业生就业市场等多种类型市场，建立了国（境）外人才中介服务组织进入北京人才市场的准入制度，允许非公有制人才中介服务机构举办人才招聘洽谈会。2002年，北京市印发了《北京市鼓励设立中外合营人才中介服务机构暂行办法》，这是第一个允许国（境）外人才中介服务组织进入中国人力资源服务领域的规范性文件，国（境）外人才中介服务组织可与北京市人才中介服务机构以合资、合作的形式设立人才中介服务机构。该办法吸引国际知名人才服务机构落户北京，促进了人才服务理念和方式的创新，优化了跨国公司投资北京的人才环境。2004 年，北京市印发《关于健全和完善首都人才市场体系的意见》，重点突出了人才市场发展的系统性、创新性和开放性，明确了今后一个阶段首都人才市场的发展方向、思路和目标。提出要加快改革步伐，创新体制，完善机制，为首都人才市场发展注入新的活力和动力。北京市人才市场的发展壮大，还为非公有制经济人才队伍建设不断破除体制机制的束缚，人才管理部门在政府奖励、职称评定、人才引进、大学生招聘、智力引进、专家选拔上统一安排，在面向社会的基金、培训等公共资源项目上平等开放，各类人才施展才华、脱颖而出的良好社会发展环境逐步形成。截至 2010 年底，北京地区人才总量达到 396.1 万人，其中，非公有制经济人才达到 156.4 万人，约占 40%，成为首都经济建设的重要力量。

创新发展思路，积极鼓励人才中介服务机构发展。规范行政许可，完善市场准入制度，通过市场准入调节人才服务机构质量，从重数量向重质量转变，从"铺摊布点"到合理引导布局转变，从重管理向管理、服务与引导并重转变，从给予优惠政策向优化市场发展环境转变，引导人才服务机构适应区域发展特点和需求开发服务功能和细分市场。推进信用体系建设，将人才服务机构信息纳入北京市企业信用信息系统。发挥行业协会作用，研究出台全国首部人才服务地方标准——《人才服务规范》①，推动开展人才服务机构等级评定，强化服务标准、道德规范和社会信誉建设，引导人才服务机构自觉发展的积极性。为人才服务机构嫁接国际资本，开展国际合作牵线搭桥，推进首都人才市场国际化进程。

进入21世纪，人才市场信息系统建设得到全面推进，市、区（县）、街道（乡镇）三级网络相继贯通，逐步实现了"一点登记，多点共享"的快捷服务。各级政府人事部门人才服务机构普遍以流动人员人事档案管理为基础，探索建设了公共服务信息管理系统。为加快推进全市人才社会化流动公共服务现代化建设，创新公共服务信息化管理，研究提出了全市统一的人才社会化流动公共服务信息平台建设项目，促进实现全市流动人员信息资源共享和业务操作流程的互动衔接，形成一点受理、多点服务、联网并行、标准规范的信息化公共服务。

四、整合发展：人力资源市场建设全面展开

2007年10月召开的党的十七大无疑使首都人力资源市场迎来了新的跨越发展时期。党的十七大报告中提出，要"建立统一规范的人力资

---

① 2007年，北京市发布《人才服务规范》和《人才服务机构等级划分与评定》，这是全国建立的第一个地方标准，为构建人才服务行业自律、监督与诚信体系，规范人才服务行为，推动人才服务行业健康和谐、有序发展，发挥了重要作用。

源市场"。2008 年 1 月 1 日实施的《就业促进法》首次在国家法律层面明确提出"人力资源市场"的概念，要求"县级以上人民政府培育和完善统一开放、竞争有序的人力资源市场，为劳动者就业提供服务"。遵照中共十七大和十七届五中全会关于建设人力资源市场的要求，2009 年 8 月，北京市人力社保局设立人力资源市场处，推进人才市场和劳动力市场的整合，筹划建立统一规范的人力资源市场。

全面推进人力资源市场公共服务体系整合改革。按照中央关于建设统一规范灵活的人力资源市场要求和人社部统一部署，2010 年，北京市开始推进人力资源市场公共服务体系整合工作，提出建设"覆盖城乡、统一规范、上下贯通、便捷高效"的人力资源市场公共服务体系的总体思路。2012 年初步完成市级平台的搭建。2015 年，西城、丰台、房山三个区作为首批试点单位，通过精简机构、理顺职能、强化管理、改善服务，率先完成区级人力资源市场公共服务体系整合改革，取得突破性进展和积极成效。2016 年 8 月份召开的全市人力资源市场公共服务体系建设会议，开始推广试点。同年，北京市发布了《关于推广试点经验加快建立区级人力资源市场公共服务体系的指导意见》，全面启动区级公共就业和人才服务机构的整合工作。按照要求，各区要将以公共就业和人才服务为主要职能的各类工作机构进行整合，以现有机构和服务场所为基础，建立统一的人力资源公共服务中心，将公共就业和人才服务统一到一个场所；服务中心职责包括实施就业政策和人才政策，对劳动者提供公益就业服务、对困难群体提供就业援助等；同时实现公益性服务与经营性业务相剥离，对由公共就业和人才服务机构以营利为目的向劳动者提供的收费服务项目，从公共服务机构中剥离，转由企业等社会力量提供。截至 2017 年底，各区全面建立人力资源公共服务中心，向社会提供统一规范的公共就业和人才服务，人力资源市场整合改革取得了重要阶段性成果。

加强人力资源服务的标准化、规范化建设。在推进人力资源市场整合改革的同时，对职业介绍、职业指导、人事档案管理等服务实行了统一的标准和规范，逐步统一全市各级人力资源公共服务机构的服务项目、服务标准，简化优化服务流程，加强信息化建设和绩效考核管理，全面提升人力资源市场公共服务的人性化、科学化、精细化、均等化水平。2014 年，北京市发布了《公共职业介绍服务规范》和《公共职业指导服务规范》两个地方标准，这两个标准是全国首个公共服务地方标准，在强调公共服务的总体要求的同时，对公共服务的内容、工作流程以及服务结果等方面进行了规范，确保了服务的精细化和制度化。在以上两个标准的基础上，2018 年北京市又出台了《公共职业介绍和公共职业指导服务评价规范》地方标准，成为公共服务领域标准化建设的重要组成部分，推动公共服务工作不断迈向精细化、规范化。在人事档案服务方面，2016 年 11 月，《流动人员人事档案管理服务规范》开始实施。2018 年，北京市印发《北京市流动人员人事档案业务经办规程（2018 版试行）》和《流动人员人事档案管理服务指南（2018 版）》，统一市、区业务内容及操作流程，推进全市流动人员人事档案服务规范化。

　　贯彻京津冀协同发展战略，打通京津冀人力资源市场。从 2016 年起，京津冀实现人力资源服务业从业资格互认互通，三地人力资源服务业从业人员资质实现一体化。2017 年，北京市举办了"京津冀人力资源服务业骨干人才培训班"，来自京津冀三地 50 多家人力资源服务机构的高级管理人员参加了此次培训，就人力资源服务业发展现状和未来趋势，京津冀人力资源市场互联互通等问题进行了深入交流研讨，推动京津冀人力资源市场协同发展。2018 年，北京市印发了《关于贯彻实施人力资源服务京津冀区域协同地方标准的通知》，提出由京津冀三地在各自行政区域内推动实施人力资源服务京津冀区域协同地方标准（以下简称"三地协同标准"），这是全国第一部人力资源服务区域协同地方标准，也是京津冀区域第一部服务业领域的地方标准。京津冀三地人力社保部门联合召开了贯标工作部署会，对全市 890 家机构 935 名相关人员开展以标准培训、机构等级评定为主要内容的贯标工作，并赴中国天津人力资源开发服务中心开展标准培训。同时，建立三地等级评定区域协同机制，提升三地人力资源服务机构标准化和规范化发展水平，并重点推进北京市与雄安新区人力资源市场从业人员资质互认和机构等级评定互认。此外，发挥京津冀就业服务联盟机制作用，通过建立就业岗位信息联合发布制度和举办线上线下联合招聘服务活动，引导人力资源规范有序合理流动。

推进人力资源服务产业园建设。2014年，北京市人力社保局印发的《北京市人民政府关于加快发展人力资源服务业的意见》，提出要"建设中国北京人力资源服务产业园区"，"通过实施减免租金、贷款贴息等优惠政策，吸引各类人力资源服务机构入驻园区"。2018年10月，中国北京人力资源服务产业园区获批。随后，北京市马上启动中国北京人力资源服务产业园区"一区两园"，即海淀园和通州园的建设，研究制定园区支持政策，通过市场化运作引进国内外知名人力资源服务企业，为求职者和用人单位提供招聘、猎头、咨询、测评、培训等全链条、一站式综合服务。2020年，北京市研究起草了《北京市人力资源服务产业园分级认定及支持促进办法》，支持建设国家级、市级、区级三级人力资源服务产业园，实行分级认定，分类给予支持政策。2020年9月，首届北京城市副中心人力资源发展高峰论坛在中国北京人力资源服务产业园通州园区举行，进一步扩大了人力资源服务产业园的影响力。截至2021年1月，中国北京人力资源服务产业园通州园区共签约51家优质人力资源服务机构，其中46家实现入驻办公，全国前10名人力资源企业中有5家落户通州园区。

促进人力资源服务高端业态发展。以北京作为全国首个服务业扩大开放综合试点城市为契机，2018年12月，北京市出台了《关于进一步发挥猎头机构引才融智作用建设专业化和国际化人力资源市场的若干措施（试行）》（以下简称"猎十条"），实施十条支持猎头机构发展的措施，充分调动企业、个人、中介机构各方积极性，促进人力资源服务向高端业态发展。"猎十条"是国内首个专门支持"猎头"发展的政策文件，也是北京市充分发挥市场机制的作用，鼓励用人单位通过猎头机构在全球延揽急需紧缺人才的创新举措。由北京市人力社保局牵头向各类用人单位征集急需紧缺人才岗位需求，猎头机构接收到人才选聘项目清单后，依照清单推荐选聘人才，选聘成功猎头机构将会得到猎头服务费的50%作为资金奖励，单笔奖励资金最高可达50万元人民币。同时，用人单位也会参照猎头机构奖励标准得到一部分资金奖励。2019年，北京市组织开展并完成了第一批猎头引才奖励资金申报和审核工作，按规定拨付了奖励资金。2020年，扩大"猎十条"政策试点范围，将怀柔科学城、未来科学城和北京亦庄经济技术开发区的高新技术企业纳入试点范围；组织开展第二批"猎十条"岗位征集和筛选工作，向企业、新型研发机构、高校医院等用人单位征集岗位240个，采取第三方委托方式，由北京人力资源服务行业协会组织专家筛选急需紧缺岗位54个。

逐步提升人力资源市场对外开放水平。为加快推进国际化步伐，北京市实施更加开放的人力资源市场准入制度。2014年，北京市印发了《北京市人民政府关于加快发展人力资源服务业的意见》，明确在中关村国家自主创新示范区设立中外合资人才中介机构，其外资比例从之前的49%放宽至70%，最低注册资本金由30万美元下调到12.5万美元。2017年6月，国务院发布《深化改革推进北京市服务业扩大开放综合试点工作方案》，北京市有两项开放措施列入新一轮深化服务业扩大开放综合试点任务，一是取消中外合资人才中介机构中外双方投资者必须成立三年以上的限制，二是允许外资直接入股既有内资人才中介机构。这两项扩大开放措施仅在北京执行，实现了人力资源市场外资准入政策方面的较大突破，北京市成为全国人力资源服务业对外开放先行先试政策力度最大、适用范围最广的地区。2019 年，北京市全面推进服务业扩大开放综合试点工作，外资准入的门槛进一步降低，在中关村地区全面放开设立人力资源服务机构外资比例限制，允许设立外商独资人才中介机构，并且其在准入条件、监督管理等方面享受与内资企业同等待遇。2020 年 4 月，北京市印发了《关于调整外资和港澳台资经营性人力资源服务机构职业中介活动行政许可相关事项的通知》，取消中外合资（合作）经营性人力资源服务机构外资出资比例限制，允许在北京市全域内设立外商独资经营性人力资源服务机构，并将外资和港澳台资经营性人力资源服务机构许可和管理权限下放至各区。至此，在北京市全市范围内全面放开外商投资人力资源服务准入限制。

积极落实"放管服"改革要求，规范人力资源服务行政许可。一是深化人力资源服务行政许可"先照后证"改革。2016 年，实施人力资源服务企业"先照后证"管理，将人力资源服务许可信息发布时间由 30 个工作日缩短至 7 个工作日，方便单位和求职者查询。2017 年，精简了申请《人力资源服务许可证》审批材料和审批环节，提高了信息公示效率。二是取消招聘会行政许可和人力资源市场从业人员资格证书。根据

2017 年起实施的《关于取消招聘会行政许可加强事中事后监管的通知》（京人社市场发〔2016〕248 号），取消了招聘会行政许可，人力资源服务机构举办招聘会，只需在办会前向市或区级人力社保部门报送备案信息，并在会后报送招聘会统计表即可。2017 年印发了《关于调整人力资源市场从业人员资格管理方式有关问题的通知》（京人社市场发〔2017〕189 号），停止核发《北京市人力资源市场从业人员资格证书》，在继续免费开展人力资源市场从业人员培训工作的基础上，将与人力资源服务相关的职业资格作为人力资源服务许可工作中对从业人员资格的认定依据。三是下放内资人力资源服务机构行政许可管理权限。2020 年，印发了《关于调整外资和港澳台资经营性人力资源服务机构职业中介活动行政许可相关事项的通知》，将除外资和港澳台资机构外的其他许可管理权限调整至机构注册登记所在区人力资源社会保障局，进一步提升人力资源服务行政许可便利化水平。四是在全市范围内推行人力资源服务许可告知承诺改革。2020 年，北京市印发《关于本市经营性人力资源服务机构职业中介活动行政许可推行告知承诺制的通告》，将经营性人力资源服务机构职业中介活动行政许可纳入第一批告知承诺事项，按照"应减尽减"的原则，在申请材料从 15 项减至 4 项基础上，进一步缩减至 2 项，审批时限减少，审批效能得到极大提升。

北京市人力资源市场立法工作取得重大进展。2018 年 6 月国务院 700 号令公布《人力资源市场暂行条例》，首次从立法层面明确了政府

提高人力资源服务业发展水平的法定职责，该条例也是我国人力资源
市场管理的总章程。为贯彻实施《人力资源市场暂行条例》，北京市于
2021 年 5 月 1 日起施行《北京市促进人力资源市场发展办法》。该办法
对北京市人力资源市场体系、人力资源市场培育、人力资源服务活动等
方面做出了系统规定，是做好促进新时代首都人力资源市场建设发展的
基本依据和准则。

五、未来将如何发展？

当前，世界正经历百年未有之大变局，我国处于近代最好的发展
时期，也处于重要的战略机遇期，面临的机遇和挑战都有新的发展变
化——国际格局的新变化、全球治理的新趋势、科技革命的新态势、新
冠肺炎疫情的新挑战等。站在"两个一百年"奋斗目标的历史交汇点
上，首都北京各项事业发展同样面临严峻复杂的形势，需要适应新时代
新要求抓改革发展机遇，以超常规思维应对超预期的风险挑战。

围绕建设国际一流和谐宜居之都的目标，北京市大力调整产业结
构，以科技创新为统领，推动"三城一区"发展，对人力资源市场的国
际化、高端化和高质量发展提出了更新更高要求。党的十九大提出，要
加快建立人力资源协同发展的产业体系，在人力资本服务等领域培育新
增长点、形成新动能；2020 年，人力资源服务业作为商务服务业重要组
成部分被列入 GDP 支撑性指标，对行业发展提出了较高要求。当前，

北京市人力资源服务业规模不断创历史新高，但是人力资源服务企业规模偏小，专业化程度不高，服务功能比较单一，人力资源服务外包、劳务派遣等较低端业态仍是大部分机构的主营业务和主要利润来源，运用大数据、云计算、移动互联网等新技术、新方法提供服务的方式还不充分，服务效率还需提升。另外，受疫情影响，企业用人需求减少，人力资源服务业也受到较大冲击。因此，需要采取更有力的措施，进一步激发人力资源市场主体活力，搭建人力资源服务供需对接平台，支持引导人力资源服务机构推出更多高附加值产品和服务，推动行业实现更高质量更有效益的发展。

人口发展趋势和就业优先政策对人力资源市场发展提出了新的更高要求。人口老龄化趋势持续加强，京津冀、长三角、珠三角等经济圈对高素质劳动力和高端人才需求的竞争日益加剧，而高校毕业生、城乡就业困难人员等重点群体就业难度加大，北京市人力资源供给总量和结构性问题急需破解。市场是实现就业和人力资源优化配置的主渠道，人力资源市场提供了70%以上的就业。党的十九大提出要实现更高质量和更充分就业，2019年政府工作报告首次将就业优先政策置于宏观政策层面，2020年政府工作报告提出要促进市场化社会化就业。新冠肺炎疫情期间经验显示，人力资源服务机构提供的灵活多样的专业化服务起到了一定的就业稳定器、蓄水池和晴雨表作用，因此，在"稳就业、保就业"的形势下，需要采取更有力的措施，进一步发挥人力资源服务机构对接供需、优化配置的作用，积极培育和释放市场活力，聚焦重点群体、重点任务，以更健全更完善的人力资源市场体系，提供更精准更高效更便捷的就业服务，以更好地服务"稳就业、保就业"大局。

实施"放管服"改革提出了新的更高要求。"放管服"改革深入实施，简政放权、监管到位、服务更优，要求人力资源市场领域进一步放宽市场准入，简化优化人力资源服务许可，引导各类市场主体有序参与人力资源市场活动；要求进一步扩大对外开放，积极参与国际竞争与合作，人力资源服务业要更多地"走出去"和"引进来"；要求进一步强化事中事后监管，特别是要探索对新兴领域和新型业态的监管方式；要求进一步完善公共服务，优化营商环境。

北京市人力资源市场的发展趋势是建立高标准人力资源市场体系，主要从以下几方面体现：

健全统一开放、竞争有序的人力资源市场体系，深入实施人力资源服务业高质量发展行动，加大人力资源服务业高层次人才培养力度，发挥市场在人力资源配置中的决定性作用，促进劳动者社会性流动。健全人力资源市场法律法规体系，深入实施我市人力资源市场管理暂行规定，完善人力资源市场管理机制。加强人力资源市场监管，规范市场秩序，健全事中事后监管体系，推进人力资源市场诚信体系建设，选树一批诚信人力资源服务示范典型。完善人力资源市场供求信息监测发布和市场统计制度，以职业需求为牵引，引导市场合理预期，调节人力资源供给，开发利用国际国内人力资源。加强人力资源服务标准化、信息化建设，促进行业协会组织建设。探索创新网络招聘等领域监管手段，严厉打击就业歧视、非法职介等侵害劳动者权益的违法行为。

推动人力资源服务业高质量发展。持续深化先行先试改革，推进人力资源服务政策创新、产业创新和模式创新，促进实体经济、科技创新、现代金融、人力资源协同发展的产业体系建设。提升中国北京人力资源服务产业园建设运营水平，集聚更多就业服务业态和行业龙头品牌，借助数字技术识别配置人力资源，辐射带动北京城市副中心产业升级。鼓励猎头、人才测评、薪酬评价、人力资源管理咨询等高端人力资源服务业态发展，进一步提升人力资源服务业对外开放水平，打造人力资源服务业发展战略高地。

推进京津冀和雄安新区人力资源融合发展。加快京津冀统一的人力资源市场建设，持续深化区域就业服务一体、人才培训资源共享和人力资源科学配置，健全京津冀就业服务联盟机制，深入实施人力资源服务京津冀区域协同地方标准，构建京津冀协同发展的高水平开放平台，促进三地人力资源更加高效配置。加大雄安新区建设支持力度，全面深化人力资源服务领域合作，将雄安新区纳入北京市技能提升整体计划，为雄安新区高质量发展提供人力资源支撑。

参考文献

1. 北京市地方志编纂委员会．劳动志［M］．北京：北京出版社，1999：7，20-92．

2. 北京市地方志编纂委员会．北京志（1995-2010）［M］．北京：北京出版社，1999：24-28，43-46．

3. 刘小军．浅谈新形势下北京就业工作的特点［J］．中国人力资源社会保障，2019（6）：37-38．

4. 杨芳．国有企业人力资源开发与管理策略研究［J］．会计之友，2011（35）．

第三篇
适应产业发展推动人力资源开发

　　人力资源开发旨在提高人的才能，增强人的活力或积极性，职业培训和信息化建设是提升劳动者就业创业能力的主要途径，一直是人力社保工作的重要着力点，其地位和作用越来越重要，也受到社会广泛关注。中华人民共和国成立以来，北京职业培训大体经历了四个阶段，在贯彻落实人才强国战略、促进就业工作不断提升的过程中，发挥着重要的基础性作用，成为促进就业的不竭动力。同时，加快推进人力社保领域内的信息化进程，不断优化社保卡的使用功能，提高对广大市民的服务水平。随着数字科技与人力资源和人力资本服务业不断融合，新就业形态蓬勃发展，需要我们以新理念新思路谋新发展，不断完善对新就业形态就业人员的权益保障政策。

第五章　职业培训一路奋进

王晶晶

　　职业培训是全面提升劳动者就业创业能力、解决结构性就业矛盾、提高就业质量的根本举措，也是持续做好"稳就业、保就业"工作的重要支撑。北京市职业培训经历了以技术工人培训为主、培训体系初步形成、培训体系日臻完善、构建终身职业技能培训体系等4个阶段，取得巨大成就，基本建成终身职业培训制度和多元开放的职业培训体系，技能人才多元评价体系不断健全，人才队伍规模不断扩大，为首都经济发展奠定了坚实基础。

一、稳定发展：以技术工人培训为开端

　　从中华人民共和国成立到改革开放前，职业培训发展比较平稳，技能人才的培养途径包括短期就业培训、学徒制培训和技校培养三种，北京市经济发展所需技能人才主要通过学徒制培训技术工人来满足。

　　中华人民共和国成立初期，社会上有民国时期遗留下来的失业无业人员和新增长的待就业人员，他们绝大多数文化水平很低，没有技术专长，就业条件较差。为帮助失业人员就业，劳动部门举办了一些短期的

就业和转业训练班，对失业无业人员进行技术培训，并协助结业的学员就业。这种短期就业培训根据社会生产需要设置专业，主要是由劳动部门举办，或劳动部门与有关部门或企业合办，也有一些通过委托职业补习学校或企业来进行培训。到1957年，随着失业问题暂时得到解决，短期就业培训工作逐渐停止。1950年至1957年，通过短期就业培训，北京市共培训了26508人。

同时，企业开展学徒培训，主要培养初级技术工人。国有企业需要增加新的技术工人或初级业务人员时，主要是通过招收城镇失业、无业青年进行培训，有的企业（如电信企业等）组织较正规的培训班进行系统培训，更多的企业采用师傅带徒弟的培训方法，即学徒制度。与传统的学徒制度不同，中华人民共和国成立之后，政府强调建立良好的师徒关系，发扬尊师爱徒精神，要求所有企业、事业单位签订保教保学的师徒合同。新学徒到厂报到后，首先接受入厂教育，包括企业的劳动纪律（厂规等）、安全教育、保密制度等，然后被分配到工作岗位，由师傅负责培训。需要掌握的技术理论知识，由劳动、教育或技术部门通过各种形式的课堂教学进行。学徒学习的好坏，主要取决于各单位领导是否重视和各种培训措施的落实程度。

学徒培训的另一种形式是委托代培。从1953年起，北京市开始试办委托培训，起初由政府劳动部门委托私营企业、国有企业或技工学校代为培训学徒，委托私营企业培训的费用由失业救济基金支出，委托国有企业或技工学校培训的学徒，政府每月补助其一定生活费，培训期满后，学徒可留在培训企业工作，或由市劳动局介绍就业。1953年至1955年，劳动部门先后委托培训学徒累计1701人。1955年至1958年，在市内的委托培训学徒工作，由需要单位与培训单位自行协商安排。

同期，北京市发展起来一批技工学校，主要培养中级技术工人。1951年，第一所技工学校——长辛店铁路技工学校成立，截至1956年，北京市共成立了10所技工学校。这批技工学校主要招收城镇社会失业无业青年，以生产实习教学为主，学校管理比较健全，各校一般都有实习工厂，设备比较完善，教学秩序正常，教学教育质量较高，学生毕业后按技术标准考核一般可以达到三至四级工水平。截至1956年，技工学校共毕业3616名学生。

1958年至1978年，主要受"大跃进"运动和"文化大革命"运动的冲击，职业培训工作处于停滞状态。就业训练几乎消失，"大跃进"时，社会上基本没有待业青年；"文化大革命"期间，中学毕业生大部分被动员上山下乡，少部分被招收就业，也没有开展就业训练。技工学校经历大起大落的动荡发展：三年"大跃进"时期，为满足全市大批增加新工人的需要，技工学校从全国各地大量招生，许多工厂仓促办起的技工学校实际不具备培训能力，把这批青年当作劳动力使用；"文化大革命"期间，技工学校遭到严重破坏，连续六年没有招生，名存实亡，原有的正规学校一律停办，改成工厂或撤销；1972–1974年，技工学校大批招生，学生两年毕业后被安排到工厂，大部分没有学到什么技术。学徒培训同样遭遇诸多困难而难以顺利进行："大跃进"时期，企业涌进大批新学徒，普遍形成一师多徒甚至老徒弟带新徒弟的现象，学徒的培训比较粗放，注意在实干中学，应该掌握的基本操作技能和理论常被忽视，使不少学徒掌握的技术单一，达不到国家技术等级标准的要求；20世纪60年代初，在调整经济时期，一些企业逐步恢复了正常的培训制度，加强了对学徒培训的管理；1966年开始的"文化大革命"运动，学徒培训工作削弱，尊师爱徒的思想普遍淡漠。

二、蓬勃发展：以解决就业问题为目标

党的十一届三中全会做出了全党工作重点转移到经济建设上的重大决策部署，北京市经济建设进入新的历史时期。经济发展模式的深刻转变，刺激了职业培训的迅速恢复，也为职业培训的蓬勃发展打下了坚实的物质基础。

（一）实施先培训后就业

改革开放初期，由于上山下乡知识青年大批回京，在郊区插队的青年也需要就业，北京市就业压力很大。各级各类劳动服务公司举办的培训中心（学校）和各种培训班承担起了失业青年就业前培训的重任。1980年至1986年，北京市通过多种形式、多种渠道举办各种职业技术培训班、业务训练班、文化补习班，累计培训了291024次，其中直接为用

人单位有针对性地定向培训 41743 人次，占总数的 14.3%。对失业青年的培训，缓解了就业压力，对社会的稳定起了一定作用。

实行"先培训、后就业"制度。1987 年至 1994 年，北京市贯彻国务院发布的改革劳动制度的四个暂行规定，把竞争机制引入用工制度中，逐步推行"先培训、后就业"的制度，更加促进了定向培训的发展。1987 年，北京市多部门联合公布了《关于在北京市工业系统重点企业实行"先培训、后就业"制度的若干规定》，在 100 个企业试行"先培训、后就业"制度，试点企业所有工种、岗位补充和更新人员时，必须从经过就业前职业技术培训、持有中等职业技术学校毕业证书或职业技术培训合格证的人员中录用，同时对培训班的必备条件、培训的内容、培训计划、大纲、教材等做了明确规定。同年 8 月，北京市印发《关于实行"先培训、后就业"制度有关招生、招工问题的试行办法的通知》，对招生计划的编制、定向培训招生办法和结业后的招工录用办法等做了更具体的规定。1990 年，北京市通过的《北京市中等职业技术教育条例》，第五条明确规定"各单位录用人员必须实行先培训、后就业的原则"。同年 5 月，全市 18 个区、县人民政府先后发出文件，规定在各自的辖区内，企业新招工人都要实行"先培训、后就业"制度，并且建立了有关招生、培训、检查、考核、发证、招工录用及录用以后的追踪反馈等各项管理制度。到 1994 年，国有和集体所有制企业新招工人 32092 人，就业前培训合格的有 30073 人，占 93.7%。

重点培训企业富余职工和下岗职工。由于推行用工制度改革，在新招工人中实行劳动合同制，社会上逐步出现了来自企业因解除合同或其他原因的待业职工，其中许多人需要转业，企业内部也因实行优化劳动组合择优上岗制度，出现了一部分下岗的富余职工。针对这个情况，1992年，北京市发布了《北京市待业职工参加转业训练管理规定（试行）》，规定区、县劳动部门对本区、县停产整顿企业的职工和辖区内社会待业职工转业训练进行管理，街道劳动部门负责动员、推荐本地区待业职工参加转业训练，有条件的也可以组织待业职工转业训练。1993年，北京市又印发了《北京市就业、转业训练结业证书管理规定》，拓宽了培训的领域，针对企业改革劳动制度中出现的下岗待业人员较多的情况，开展为企业富余人员再就业创造条件的转业、转岗培训。同年9月，北京市召开了企业富余人员转岗转业培训经验交流会，总结典型经验，形成《关于做好转岗、转业培训工作，促进企业富余职工分流安置的通知》，印发全市执行，推动转岗、转业培训顺利开展，提高富余职工的职业技能和转岗能力。

（二）规范工人技术培训提高技能水平

自20世纪80年代开始，针对普通工人的技术等级培训逐步开展起来，重点开展中级工和高级工的培训，经考核后授予等级证书，并建立工人技师的培训、考评和聘任制度。

广泛开展工人技术等级培训工作。1982年，北京市印发《关于进一步搞好青壮年工人技术补课工作的意见的通知》，明确了技术补课的对象、内容与要求，启动对初级技术工人的培训工作，此项工作开展了三年，到 1985 年底大部分已经完成。依据劳动人事部颁布的《工人技术考核条例（试行）》，北京市自 1985 年在全市组织开展中级技术等级培训工作，国有企业、事业单位的技术工人，依据工人技术等级标准，进行培训和考核，培训以提高操作技能为主，考核合格的由政府劳动部门发给技术等级证书。到 1987 年上半年，全市已有 56000 多人经考核并领取中级工人技术等级证书。同时，有一部分单位开展了高级工培训工作。自 1983 年开始进行工人技术等级培训起，到 1994 年，全市经过培训考核领取了技术等级证书的共有 795657 人，其中初级工 263712 人，中级工 442554 人，高级工 89391 人。

建立工人技术等级考核许可证制度。为整顿工人技术等级考核秩序，保证考核质量，严格管理发证制度，1989 年，北京市发布《关于实行工人技术等级考核许可证的通知》，对全市承担技术等级考核的单位实行许可证制度，禁止没有许可证的单位考核发证，符合一定条件的市属企业，区、县企业经市劳动局审定后发给许可证。1993 年，针对社会上出现的某些培训单位以营利为目的乱招生、滥收费、滥发等级证的现象，为整顿培训秩序，保证培训质量，北京市印发《关于实行〈北京市工人技术培训许可证〉制度的通知》，规定凡是已经领取了市成人教育局颁发的"北京市社会力量办学许可证"的办学单位，在举办面向社会招生进行技术等级培训时，都要实行工人技术培训许可证制度，并明确规定制度实行的范围、条件、申报审批的程序及有关招生和考核的办法。

将机关事业单位的技术工人的培训与考核统一纳入国家工人考核制度。1992 年，北京市先后印发《关于在机关、事业单位技术工人中扩大技术等级考核与补贴试点工作的通知》和《关于北京市国家机关、事业单位技术工人试行技术等级考核与补贴的意见》，规定凡 1985 年底以前参加工作并且属于技术岗位的技术工人，均可列入技术等级考核的范围，实行高、中、初三个等级的工种允许首次申报。1994 年，北京市转发劳动部《关于加强机关、事业单位工人培训与考核工作综合管理的通知》，明确规定机关、事业单位的工人培训与考核属于国家工人考核制度的组成部分，由劳动、人事部门纳入正常化管理的范围。

建立技师考评制度。1985 年下半年，北京市拟定了《北京市考评技术工人职称的暂行办法（试行稿）》，同时选定第一市政工程公司、电机总厂等 6 个单位进行技师考评的试点工作，到 1986 年底，试点工作结束，6 个单位考评合格的技师共有 106 人。1987 年，北京市发布了《北京市工人技师考评和聘任暂行办法》，对技师工种范围、考评机构、具体报考条件等做出了详细的规定：只在经国务院主管部、委提出，经劳动人事部核定设置技师的工种内考评、聘任技师；技师考评机构是经市劳动局同意的各行业主管部门成立的本行业技师考评委员会；技师由行业考评委员会评审通过后，授予市劳动局统一的技师证书；对报考技师的人员条件做了具体规定。同年 10 月，市政府召开了全市工人技师考评、

167

聘任工作大会，总结了试点单位的经验，部署了技师考评工作。在以后，技师考评、聘任工作形成了全市统一的制度。1989 年 1 月，市劳动局颁发了《关于贯彻〈北京市工人技师考评和聘任暂行办法〉中几个具体问题的通知》（以下简称《通知》），规定了"市一级行业工人技师考评委员会只按"暂行办法"对报考技师的工人进行考评，认定是否具备技师条件，发给技师证书。是否聘任，由各区、县、局、总公司或基层单位决定"。《通知》对于技师人数占技术工人的比例，也做了原则规定：以实行技师聘任制的技术工种的技术工人总数为基数，控制在 2% 以内，各区、县、局、总公司根据本系统具体情况分别核定，在全系统内可调剂使用。

（三）重视技校教育提升职业培训

改革开放后，以经济建设为中心的方针和大批待业青年需要就业的压力，刺激了技工学校迅速恢复与发展。同时，北京市再次明确了技工学校培养目标为中等技术工人。

技工学校规模不断壮大。北京市于 1981 年对全市技工学校进行了详细调查和综合分析，在 1983 年提出了调整发展技工学校的意见和方案，确定了发展技工学校要"布局合理，规模适当，专业对路，有较好的教学条件，不断提高教学质量"的方针，明确了以局（总公司）和二级公司办校为主，以厂办校为辅，近期重点发展 30 所技工学校的目标，并于 1984 年正式公布实施。重点发展的技工学校都积极筹措建校资金，进行不同程度的建设；北京市计划委员会分别在不同年份给予部分技工学校款额不等的扶植资金。1988 年,北京市对多年不招生而且不具备办学条件的技工学校进行检查,撤销了 19 所技工学校,另对 8 所学校发出警告。1991-1994 年,北京市技工学校进入平稳发展时期,学校稳定在 164 所左右,其中市属学校 137 所,国务院有关部委所属 27 所。

教师的能力素质逐步提高。改革开放初期,技工学校教师队伍不稳定,文化技术理论教师和实习指导教师都没有稳定的来源和培训单位,数量有时不足,有时又超编,素质普遍不高。为提高教师的综合素质,北京市多次组织短期进修,共计培训 1000 余人次,如 1980 年,成立了技工学校教师进修学校,举办各种短期进修班;1985 年和 1986 年,先后选送了部分教师到北京体育学院和北京师范学院进修;1987 年,北京市与劳动部、天津职业技术师范学院联合举办了机械、电子两个专业二年制的函授专科班等。为了正规培训技工学校师资,北京市于 1986 年建立了一所大学专科性质的劳动管理干部学院(后改称计划劳动管理干部学院),内设技工学校师资进修部;于 1990 年筹建一所技工学校生产实习指导教师培训中心,专门培养具有大专学历、中级以上技术水平的生产实习指导教师。同时,稳步推进教师职称职务评定工作。1981 年,开展教师职务评定试点工作;1986 年,开始进行教师职务系列职称改革工作,当年 5 月,在全市推进技工学校教师职务评聘工作;1988 年,开展高级教师职务评审聘任工作。截至 1994 年,全市 164 所技工学校共有教师 3656 人(见表 5-1)。

表5-1　1994年技工学校教师情况

文化技术理论教师	2804	生产实习指导教师	852
其中，高级讲师	299	其中，高级职务	32
讲师	1361	中级职务	121
其中，本科及以上学历	1159	初级职务	33
		技师	56
		其中，本科及以上学历	50
		专科学历	329
		中等专业学校和技校毕业	359

技工学校的生源主要为城镇学生。自1978年开始，北京市技工学校参加全市高级中等学校（高中、中专、技校、职高）联合招生，招收对象为初中毕业生。全市高考录取结束后，再根据学生志愿录取高中毕业生。1985年以前，学生来源均为北京市城镇户口，自1986年起同时在北京市农村招收少量初中毕业生，至1994年共招收14196人，占同期招生总数的12.83%。

三、调整发展：以技能开发为核心

随着经济社会进入新的阶段，职业培训制度在调整中逐步确立，技校教育更加注重提高办学层次。职业培训体系逐步完善，为北京市培育了大量的技能人才，既缓解了就业压力，也为经济结构调整提供了强有力的人才支撑。

（一）职业培训转型发展蹚新路

职业培训从被动解决就业问题转变为积极进行技能开发，从以企业内自行培训为主，转变为大力发展社会培训，从以提高培训单一技能水平为主模式过渡到了提高单一技能水平和创业、自谋职业能力双重为主的培训模式，从重点培训某群体转向面向全体劳动者。

自 1995 年开始，北京市职业技能培训逐步由企业内自行培训为主，向大力发展社会培训与企业内自行培训两种模式过渡。为规范社会力量办学机构培训行为，北京市通过采取以下一系列措施，既规范了职业培训市场行为，也调动了社会各界参与培训的积极性：一是规范在新闻媒介发布招生广告。1995 年规定，凡通过新闻媒介发布初级、中级和高级工培训广告，均需劳动局审批。二是适时发布培训专业设置标准。1998 年发布首批 6 个专业①（工种）社会培训机构设置标准；2006 年制定了包含 9 个新职业在内的共 38 个职业的高级培训资格机构设置标准；2008 年北京市发布《北京市民办职业技能培训学校十四个新职业培训设置标准》②；2010 年印发《北京市民办职业技能培训学校二十三个职业培

---

① 6 个专业分别是西式烹调、西式面点、餐厅服务员、汽车维修工、电焊工、按摩师。

② 14 个新职业是：动画绘制师、广告设计师、会展策划师、理财规划师、企业文化师、数字视频合作师、数字视频策划师、物流师、网络编辑师、网络管理员、养老护理师、中央空调系统操作员、智能楼宇管理员、珠心算教练师。

训设置标准（试行）》①。三是坚持开展培训机构质量年检评审。从2004年开始，坚持全面检查社会力量举办的职业技能培训机构（或称民办职业技能培训学校）的机构设置、学校管理、办学质量和依法办学等情况。四是换发培训机构办学许可证。结合历年年度检查评审结果，年检合格的准予换发（核发）办学许可证。2010年启动人力社保部版"中华人民共和国民办学校办学许可证"换证工作，验收合格的民办职业技能培训学校才换发办学许可证。五是逐步提高政府培训补贴经费。2009年，调整了职业技能培训补贴标准，A类由600元/人提高至1200元/人、B类由500元/人提高至1000元/人、C类由400元/人提高至800元/人。到2010年底，全市由人力社保行政部门审批设立的民办职业技能培训学校共计396家，在职职工6539人。2005年至2010年共培训248.20万人，结业234.53万人，就业127.47万人。

根据就业形势的变化，北京市不断调整和推出新的培训模式和培训内容。从以培训企业富余职工和下岗职工为主，过渡到以失业人员为主；从以提高培训单一技能水平为主模式过渡到了提高单一技能水平和创业、自谋职业能力双重为主的培训模式；从培训范围只注重城镇人员，实现了涵盖城镇人员、农村人员和外来在京从业人员全方位的培训范围。

---

① 23个职业是：鉴定估价师、企业信息管理师、营养配餐员、珠心算教练师、美容师、美发师、保健按摩师、眼镜验光员、企业人力资源管理师、秘书、营销师、物流师、摄影师、育婴师、调酒师、咖啡师、音响调音员、二手车鉴定评估师、有害生物防治员、安全防范系统安装维护员、劳动关系协调员、企业培训师、芳香保健师。

1995 年，北京市印发《关于印发〈北京市就业、转业（转岗）训练实施办法〉的通知》，全市围绕实施再就业工程，开展了转岗、转业培训。为鼓励技能人才学习技术、提升技能，劳动系统全面推行国家职业资格证书制度，形成由初级、中级、高级、技师、高级技师 5 个等级构成的国家职业资格体系，为技术工人增强本领开辟成才通道。2003 年起，北京连续实施了两个"三年百万"职业技能培训计划，有 280 余万人获得不同培训。之后，全市实行"五年五万"新技师培养计划，重点解决技师和高级技师的短缺问题，并以此带动技能人才队伍梯次发展。2006 年，全市积极推行"定岗培训"，提高职业培训的针对性、有效性和实用性，失业人员可以享受一次免费职业培训和技能鉴定。针对大量农村劳动力和外来农民工的职业技能水平较低的状况，建立了北京市农村劳动力培训补贴制度、外来农民工职业培训补贴制度。2008 年，北京市印发《北京市人民政府办公厅转发北京市劳动保障局关于促进农村劳动力转移就业工作指导意见的通知》，明确有转移意愿的农村劳动力可以享受与城镇失业人员同等的职业技能培训、职业技能鉴定和创业培训补贴政策，实现了城乡职业培训政策"并轨"。从 2009 年开始，失业人员享受免费职业技能培训由终身享受一次调整为每年可享受一次，补贴标准由人均 550 元调整为1100 元。这一阶段，覆盖城乡的职业培训制度基本建立。

（二）技校教育提升办学层次

北京市技校教育随着首都经济体制改革深化、现代化建设发展和就业形势变化的需要，经历了由简单重数量型向办学层次提高型的调整。北京市技校于1995年开始优化办学格局，加强骨干校建设，经过6年的努力，2001年首先实现了由原来的164所降到68所，再到2010年的37所。学校数量虽大幅减少，但办学层次不断提高。技师学院、高级技工学校、国家重点技工学校从无到有，截至2010年，形成了以4所技师学院为龙头，9所高级技工学校和国家重点技工学校为骨干，5所市重点校和其他技工学校为补充的办学格局。

专业设置逐渐向第三产业倾斜。1996年，北京市开始调整技工学校专业设置单一面向第二产业的格局，紧紧围绕首都社会经济发展和企事业单位对新生劳动力素质的需求，积极主动开发和调整专业，1996年至2010年每5年专业新开发率为55%～78%，重复率为22%～45%，淘汰率为65%～77%。截至2010年，北京市技工院校招生专业148个（复合式专业增加到43个，占29%），其中第二产业减少到69个，占比由75.1%降低到46.6%，第三产业增加到79个，占比由24.9%提高到53.4%。专业设置的开发、调整和与产业发展的对接，促进了技工院校学生招得进、分得出。毕业生面向社会分配，许多专业学生在校学习期间即被用人单位"预订"，毕业生就业率平均达94%。

实行招生改革，农村生源比例逐年增多。从1996年开始，北京市要求技工学校"农转非"指标除继续用于市属国有企业部分艰苦工种外，逐步向办学条件好、就业率高的学校，以及国家重点建设项目、支柱产业、高新技术产业倾斜，从农村招的学生逐年增多。截至 2010 年，技工院校共招收 186534 人，占同期招生总数 367506 人的 50.76%，比 1995 年增长 37.92%。

全面实施劳动预备制，实现学制教育与社会培训并重的转变。1997 年，北京市印发《关于实施劳动预备制度试点工作的通知》，进行劳动预备制度试点工作。1999 年印发《关于北京市实施预备制度的意见》，从 2000 年起，北京市全面实施劳动预备制度。对本市未能继续升学，并有就业愿望的初、高中毕业生；城镇失业人员和国有企业下岗职工中愿意接受劳动预备制度培训的，实施职业培训和相关教育。截至 2010 年底，北京市技工院校共完成劳动预备制度培训 73008 人，同时还对下岗失业人员、在职职工、农村劳动者、大学毕业生等人员进行技能培训 1305553 人，实现了从单一学制教育，向学制教育与社会培训并重的转变。

重点培养高技能人才。2003 年，全国人才工作会议将高技能人才纳入国家人才队伍建设的总体规划。会后，北京市开展起用高技能人才工作，并在当年建立了企业在职职工培训季报制度，同时组织实施两期"三年百万"职业技能培训计划，2006 年又组织实施了"五年五万"新技师培养计划，参加职业技能培训人员总量达到 210.55 万人。为进一步加强和推进高技能人才工作，2007 年 4 月，北京市印发《关于进一步加强高技能人才工作的实施意见》，建立完善了人力资源社会保障部门具体负责，相关部门协调配合，社会力量广泛参与的高技能人才工作格局。通过实施名师带徒、技师研修、岗位培训、技术交流、研发攻关等形式多样的培养方式，加快企业高技能人才的培训，建立了以企业行业为主体、职业院校为基础、学校教育与企业培养紧密联系、政府推动与社会支持相结合的高技能人才培养体系。截至 2010 年底，全市技能劳动者素质结构得到明显改善，技能人才总量 223 万人，其中高技能人才 58.7 万人，分别比 2005 年增长了 20% 和 118%。

四、创新发展：以终身技能养成为出发点

党的十八大以来，北京市职业培训工作紧紧围绕首都城市战略定位，聚焦技能人才培养、使用、评价、激励等环节，创新机制、精准施策，积极构建终身职业培训制度，完善多元开放职业培训体系，创新高技能人才体制机制，健全技能人才多元评价体系，助推人才队伍规模不断扩大，为服务首都高质量发展、建设国际一流的和谐宜居之都做出了重要贡献。

构建终身职业培训政策体系。2011 年，北京市印发了《关于进一步加强职业培训工作的意见》，依托市、区两级人力社保部门不断完善普惠制与专项扶持相结合职业培训政策，制定出台了促进本市失业人员、农村转移就业劳动力、复退军人、大学生等群体实现就业创业的培训补贴政策；鼓励和支持高技能人才培养，在全国率先开展技师研修，建立首席技师工

作室评选资助制度，提升职工素质的公共实训补贴政策；出台以行业推动为基础的外来农民工培训补贴政策；适时加大农村劳动力培训政策支持力度，出台给予就业困难人员和农村劳动力等人员培训期间生活费补贴政策，出台城市公共服务类岗位安置本市农村地区劳动力培训补贴的政策，提升农民技能水平和岗位适应能力。通过各方共同努力，北京市基本建立了面向全体劳动者、全职业生涯、全过程衔接的职业培训制度。

广泛开展技能提升培训、就业帮扶培训。一是广泛推行企业新型学徒制。2015 年，北京市开展企业新型学徒制试点工作，探索"招工即招生、入企即入校、校企双制、工学一体"的企业新型学徒制度，首批665 名试点学生毕业并取得职业资格。在此基础上，2019 年，北京市印发《北京市全面推行企业新型学徒制实施方案》，在各类企业推行"招工即招生、入企即入校、企校双师联合培养"的新型学徒制，明确两年培训新型学徒 1 万名左右的目标。二是加强重点群体就业技能培训。持续面向本市城镇失业人员、农村劳动力、转岗再就业职工、残疾人和本市高校离校未就业毕业生等群体开展免费就业创业技能帮扶。重点对接北京世园会、北京冬奥会，以及北京城市副中心、北京新机场建设等用工需求，统筹优质培训资源，采取"一区一策"的做法，为延庆、大兴、通州等区量身定制项目制精准培训政策，有效促进了劳动者就地就近就业。三是实施职业技能提升行动。2019 年印发《北京市职业技能提升行动实施方案（2019–2021 年）》，面向企业职工、就业重点人群等城乡各类劳动力大规模开展职业技能培训。

加快建设开放多元职业培训体系。一是搭建技工教育培训支撑平台。目前已形成 7 所技师学院为骨干，9 所高级技工学校为支撑，391 家民办培训机构为基础的技能人才培养示范群，6 所技工院校列入国家中等职业教育示范校建设项目。二是积极落实技工院校改革创新发展意见。拓宽教师职称晋升通道，先后完成两批技工院校教师正高级职称评审试点和深化工作。三是建设高水平公共实训平台。加强 25 家公共实训基地建设，重点建设 12 家市级公共实训示范基地，15 家国家级高技能人才培训基地，北京市公共实训基地每年承担社会培训约 2 万人次。

建立高技能人才队伍建设体制机制。一是积极推动首席技师工作室建设。自 2012 年起，北京开始组织市级首席技师工作室评选活动，发挥高技能领军人才在带徒传技、技能攻关、技艺传承、技能推广等方面的重要作用，截至 2019 年底，北京已建成国家级技能大师工作室 47 家、市级首席技师工作室 140 家、区级工作室 140 余家、企业级 110 余家，工作室直接培养技术骨干 1.2 万余人，培养高技能人才 8000 余人，实现技术发明 200 余项、技术专利 150 余项，进行技术革新改造 800 余项，创造直接经济效益已达到 2 亿余元。二是推进高技能人才研修机制。为加强急需紧缺高技能人才培养，委托高等院校、科研院所、企业培训中心、技师学院等优质培训资源，组织开展以前沿理论、技术革新为主要内容的免费研修培训 144 个班次，培训技师近 6000 名。三是建立高技能人才评选表彰奖励制度。先后表彰为首都经济建设和社会发展做出突出贡献的优秀高技能人才 149 名、"享受市政府技师特殊津贴"高技能人才 532 名。同时，有 5 人荣获"中华技能大奖"，78 人经评选获得"全国技术能手"荣誉称号；71 名高技能人才享受国务院政府特殊津贴，充分调动了北京市技能人才立足岗位做贡献的积极性。

健全技能人才多元评价体系，积极推进职业技能等级认定和第三方社会评价。一是开展职业技能等级认定试点工作。坚持"放与管""管与服""管与升"三结合，着力推进职业资格制度改革，将职业资格从"鉴定"转为"认定"。2019 年，在人社部备案的 13 家央企的 88 家在京分公司及 6 家市属骨干企业，率先开展职业技能等级认定试点。截至 2019 年底，已有 22 家企业开展了汽车装调工、油气输送工和燃气具安装维修工等 14 个职业的技能等级认定工作，得到了试点企业的认可和技能劳动者的欢迎。二是全面推行企业技能等级认定。2020 年北京市印发了《关于全面推进职业技能等级认定工作的通知》，全面开展职业技能等级认定工作，技能人员水平评价类职业资格鉴定将全部转为职业技能等级认定。由经备案的企业或社会培训评价组织，按照"谁评价、谁负责、谁发证"的原则，开展技能等级认定，自愿接受市、区人力社保部门的监管和社会监督，接受市场和社会的认可和检验，形成以市场为导向的技能人才评价机制。三是推进技工院校学生技能等级认定。印发《关于开展北京市技工院校职业技能等级认定工作的通知》，依托技工院校设立的鉴定机构，面向技工院校全日制和非全日制在校生组织开展职业技能鉴定或职业技能等级认定，推动建立院企结合、工学一体的技能人才评价模式。四是开展第三方评价试点工作。2019 年底，人社部印发了《关于发布首批职业技能等级认定第三方评价机构名单的通知》，公布了首批通过人社部备案的 11 家第三方评价机构，其中包括北京市的 4 家评价机构。2020 年，这 4 家机构开始面向社会开展职业技能等级认定工作。

面对新冠肺炎疫情，开展重点行业"以训稳岗"精准帮扶支持。贯彻落实市政府关于支持中小微企业"新九条"政策措施，加大援企稳岗支持力度，聚焦科技创新、城市运行保障、生活性服务业等受疫情影响的重点领域，实施"以训稳岗"精准帮扶支持，对符合条件的中小微企业给予最高每人 3000 元的以训稳岗培训补贴和每人 1540 元的临时性岗位补贴，助力企业复工复产。2020 年 5 月 6 日到 7 月 31 日，北京市重点行业中小微企业可组织职工开展培训并享受援企稳岗补贴。

打造"京训钉"服务平台，推进"互联网+职业技能培训"。在全国范围首创并实践职业技能提升行动"1+X"平台体系，搭建职业技能培训"京训钉"服务平台，对本市参加社会保险企业（含缓缴）组织职工参加技能提升培训且达到一定课时标准的，按照每人 1000 元的标准给予企业一次性培训补贴。鼓励企业和劳动者通过"京训钉"平台按需点单，推动实现培训信息公开化、培训项目目录化、培训评价即时化、培训资源集成化的目标任务。

五、未来趋势是什么？

技能人才是连接技术创新与生产实践最核心最基础的劳动要素，在推动经济发展和社会进步中发挥着不可替代、不可或缺的重要作用。北京市委、市政府高度重视技能人才工作，积极贯彻落实党中央、国务院部署要求，围绕建设知识型、技能型、创新型劳动者大军，出台一系列政策措施，首都技能人才队伍发展取得良好成效，劳动光荣、技能宝贵、创造伟大的良好社会氛围正在形成。2019 年 9 月 22 日，习近平总书记对技能人才工作做出重要批示强调："劳动者素质对一个国家、一个民族发展至关重要。技术工人队伍是支撑中国制造、中国创造的重要基础，对推动经济高质量发展具有重要作用。要健全技能人才培养、使用、评价、激励制度，大力发展技工教育，大规模开展职业技能培训，加快培养大批高素质劳动者和技术技能人才。要在全社会弘扬精益求精的工匠精神，激励广大青年走技能成才、技能报国之路。"总书记的指示为做好技能人才工作指明了前进方向，提供了根本遵循和强大动力。

职业培训的发展具有以上有利条件，同时也面临如下挑战：

一是新冠肺炎疫情倒逼职业技能培训内容方式进行优化调整。新冠肺炎疫情的突发，导致经济发展环境的不确定因素增加，给就业工作带来严峻挑战，农民工、就业困难群体、大学生等重点群体就业受到更大影响，职业技能培训作为保持就业稳定、缓解结构性就业矛盾的关键举措，作用更加凸显。一方面，此次疫情成为促进首都产业结构调整的加速器，部分行业如康养、医疗照护、清洗保洁、卫生消毒、电商等将快速发展，人工智能、远程办公等新技术广泛应用，不仅有利于形成新的就业机会，还将倒逼职业技能培训内容进行调整，快速发展行业也将成为市场新的培训需求增长点。另一方面，受疫情影响，全面停止线下培训活动，转型线上不仅成为传统线下培训机构得以延续，实现创收的唯一可行的自救之路，而且成为北京市优化调整培训方式、大力开展"互联网＋职业技能培训"的助推器。这些现实需求要求我们，必须加快建立和完善职业技能培训信息化体系建设，统筹开展线上线下技能培训工作，尽早实现"培训信息公开化、培训项目目录化、培训评价即时化、培训资源集成化"的目标任务。

二是经济高质量发展和供给侧结构性改革，对提升劳动力质量提出了新的挑战。当前，北京经济由高速增长阶段转向高质量发展阶段，深化供给侧结构性改革，转变发展方式，大力发展高精尖产业，都必须以强大的人力资本和高素质劳动力为支撑，这对技能劳动者素质能力提出了更高要求。疏解整治促提升和有效控制人口带来的新生劳动力减少，要求我们必须释放人力资本红利，依靠"人才红利"推动首都劳动力从数量发展转向质量发展，依托高素质技术工人打造高水平产业。这对提升职业技能培训质量提出了新的挑战，亟须加强北京市职业技能培训基础能力建设，精准对接新兴产业发展需求，提高培训的针对性和有效性，全面提升劳动力质量，加快建设知识型、技能型、创新型劳动者大军。

　　三是劳动力供给的结构性矛盾凸显，对完善技能人才培养体系提出了新的要求。当前，劳动力供给的结构性矛盾凸显，就业难与招工难并存。特别是随着人工智能、大数据深度融合发展，出现"有事无人做，有人无事做"现象，劳动者就业能力、技能水平与市场需求不匹配的结构性就业矛盾越来越突出。技能人才数量不足，结构不够优化，特别是高技能人才紧缺，正困扰着首都产业升级和企业发展。必须调整完善劳动力资源培养体系，加大职业培训和技工教育结构比重，加快职业教育改革，把培养高技能人才作为重中之重，不断满足市场需求，从根本上解决就业难、技工荒问题。

　　未来，北京市职业培训需契合首都产业转型升级需求，健全终身职业技能培训制度。坚持产教融合、校企合作，增强职业技术教育的适应性，提高劳动者适应技术变革和产业转型的能力，实现产业升级和劳动者素质提高的良性互动。

　　健全终身职业技能培训制度。继续推进职业技能培训从面向重点人群、阶段性培训到覆盖城乡全体劳动者、全职业生涯、全过程衔接的培训转变。针对重点群体重点行业领域，实施专项培训计划。深入推进职业技能提升行动，聚焦科技创新、城市运行保障和生活性服务业等领域及重大项目建设需求，统筹兼顾核心区、北京城市副中心、生态涵养区等区域发展需求，面向企业职工、就业重点人群等城乡各类劳动力大规模开展职业技能培训。深入推进职业技能培训市场化、社会化改革，充分发挥企业主体作用，鼓励支持社会力量参与，实现补贴性培训和市场化、社会化培训共同发展，建设知识型、技能型、创新型劳动者大军。

创新职业技能培训模式。大力推行面向市场的订单、定岗、定向培训，全面推行企业新型学徒制，健全培训、实习、就业全链条服务机制，实现培训与生产实践紧密对接，促进全要素劳动生产率提升。积极推进"互联网＋职业技能培训"，运用生物识别、区块链、大数据等先进技术，实现集培训信息查询、报名选课、学分考核、监督评价于一体的线上服务，提高职业技能培训的便利度和可及性。

健全工匠精神培育机制。充分发挥院校、企业、工会等各方积极性，将培育工匠精神和职业道德融入教育培训、企业文化建设等各领域各环节，培养劳动者精益求精的职业素质。完善多层次技能竞赛选拔机制，组织开展世赛、国赛、市级赛等各级职业技能竞赛活动，树立工匠典型，发挥示范效应。厚植工匠文化，利用世界青年技能日、技能中国行等主题活动，以及职业教育宣传月、技工院校招生宣传周等活动，积极宣传展示大国工匠、能工巧匠和高素质劳动者事迹，大力弘扬劳模精神、劳动精神和工匠精神，营造尊重劳动、崇尚技能的良好社会氛围。

强化培训资源优化整合。鼓励企业建设培训中心、职业院校、企业大学，加快产教融合实训基地建设，提升职业技能培训基础能力。大力发展技工教育，汇聚企业、院校和民办培训机构资源，打造跨行业、高水平、开放式职业技能培训基地。实行双师型互聘模式，建设学校教师、企业工程师、培训师联合培养团队，深化校企合作、工学结合，进一步提升职业技能培训质量。

建立紧盯市场需求的职业教育联动机制。适应经济社会发展需求变化，开发完善职业技能标准、培训大纲、职业培训包和职业技能培训教材。搭建技能人才需求预测模型，做好技能人才调查统计和需求预测，发布重点产业急需紧缺职业目录清单，引领高校和技工院校优化人才培养方向，及时调整招生计划、培训内容和专业设置，进一步增强教育培训的针对性和实效性。

参考文献

1. 北京市地方志编纂委员会.劳动志［M］.北京：北京出版社，1999：
   7，20-92.

2. 北京市地方志编纂委员会.北京志（1995-2010）［M］.北京：北京出
   版社，1999：24-28，43-46.

3. 贾旻，王迎春.新中国七十年成人职业培训发展历程、特征及启示
   ［J］.中国成人教育，2019（24）：G729.2.

4. 李荣生.改革开放三十年我国职工教育发展回顾［J］.中国培训，
   2008（4）.

5. 毛礼锐.中国教育通史［M］.济南：山东教育出版社，1989：186-187.

第六章　人力资源服务信息化进程

张岩　张凯

自 21 世纪以来，世界迎来了以信息技术、数字经济为核心的知识经济时代，信息资源已成为与材料和能源同等重要的战略资源，信息技术正以其广泛的渗透性和无与伦比的先进性与传统产业结合，发展为朝阳产业和新的经济增长点，成为推进国民经济和社会发展的助力器和一个国家或地区现代化水平和综合实力的重要标志。在数字经济的推动下，"新就业形态"蓬勃发展，科创企业兴起已成为经济高质量发展的核心驱动力，服务业广泛吸纳就业能力持续增强。人力资源管理作为机关和企事业单位重要的工作内容之一，也应当顺应数字时代发展变化，依托信息化技术，准确把握人力资源管理发展的动向，支持和规范"新就业形态"发展，持续优化服务业就业结构，吸引高质量科技创新、信息技术人才，并不断进行人力资源管理的创新，切实发挥人力资源的作用，促进各领域事业的长期健康发展。

一、行业数字化持续保持高速发展态势

面对信息革命这一严峻挑战和历史机遇，我国适时提出了信息化发

展战略。党中央高瞻远瞩，站在历史的新高度，深刻剖析了近年来信息技术的突飞猛进给全世界带来的巨变。信息化从一场技术革命转化为一场产业革命，并成为世界经济和社会发展不可逆转的大趋势。党和国家十分重视信息化建设，把信息化建设提到了很高的地位，全国各地各行业都在加紧制定自己的信息化发展战略。我们必须从现在起树立起搞好信息化建设的危机感和紧迫感，高度重视信息化建设，认真抓好信息化建设，更好地服务于各个行业。

（一）北京市人力资源信息化建设布局

我国信息化正式起步于 1993 年，国家信息化建设陆续启动了金卡、金桥、金关（"三金"）等重大信息化工程，拉开了国民经济信息化的序幕。同年 12 月，建立了国家经济信息化联席会议机制，加强统一领导，确立了推进信息化工程实施、以信息化带动产业发展的指导思想。1994 年 5 月成立了国家信息化专家组，作为国家信息化建设的决策参谋机构，为建设国家信息化体系，推动国家信息化进程提出了许多重要建议。1996 年以后，中央和地方都确立了信息化在国民经济和社会发展中的重要地位，信息化在各领域、各地区形成了强劲的发展潮流。国务院于 1996 年 1 月成立了以国务院副总理邹家华任组长，由 20 多个部委领导组成的国务院信息化工作领导小组，统一领导和组织协调全国的信息化工作。

自 2002 年《国家信息化领导小组关于我国电子政务建设指导意

见》把社会保障信息化工程（金保工程）列入国家重点工程开始，全国范围内形成了一场金保工程建设大潮。各级党委政府高度重视金保工程建设，不断加大投入，落实机构和人员，强化各项保障措施，积极推动工程进展。截至 2012 年，金保工程一期项目初步验收一年来，就发挥出了信息化对业务的支撑和引领作用，成为支撑社会保险业务经办、提升社会保险服务水平、强化社会保险基金安全的有力保障。一个以信息网络三级互联、应用软件基本统一、数据资源集中管理为主要特征的、统一的金保工程支撑平台已在全国基本形成，为各级人社部门开展业务经办、基金监管、公共服务和宏观决策奠定了坚实的基础，让广大老百姓和企事业单位实实在在享受到了人社领域信息化建设带来的便利和实惠。2016 年 7 月，人社部在京召开金保工程二期项目启动会。会上指出：金保工程二期是我国政务信息化工程重点规划建设的"两网、五库、十五个重要信息系统"之一，也是人社系统一项重要的基础性工程。我们必须顺应时代要求，深入贯彻落实党中央、国务院的战略部署，大力推进信息化与人社工作的深度融合，大力推进"互联网+"、大数据在人社领域的广泛应用，进一步提高人社部门的信息化能力，使社会管理、社会服务的方式和手段能够跟上时代步伐，满足人民群众的需求。

（二）北京市人力资源和社会保障信息化系统建设进程

1. 社会保障卡系统

为解决群众医疗费报销时间长的问题，市人民政府指示由市劳动保障局负责建设社会保障卡（简称社保卡）系统。2007 年，市劳动保障局组织调研组对上海、杭州、福州等市社会保障卡的应用情况进行考察，确定了"高起点、高标准、高水平"的社会保障卡工程规划建设目标。

2009 年，完成了定点医疗机构和社保卡服务网点的网络铺设和整体实施，建成了包含 350 个社保服务网点的社保卡服务体系。北京市社会保障卡系统通过医保后台主机系统、医保网络、部署在定点医疗机构的代理服务器及软件，实现"持卡就医实时结算"。利用北京市公安局提供的身份证数字照片完成了社会保障卡的制作，参保人持卡在定点医院就医即时结算，只需缴纳个人承担部分。

2010 年研制出第二代社会保障卡，并在全市推开，参保人可在 1700 多家定点医疗机构持卡就医即时结算。缩短了报销等待时间，极大地减轻了群众负担。市社会保障卡系统被评为 2010 年信息北京十大应用成果。

2011-2015 年，北京市建立健全市、区（县）、街道（乡镇）、社区（村）信息系统服务网络，实现社会保障业务、服务对象、信息网络、公共服务全覆盖。建设全市统一的社会保险信息应用系统，完善社会保障经办网上申报、查询和基金电子征缴和电子支付，提供档案查询服务，实现"一点登录、多项服务"。以社保卡工程建设为切入点，逐步将各项社会保障业务纳入社保卡信息系统管理，实现了一卡多用及"同城、同人、同库"的目标，为社会保障对象提供规范、便捷、高效的服务。

2020年10月26日，市政府组织召开"多卡合一"工作调度会，第三代社保卡（民生一卡通）改革持续推进中，以社会保障卡为载体，具有社会保障、待遇发放、养老助残、医疗健康、公园年票、城市交通、生活缴费、金融服务等功能，并逐步在政府公共服务领域实现身份信息识别查询、民生补贴待遇发放等应用的多卡合一、一卡通用。

2.医疗保险信息系统

1999年，市人民政府着手医疗保险改革和信息系统建设的准备工作。将医疗保险信息系统确定为《首都信息化1998—2010年发展规划（纲要）》的四大重点应用工程之一。2001年1月1日，医保信息系统投入试运行。2002年，开通96102医保咨询服务电话，参保人可以通过电话查询其医保待遇状态。2003年，离休人员医疗统筹业务、医保信息系统统计查询与决策支持系统上线运行。2004年，全市社会化退休人员通过街道社保所报销医药费。医保系统按信息安全等级三级的要求进行改造。2005年，医保信息系统启用安全证书。2006年，公费医疗照顾人员费用报销信息系统和全市退休人员统一补充医疗保险系统运行。2006年医保信息系统被评为信息北京十大应用成果。2007年，市政府出台实施城镇无医疗保障老年人和学生儿童大病医疗保险制度（简称"一老一小"）。2009年，门诊费用实时结算系统完成并上线运行。2010年，市经济和信息委将医保信息系统管理移交给市人力社保局。市人力社保局全面负责医保信息系统建设、运行、管理和维护工作。同年医疗保险定点医院达到了 1800 多家，参保人数达到了 1000 多万人。2010 年，整合发布《北京市城镇居民基本医疗保险办法》，从 2011 年 1 月 1 日起，包括"一老一小"和无业居民在内的城镇居民开始享受门诊报销待遇，并能领到社保卡实现持卡就医即时结算。

2011–2015 年，加快调整职工医疗保险相关政策，进一步提高医疗保障待遇水平，解决参保职工因患大病造成医疗费用负担过重的问题。逐步实现了职工基本医疗保险、居民医疗保险和新型农村合作医疗保险关系的转移接续及异地结算，保障了流动人员的医疗保险权益。同时建立了医药费用控制机制，推进按病种分组付费、按人头付费、总额预付等多种基本医疗保险付费方式，抑制医药费用不合理上涨，启动按病种分组付费制度改革。

2016 年，开展医保代理服务器更新的工作，共完成了 2083 家定点医疗机构医保代理服务器的更新部署工作。2017 年，按照国家推进跨省异地就医工作要求，北京市委、市政府高度重视，将跨省异地就医直接结算工作列为北京市年度重点任务。推行"五证合一、一照一码"，对业务、系统进行彻底的调整和改造。审核结算系统，实现了五证合一相关业务处理；工伤审核结算系统，实现了本市参保单位社保登记证编码、单位组织机构代码变更为统一社会信用代码后，相关审核、统计查询功能的调整；生育审核结算系统，实现了本市参保单位社保登记证编码、单位组织机构代码变更为统一社会信用代码后，相关审核、统计查询功能的调整。2017 年实施的针对新农合参保人纳入北京市城镇居民医疗保险体系进行整改，新农合参保人员实行持卡就医即时结算，根据新农合人群的发卡类型对制卡流程进行优化改善。2018 年，社会保险系统基本实现人群全覆盖。医保信息系统已覆盖北京市除中央级公务员之外的城镇职工、城乡居民、离休人员、市区级公务员等全部人群，涉及险种包括基本医疗，工伤和生育保险。

3. 人力资源市场信息系统

2005-2008 年，北京市人事局完成"北京市公务员管理信息系统""北京市引进人才综合评价系统""北京市引进人才管理系统""北京市留学人员引进管理系统"等多个系统软件开发和部署运行。

2008 年，北京市劳动力市场信息系统通过验收并投入使用。该系统共有失业人员管理、优惠政策管理、农村劳动力管理、境外劳动力管理、资金管理、机构管理、政策咨询、劳动人事代理、职业指导、职业介绍、职业技能培训、职业技能鉴定考核、创业指导 13 个子系统。2009 年，技能鉴定全国统考人员网上报名系统上线运行，涉及的业务涵盖从鉴定公告的发布到考生取得证书的所有阶段。2010 年，市劳动力市场信息系统更名为市人力资源市场信息系统。

2011-2016 年，随着人力资源市场的业务范围越来越广、业务需求持续增加，人力资源市场信息系统需要线上处理的业务内容和业务量不断增加，人力资源市场信息系统建立了市、区、街（乡镇）、社区（村）

四级完整的业务经办体系，统一工作职责、业务流程、服务标准和管理制度，使业务经办标准化，服务能力和服务效率得到显著提升。健全城乡一体的人力资源公共服务体系，加快机构整合，服务标准化、信息化、精细化水平全面提升。人事档案子系统逐步向各区推广，稳步上线；且系统的基础运行环境持续在饱和状态下运行。

2017年，按照国家和本市的有关规定完成了北京市人力资源市场信息系统就（失）业人员管理子系统的调整。同时对人力资源市场就（失）业人员管理子系统、农村劳动力管理子系统、优惠政策管理子系统中用人单位岗位补贴、社会保险补贴和社会公益性组织专项补贴相关模块进行功能调整。深化"放管服"推进"五证合一"改革，对北京市人力资源市场信息系统各子系统进行升级调整。

4. 宏观决策应用体系

北京市劳动保障宏观决策系统始建于2004年。2005年至2010年，劳动保障局陆续完成社会基本养老、医疗、工伤、失业、生育保险和失业人员管理、职业技能培训、职业介绍、电话咨询、劳动人事仲裁和劳动人事信访等多个子系统的宏观决策软件开发。实现劳动保障宏观系统与市决策信息服务平台进行对接。宏观系统直接联入市长办公桌面，为其呈现及时准确的有关数据。

5. 互联网公共服务应用体系

1999年7月，市劳动保障局、市人事局网站正式开通。网站面向全市劳动者和用人单位发布各类政策信息、法律法规等内容。

2000-2008年，市劳动保障局网站进行多次改版，重点突出政务公开、网上办公等栏目，增加了百姓心声、在线解答、多媒体播放、信息订阅、信息留言板、主题论坛等功能，并对政策法规库3000多条劳动保障政策法规内容进行认定和整理。开辟"创业项目征集与查询"专栏，推出"技能人才信息管理系统"，实现职业技能鉴定考试成绩查询、职业技能鉴定证书查询。2009年，网站进行内容改版，整合劳动保障局和人事局的网上服务内容，涵盖人才引进、职称评审、社会保险、就业失业管理、劳动关系、公务员招考、事业单位招聘等方面内容。2010年，社会保险网上服务平台正式上线，该平台可实现企业网上申报和个人信息查询功能。1999-2010年，市劳动保障局网站多次荣获优秀北京市人民政府网站奖。

2011-2016年，持续开展门户网站建设，到2016年底，网站页面浏览量日平均约40万次，平日在60万次左右，最高浏览量突破100万次，并不断建立和完善北京12333官方微信公众号建设。2017年，建立互联网统一用户注册和认证平台。保证网上政务服务用户信息的真实、合法和有效，个人和单位用户注册、认证采用实名制。在互联网开展业务总计21项，涉及社会保险网上申报、个人权益查询、招聘岗位查询、人事考试报名、职业技能鉴定考试报名、工作居住证办理、留学人员引进与服务、港澳台及外国人来华就业服务、失业动态监测等。

2019 年，继续优化门户网站、微信公众号及手机 App 服务功能。建立"优化营商环境"专栏。积极配合市政务服务局开展"指尖行动计划"和"北京市电子证照系统"建设工作，把市人社局近 40 项服务事项接入"北京通"相关工作。

6. 城乡居民养老保险系统

北京市新型农村社会养老保险信息系统建设工作始于 2006 年，经过项目招、投标和系统建设，2008 年上线运行。系统包含个人信息管理、收缴管理、给付管理、退保管理、转移衔接、财务管理、查询统计管理、特殊业务、系统维护、数据修改等功能模块。

2009-2010 年，随着城乡居民养老保险政策的多次调整，农村社会养老保险信息系统也在多次升级。第一次是从农村社会养老保险信息系统升级为市新型农村社会养老保险信息系统，最终升级为北京市城乡居民养老保险信息系统。

2011-2016 年，城乡居民养老保险实现了制度模式、缴费标准、保险待遇城乡一体化。城乡居民参保率达到 92%。率先建立了城乡统一、标准一致的城乡无保障老年居民养老保障制度，实现医疗保险制度全覆盖。为 143.7 万"一老一小"和无业居民建立了城镇居民基本医疗保险制度，参保率达到 90%。建立新型农村合作医疗筹资增长机制，实现区（县）级统筹，参合率达到 96.7%。整合城镇职工医疗保险制度，区（县）公费医疗人员并入城镇职工基本医疗保险制度，职工医疗保险参保率达到 95.6%。

2019年，按照社会保险费征管体制改革相关要求，开展社会保险费征缴数据共享平台建设工作，4月1日已上线试运行。通过数据业务分类与国税系统实现数据共享的标准化接口服务、数据加密解密处理，已实现与税务部门的数据共享。

7. 基金监管应用体系

市社会保险基金监督系统于2009年完成立项和项目招标工作。北京国信博飞科技发展有限公司负责全市社会保险基金监督系统开发。2010年，系统完成软件开发，上线试运行。系统包括监督业务、实时监控、监督办公和政策法规4个功能模块。该系统建设有效防范和化解了基金风险，健全了基金监督管理机制，完善了基金监督方式，增加了基金监督的时效性，全面提升了基金监督管理水平和工作效率。"十二五"时期建立了社会保险基金预测预警系统、基金精算系统，确保社会保障事业可持续发展。完善了社会保险基金监督系统，提升了监督科技水平。

8. 数据交换与数据共享

市劳动保障局于2005年开始启动交换平台建设，宏观决策系统、医保系统、四险系统和劳动力市场系统等多个系统间实现数据交互和信息共享。实现了与国家部委及北京各委办局之间的数据交换和传输。

9. 考试信息化

2001年3月，市考试中心建立北京市人事考试网，通过互联网在第一时间内向社会发布信息和考试动态。

2002 年 5 月，依托市人事考试网，在全国人事考试系统中率先自主开发了网上报名信息采集系统和网上缴费系统。并首次在造价工程师考试工作中使用，实现网上考试报名、缴费、打印准考证、成绩查询、公布领证凭条等。

2003 年 8 月，开通职称评审网上申报系统。

2004 年，拓展网站服务功能，集合了信息发布、新闻宣传、政策查询、沟通交流等多种功能。9 月，对网站进行了改版，突出网上报名、打印准考证、查询成绩、领取证书、职称申报功能，增加当月报名、考试安排、考试信箱、网上调查、考点专区等服务类版块。

2005 年起，推行网上报名、网上缴费的工作模式，同年，北京市部分系列专业技术资格评审工作采用网上发布评审信息、网上填报评审数据、在线审核申报材料、网上查询答辩时间、专家网络评审、网上公示结果。

2007 年，进一步完善评审机构服务专区，增加后台查询、统计修改等服务功能；开发了命题专家查询检索系统、计算机化考试系统、巡视员管理系统、网络登分系统、成绩证明系统等程序。

2008 年，借助"外脑"，引入 IT 运营维护服务外包管理模式，对基础网络设施进行专业维护和保障，为确保奥运期间信息系统不出问题，对硬件设施自检，对网站信息进行清理。推出了"考生秘书"短信服务平台，拓宽了网站的服务内容。

2009 年，强化信息安全体系，提高网络安全，围绕核心业务，制定未来信息建设发展规划，开发通用网上报名系统，同时对现有的系统进行安全升级加固。

2010 年 7 月，人事考务信息升级改造工程正式启动，该工程作为人力资源和社会保障局信息工程整体管理，标志着考务信息系统升级改造工作正式启动。

10.积分落户系统建设工作

为了配合开展北京市积分落户管理工作，2016 年 8 月市人力资源和社会保障局向市经信委提交了《北京市引进人才综合评价系统升级改造暨积分落户管理信息系统建设项目申报书》。将按照有关要求，组织开展积分落户系统建设的招投标工作。

2018 年积分落户管理信息系统正式上线运行，有效保障了北京市积分落户申报、核查、复查三个阶段的业务，按照"数据多跑路，群众少跑腿"的理念，通过云存储、数据对比和数据共享工作降低了申报阶段的复杂性。

2019 年积分落户系统实现了"网上全程通办，一次不跑完成申报"。各项申报、核查、复查全部在申报阶段进行，实现了指标在线填报、在线审核、在线复查，审核及复查结果及时在线反馈，各项积分指标数据通过实时接口，实现了一次性对比，提高了指标审核的准确性与时效性，确保积分落户业务顺利开展。

二、大数据对行业人力资源管理的影响

（一）管理观念的转变迫在眉睫

过去领导层和管理者长期依赖建立纸质档案进行人力资源管理，工作琐碎重复，在人事使用问题上主观性强，管理工作往往陷入文山会海之中，信息化建设较为滞后。大数据时代，人力资源管理开发在经历发展与变革时，首先就是要进行管理观念的转变，具体从以下几个方面进行：

第一，大数据时代要求人力资源管理者要具备正确的大数据思维。人力资源信息化管理是必然趋势，领导层和管理者应认识到传统的管理模式已不能适应信息化社会的管理需要，应与时俱进更新管理理念。具体而言，人力资源管理者要具备拨云见日的能力，这样才能够及时了解人才需求的变动，才能够制定科学的人才战略。同时，在日常的人力资源管理中，要具备较高的敏锐力，能够不断进行管理创新，并且要重视内部人员大数据思维的建立，帮助单位人员树立更加全面、优质的大数据思维。

第二，大数据时代要求我们应当将大数据人力资源作为核心生产要素。从长远和发展的角度对待人力资源管理工作，不断学习信息技术知识，树立信息化管理观念，积极参与人力资源管理信息化建设规划设计，用战略眼光开发应用人力资源信息系统，提高管理效率。人力资源管理工作是所有行业重要的基础性工作，每天都需要进行海量信息的处

理，而且在大数据时代下信息量越来越多，信息种类也越来越繁杂，如人工成本、员工绩效考核情况、人力资本情况、员工信息等。此外，人力资源管理部门每天也会接收到外部庞大的人力资源信息，在制定人才战略规划时，也应当充分抓住这些资源信息，以此提高整体的组织绩效水平，获得更加长久的人力资源保障。

（二）行业的变革顺应时势发展

在大数据时代背景下，促使了人力资源管理工作由幕后走向台前，整个工作进程更加透明、规范、高效。从人力资源管理的目的来看，其主要为决策层提供有效帮助，能够更加科学地设计出战略规划，从而为战略实现提供强有力的人才支撑。而随着大数据的到来，在外部环境发生较大变化的同时，企事业单位的战略规划也将发生变化，尤其是战略周期会更加灵活多变。同时，这种战略变化存在持续性，而人力资源管理作为连接单位内部与外部环境的关键，应当充分利用大数据思维，建立起有效的人力资源战略，以此促进各个方面的转变。此外，在不断变化的环境中，大数据技术能对行业领域存在的风险和挑战进行全面的分析，以此为机关及企事业单位制定各项战略提供依据，更好地满足多元化人力资源的需求，并且在大数据技术的作用下，可以有效提升人力资源岗位匹配的效率，为各领域发展提供有力的人才支撑。

在传统人力资源管理中，管理模式比较粗放，传统的人事信息管理习惯使用纸质档案，在制作、收集、保存、查阅上都较为烦琐，且容易造成工作重复和资源浪费。人力资源信息系统则借助计算机软件和网络技术，突破了时间和空间上的限制，实现了人事信息的自由传输和动态更新。在大数据的应用之下，通过人事数据的全面收集和处理建立起电子档案，不仅能帮助管理者快速了解和维护职工信息，还能实时了解每个职工的工作状态、工作成果，从而将职工的基本信息与工作实绩进行动态整合，实现精细化管理导入。通过对人力资源特质进行数据类型细分，进而针对人力资源特质，实现人力资源管理的精细化开展，大大提高管理者信息处理的工作效率，降低在信息处理上投入的时间和资金成本。人力资源信息系统解决了传统人事招聘上的信息不对称问题，借助互联网实现人力资源数据库和职位需求数据库的双向连接，既能为公共部门筛选出符合岗位所需的紧缺急需人才，又能为寻找期望工作岗位的人才提供更多机会，在双方充分沟通的情况下更能达成合作意向。通过大数据分析，公共部门可以制定更加透明公平的招聘条件，根据市场行情和人才心理预期确定合理的薪资水平和相关待遇，以此吸引专业人才的关注，在人才引进后利用人力资源信息系统制定个性化职业发展规划，充分发掘人才专业优势和个人特性，提供成长进步通道，激发他们的工作热情和创新精神，提高人才与岗位的匹配度和稳定性，实现人才资源供求关系的动态均衡。因此，在大数据的应用中，建立了人力资源数据库，针对人力资源特质，实现了对人力资源的精细化管理，以更好地满足实际需求，体现大数据应用价值。

(三) 管理组织与管理模式不断优化

大数据时代的到来，也促使了人力资源管理组织与模式的升级变革。具体表现在以下几个方面：

一是以往人力资源管理工作中存在的信息孤岛、管理碎片化、单线信息等问题，在大数据的作用下，能够实现全面的整合。人力资源管理与开发工作内容较多，包括人员招聘、人员培训与考核、岗位配置等内容，而且这些工作内容都有其明显的特点，同时也存在各项工作交叉进行的情况，这使得本身就较为系统化的人力资源被碎片化管理，使其变得更加琐碎和繁杂。针对这些情况，就需要人力资源管理进行变革创新，充分利用大数据方法和理念，将组织框架中各个单元有效连接，以此形成一个完整、有序的整体。

二是人力资源与社会保障工作和人民群众的利益紧密相连。现今社会，人员流动频繁，人力资源管理信息量较大，而人力资源与社会保障管理人员相对不足，面临较大的管理压力。加强信息化建设，有利于应用先进的信息技术做好人力资源管理，并降低人力、物力成本，提升服务效能。因此，加强人力资源与社会保障信息化建设，对于人力资源与社会保障管理质量提升具有重要意义。应用信息技术可以实现人力资源管理线上运行，能够全天候、全方位地提供服务，及时保障人民群众的社保需求，人们也可以通过在线办理相关业务，减少出门办理业务的等待时间。同时，通过线上自助办理，可以使业务办理得更加快捷，不仅可以减少办事人员的工作量，而且提高了办事效率。

三是在以往的人力资源管理中，人力资源的信息采集基本依靠档案托管部门、第三方招聘机构等组织外围进行，这样多极化的管理不仅使得人力成本增加，而且缺乏有效的沟通。而在大数据时代下，大数据信息平台的建立，使得人力资源管理架构由以往的金字塔式转变为扁平化，实现内部管理各个层次的信息共享和有效沟通，这样既可以降低沟通的成本，也能够提高人力资源管理的效率。

案例：局处长走流程

2020年7月以来，为更好地服务民生，同时，也是给我局制度、政策制定的合理性、有效性以及政策在落实过程中是否通畅的一个检测和检验，及时发现问题，反馈问题，解决问题，进一步推进北京人力社保信息化进程。北京市人力资源和社会保障局着眼于优化营商环境、提升服务效能、确保政策落地，在全局范围开展了"局处长走流程"专项活动，局处长们以群众的身份，线上、线下全程体验人力社保业务办事流程，以群众"懂不懂"、流程"通不通"、体验"好不好"为标尺，查找经办服务中的"痛点""堵点"。对走流程中发现的问题，立行立改，将全系统189项服务事项整合为24项"场景式服务"，彻底打通政策落地"最后一公里"，取得良好社会反响。蔡奇书记、陈吉宁市长和人社部张纪南部长给予充分肯定，并在全市和全国人社系统推广。

截至目前，"局处长走流程"进一步深化，在出台新的政策前，多反思提问：为何要出这个政策，能不能不出；这个政策办理过程中需要老百姓或企业提供哪些材料，能不能不提供；一定需要提供的材料能不能网上办理；出台政策前有没有做好足够的调研，是不是符合实际，能不能解决老百姓关切的问题；等等，无一不对人力社保信息化建设提出了严峻考验。

三、信息化、数字化背景下催生新就业形态

近年来，我国经济结构持续转型，新的信息技术迅速发展，为各地分散生产、组织和管理创造了有利环境；同时，新科技又催生一大批新工作形式，如网络平台工作、通过应用程序按需工作等；数字技术利用其高度融合性、嵌入性的特征，将复杂的"工作"细分为成百上千个明确的"任务"；企业人事能够通过新技术实时管理劳动力需求；以周期性、季节性、分散性为特点的服务业不断扩展，这些力量为新就业形态的发展提供了肥沃的土壤。

（一）北京市新就业形态的现状

本书认为，新就业形态主要是指依托互联网平台等现代信息科技手段，实现有别于正式稳定就业和传统灵活就业的平台化组织用工和劳动者就业形态。同时，新就业形态具有就业形式多元化，全职就业兼职化，组织方式平台化，用工方式多样化，劳动供给自主化等特点。

根据我市城乡劳动者就业失业状况开展的抽样调查显示，2020年全市灵活就业人数占比17.8%，为217.6万人，主要集中在服务业。其中，依托移动互联网平台灵活就业约45万人，按照本文对于新就业形态的界定，这一群体与新就业形态人员的范围比较接近。与传统就业相比，新就业形态具有准入门槛低、灵活自由、充分高效的优势，为越来越多劳动者所青睐。用工方式的突破导致传统劳动关系下用人单位对劳动者的责任被大量规避，部分新就业形态劳动者超出《劳动法》《劳动合同法》的保护范围，这部分劳动者在劳动用工和社会保障方面面临基本劳动保护缺失、劳动权益维护难度大、社会保险参保率低、职业伤害保障不足等问题。

虽然新就业形态是信息化的产物，其工作安排"信息化"、工时管理"算法化"、收入分配"计件化"，但是也因为信息化的特点，新就业形态劳动者面临一些无奈的问题。比如，外卖平台算法设定时间过于苛刻，外卖小哥被随意或恶意差评，网约车被超高抽成等现象也给劳动者带来了很大损失或伤害，但劳动者想要申诉却很难。

（二）信息化方式支持和规范新就业形态健康发展

为了适应信息时代发展，支持和规范新就业形态健康发展，北京市做了大量卓有成效的工作，例如督促企业开展劳动者恳谈会，对违法违规线索平台企业开展综合治理等行动。2021年9月，北京市专门出台《关于促进新就业形态健康发展的若干措施》（以下简称《若干措施》），这是本市首部规范、培育、发展新就业形态的政策文件，依据新就业形态所反映的特征、劳动者与平台的关系等，《若干措施》将新就业形态劳动者分为三类："平台网约劳动者""平台个人灵活就业人员""平台单位就业员工"。针对不同劳动者就业中面临的不同问题，按照促进就业、稳定就业、提高就业质量的要求，从规范和支持两方面，从切实维护劳动保障权益、试点建立职业伤害保障制度、拓展新就业形态劳动者职业通道三个维度重点提出了 14 条政策举措。

同时，针对数字经济下新就业形态带来的巨大挑战，北京市从信息化建设方面也开展了应对措施。

1. 优化平台算法

外卖骑手群体普遍反映，平台依据算法设定的配送时限过于苛刻，并且一旦超时，不仅要直接给予高额罚款，还会间接在系统后台减少给骑手派单的数量，迫使骑手不得不频繁违反交通规则，造成很大安全隐患，并且平台依据算法设定的路径规划，时常出现送餐距离远、逆行、横穿高架桥等不合理路径，导致配送难度增大。

对此问题，2021 年以来，北京市深入推进"清朗·算法滥用治理"专项行动，督促"美团"等平台企业就五大类 14 个问题，特别是在健全算法监管机构、公平公正机制和保障外卖员合法权益方面持续改进算法。美团已着手筹建算法安全管理委员会，负责算法安全管理监督工作，并根据骑手配送能力，优化配送时间，考虑天气、交通等异常情况，对算法进行调整优化，计划 2022 年起在北京应用。平台企业反映，在算法设计中并非只考虑利润最大化，而是在运力、订单量、客户满意度之间各有兼顾，不断动态升级。而且，客户满意度已经成为平台算法设计的首要关注点。

2. 开展新就业形态岗位招聘信息发布和职业介绍服务

北京市将新就业形态纳入公共就业服务范围，在市人社局"就业超市"平台、"百姓就业"微信公众号和"职业指导微课堂"开辟专区、专栏，通过信息共享、宣传引导、职业指导等方式，为新就业形态人员和数字平台企业提供精准服务。截至目前，378 家企业在"就业超市"平台"灵活就业信息（新就业形态）"专区发布岗位 1.3 万个，"百姓就业"微信公众号灵活就业（新就业形态）专栏点击量 15 万人次。为阿里巴巴、饿了么、京东物流、顺丰等数字平台企业发布骑手、快递员、商超配送员等岗位 1.2 万个。

3. 提供便捷的查询服务

北京市为参保人提供"内容齐全、渠道多样"的权益查询服务，权益记录增设 14 种功能、20 种表单、17 项展示信息，可通过社会保险权益查询服务平台、手机、银行等查询途径，实现线下全市通办，扩展银行查询，实现线上"电脑＋手机"不打烊随时查，线下"社保＋银行"跨区域就近查。同时，按照国家要求，推进权益查询服务与国家社会保险公共服务平台的对接，实现社会保险公共服务"跨省通办"。

四、加快行业人力资源数字化信息化发展的着力点

伴随信息革命和网络技术以及经济全球化、科技全球化的飞速发展，我国经济已经进入重要的转型阶段，经济增长逐渐从追求速度转向追求质量。行业在数字化、信息化的进程中，已经呈现出一些新的发展趋势。比如：服务业中在线教育、远程办公、人工智能等在短时间内达到大规模普及，越来越多的从业者选择"新就业形态"，如何支持并规范其发展成为一项重要任务；作为北京高质量发展第一动力的科创企业，其数量常年高居全国榜首，可谓北京实体经济中的"当家花旦"，抗击新冠肺炎疫情期间，科技型企业也凭借自身科技优势和核心竞争力，表现出较强的发展韧劲，起到了"领头羊"的作用。尽管北京市积极落实《新时代推动首都高质量发展人才支撑行动计划（2018-2022年）》，强化"高精尖缺"导向，支持各类用人主体引进培养战略科技人才、科技领军人才等，但是依然存在人才流失问题。所以，作为人力资源管理人员，必须清醒认识当前形势，摒弃落后的、不符合时代发展的人力资源管理理念和工作模式，提高创新管理思维，加快数字化步伐，优化公共服务管理体系建设，不断加强人才队伍建设。

（一）创新人力资源管理者管理思维

在大数据时代背景下，人力资源信息化系统的建设，不仅能够极大地提高人力资源管理者的工作效率，也能够使人力资源管理工作以量化的指标清晰地呈现出来，有效推动人力资源管理工作的落地和实施。只

有人力资源管理者创新管理思维，才能够更好地引导人力资源工作人员开展信息化系统建设工作。在传统的人力资源与社会保障工作中，部门之间的协调性不高，所有数据信息传递需要通过人工方式进行，数据信息对接的时效性差，出错率较高，出现问题时不易发现，对人力资源和社会保障管理工作造成很大影响。随着信息化建设的不断推进，可以将各部门信息需求通过信息化建设加以整合，构建统一的信息数据平台，整合相关部门的数据信息，保证数据信息实时对接，使信息资源更加全面，实现核心数字资源的共享，保持信息资源的统一性，减少差错率，提高部门工作效率。而且，职能部门通过信息平台提取相关数据信息，有利于促进社会事业协调发展。

（二）加快行业数字化信息化发展步伐

随着大数据时代的到来，传统的人力资源管理模式已不能够适应当前现代化经济发展的实际需要，必须要注重人力资源管理信息化改革，同步规划人力资源信息化系统，从而优化人力资源管理工作，这对于各行各业的长远发展具有重要意义。目前北京市人力资源和社会保障局正全面推动完成以第三代社保卡为基础的民生卡"多卡合一"建设，搭建集权益保障、政务服务、金融服务、城市公共服务等应用于一体的线上线下民生卡应用管理体系。继续完善社会保障网上服务平台，统一申报材料和经办服务流程，推动参保缴费、转移接续、待遇领取等业务"网上办"，发展"全城通办"新模式。健全全民参保登记数据共享长效机制，推行"五险合一"合并申报、网上缴费。创新劳动能力鉴定服务模式，全面实现退休人员社会化管理，强化京津冀社保政策、经办服务对接，不断创新服务方式，提升服务水平。

人力资源和社会保障工作涉及多个业务部门，在信息化建设中必须与相关部门充分协作，构建完善的部门协作机制，加强部门合作。为此，必须构建统一的信息管理平台保证信息数据共享，整合各部门业务，统一在线上运行，发挥联动效应。建立统一的数据服务平台，构建统一的数据平台，整合不同部门间的数据资源，相关业务通过管理平台处理，使不同的职能业务在平台上有序运行，并及时共享数据信息，提高资源整合效应。同时，加强制度建设，保障部门有序联动。为了保证部门间的有序协作，必须建立部门联动制度，规范各部门职责，对系统进行权限设置，将部门线下职能转为线上进行，明确各自的权责关系，运用制度保证系统平台有序运行。

（三）优化公共管理服务体系建设

随着信息化服务的应用，人力资源管理工作更加规范，相关政策法规可以在线上公开，从而增强工作的透明度。而且，随着信息化建设的不断推进，人们会对政策有更深入的了解和认识，从而保证人力资源信息更加精准、可靠，有利于赢得社会公众对人力资源与社会保障工作的理解，增进群众对相关部门的信任度，促进社会和谐与稳定。面对信息化的快速发展，政府部门应立足数字化技术在不同行业的扩散应用态势，抓紧制定未来 5～10 年的就业促进规划，积极应对数字化转型给就业带来的深远影响。充分释放数字化转型在各行业中激发创新、创造就业方面的潜力，将各类就业新形态纳入国家"就业优先政策"，鼓励和支持灵活就业，并将其纳入就业监测体系，把握新就业形态发展趋势，及时给予引导和帮助。同时，为公众提供信息沟通与交流平台，实时了解群众的诉求，有利于尽快解决问题，促使政府及时完善政策，改进工作中的不足，更好地优化完善服务。

（四）加强行业信息化人才队伍建设

大数据时代背景下，要求人力资源管理者需要有较高的专业性和敏锐性，既要具备人力资源管理方面的专业知识、相关信息化技能，还要具备能够捕捉人力资源信息化和数字化最新发展动态的能力。全面布局规划人力资源信息化战略，可以有效指导人力资源信息化系统的具体实施者从海量数据中获取有用的数据资源，以高质量的数据资源为人力资源管理者提供决策依据，为企业和行业的整体未来发展战略规划提供重要支持。

人力资源管理作为现代企事业单位管理的重要内容，应紧跟互联网数字时代的发展步伐，搭建人力资源信息化管理系统。人力资源管理者需培养创新管理思维，积极适应时代发展潮流，借助大数据资源，使人力资源管理指标得到精准量化，为企事业单位整体发展战略规划提供有力支撑，进而提升整体管理水平。

参考文献

1. 北京市地方志编纂委员会. 劳动志［M］. 北京：北京出版社，1999：7，20-92.

2. 北京市地方志编纂委员会. 北京志（1995-2010）［M］. 北京：北京出版社，1999：24-28，43-46.

3. 苗桂兰，李玫. 大数据背景下企业管理模式创新研究［J］. 中国管理信息化杂志，F270.7.1673-0194（2021）02-0127-02.

4. 梁哲薹. 大数据时代事业单位人力资源管理变革及创新探讨［J］. 人力资源杂志，2020（13）.

5. 唐魁玉. 大数据时代人力资源管理的变革［J］. 中国人力资源社会保障，2018（3）：57-58.

6. 王媛媛，孙佩. 浅谈知识经济时代的人力资源管理创新［J］. 知识经济，2018（12）：6-9.

7. 陈川. 关于信息化技术对人事档案管理影响的探究［J］. 传播力研究，2018（11）：228.

8. 崔晓杰. 企业人力资源信息化建设的现状及发展建议［J］. 商品与质量，2020（2）：249.

第四篇
优化分配体系助推人力资源管理

　　1949 年中华人民共和国成立以来，我国工资收入分配经历了建设时期、"文化大革命"特殊时期、改革开放和发展社会主义市场经济时期、经济转型和进入新时代创新发展时期，基本形成了与中国特色社会主义市场经济体制相适应的"市场机制调节、企业自主分配、职工民主参与、国家监控指导"的工资宏观调控制度体系，城乡居民收入增长较快，中等收入群体持续扩大，形成世界上人口最多的中等收入群体，成为历史上劳动者收入增长最快时期，成就举世瞩目。北京市工资制度改革按照中央统一部署逐步推进，为国有企业发展改革、公务员制度建立推行和事业单位改革起到了保驾护航的作用。围绕 2035 年基本实现社会主义现代化远景目标，党的十九届五中全会明确提出"中等收入群体显著扩大，全体人民共同富裕取得更加明显的实质性进展"。在全面建设社会主义现代化国家征程中，北京将把实现共同富裕摆在更加重要位置，率先探索推动共同富裕的有效路径和机制，努力走出具有首都特色的共建共治共享共同富裕之路，更好满足人民群众美好生活需要。

第七章 完善工资制度，规范收入分配秩序

张 凯

收入分配是社会再生产过程中的一个重要环节，是促进社会再生产有序循环，调动生产者积极性的重要手段。合理的收入分配关系是社会公平的重要体现。北京市工资收入分配经历了不同时期，在企业工资分配制度体系、事业单位和公务员收入分配制度改革等方面取得了显著成效。企业工资从自主确定到逐步统一制度，再到 20 世纪 90 年代开始逐步建立行业人工成本信息指导制度、工资指导线制度、劳动力市场工资指导价位制度、行业工资指导线制度及《工资支付规定》等一套宏观调控体系；积极推行工资集体协商，引导用人单位与职工共同合理确定工资价位和增长幅度，形成"市场机制调节、企业自主分配、职工民主参与、政府监控指导"的企业工资分配格局。1993 年，根据改革开放和建立社会主义经济体制要求，北京市事业单位和党政机关工资制度分离，开始建立符合各自特点的工资制度和增长机制。事业单位采取调整工资结构、扩大内部分配自主权、按岗定酬和科学定酬、实施技术要素参与分配等多种形式，推动分配制度改革深入发展。机关单位简化基本工资结构，增设级别和调整职务级别对应关系，完善正常增资办法，不断健

全与工作业绩紧密联系、短期激励与中长期激励相结合的分配激励制度。在全面建设社会主义现代化国家征程中，北京需要继续改善分配结构，推进事业单位、国有企业工资分配制度改革；优化公共服务，完善最低生活保障制度，建立健全精准救助政策服务体系；强化工资分配调控政策，优化收入结构，使工资收入分配更加公平合理，中等收入群体显著扩大，促进全体人民共同富裕取得更为明显的实质性进展。

一、企业工资制度从混合制走向统一制

在旧中国时期[①]，少数公营企业（如邮政、电信、铁路）的职工工资制度由全国或地方主管部门制定，其余由企业自主确定，政府不予管理。中华人民共和国成立以后，强调对职工工资贯彻"按劳分配"原则，在提高劳动生产率的基础上增加工资。在1956年以前，北京市对工资工作的指导思想是：在整顿企业工资制度和调整职工工资时，不降低职工原工资；在通货膨胀的情况下，力争不降低职工的实际生活水平；在建立工资等级制度时不强调统一，等级之间的增长系数适当灵活；为了贯彻按劳分配原则，在建筑业和有条件的工业企业，积极推行计件工资制度。

1956年，全国统一进行工资制度改革时，北京市依据国家规定的按产业部门区分工资高低的政策，制定了市属国有企业的统一工资标准，

---

① 《北京志·综合经济管理卷·劳动志》：3-4，93。

多数企业实行八级工资制，同时按国家的统一部署调整了工资。从此以后，有关工资制度和职工工资的调整、升级，都由国家统一安排。这种做法一直延续到 1985 年。

在 30 年左右时间内，实行的是广就业低工资政策（这在中华人民共和国成立初期是必要的），国家曾几次给部分职工增加工资，但因国家财力有限，增加工资范围有限，时间跨度较大，加上低工资的新职工人数不断增加，职工工资水平基本上没有提高。另外，在"大跃进"初期和"文化大革命"期间，按劳分配原则曾两度遭到错误批判，片面地认为调动职工积极性主要应靠政治教育和精神鼓励，把政治思想表现列为受奖的主要条件，物质刺激只能助长个人主义，计件工资制度和奖励制度两度停止实行，恢复后也是把奖金改为人头份的附加工资，未能充分体现按劳分配原则。

自 1978 年国家改革开放以后，端正了对"按劳分配"的认识。1985 年，北京市根据前几年在部分企业进行工资制度改革试点的情况和国务院《关于国有企业工资改革问题的通知》，在市属企业普遍进行工资制度改革，实行工资总额与效益挂钩的办法，在政府劳动、财政、税务部门每年给企业核定的工资总额以内，企业自主决定工资制度、工资水平和发放办法，政府不再统一安排调整工资和升级，只进行必要的宏观调控。这项改革，调动了企业和职工的积极性，企业的工资制度出现多种多样的态势，职工实际所得的报酬和原来国家制定的工资等级和标准有了很大的差距，而在行业之间、企业之间也同时出现较大的差距。

二、建立收入调控体系，让人民"劳有所得"

伴随着社会主义市场经济体制的初步建立与逐步完善，工资分配越来越以市场为导向[①]。北京市逐步将企业职工劳动报酬分配权下放，政府对企业工资管理从行政的、直接的管理向经济的、间接的调控转变。在薪酬分配指导思想上，兼顾国家、企业和职工三者利益关系，从"效率优先、兼顾公平"向"效率与公平并重"，再向"更加注重公平"转变。

1994 年，北京市规定了职工最低工资和最低生活费标准，并随着物价的调整而相应浮动，在制度上保障了劳动者最低生活费用。1996 年，北京市逐步加强企业工资宏观调控手段的改革，作为全国首批试点城市开始试行企业工资指导线制度。1997-2000 年，北京市陆续建立企业工资指导线制度、劳动力市场工资指导价位制度、行业工资指导线制度，上述制度的建立与实施，构成一套较为完整的体系，对企业工资市场化的引导作用逐步显现，企业控制人工成本能力进一步提升。2004 年，北京市制定实施《工资支付规定》，为规范企业工资支付行为，保障劳动者获取应得报酬提供有力支持。

近些年，北京市持续加大企业工资分配调控力度，合理调整最低工资标准，发布企业和行业工资指导线，不断扩大劳动力市场工资指导价位和行业人工成本覆盖范围，大力推行工资集体协商，引导用人单位与

---

① 《北京志·人力资源和社会保障志》（1995-2010）：372-381。

职工共同合理确定工资价位和增长幅度，形成了"市场机制调节、企业自主分配、职工民主参与、政府监控指导"的企业工资分配格局。

（一）北京市企业工资指导线制度

为了指导企业在生产发展、经济效益提高的基础上，微观工资分配与国家宏观经济发展相适应，合理确定工资水平，1997年6月，根据国家劳动部印发的《试点地区工资指导线制度试行办法》北京市试点经验，市劳动局正式下发《在北京市企业中试行企业工资指导线的通知》。

企业工资指导线适用范围为北京市地方所属全部企业，中央在京企业参照执行。国有和国有控股企业应严格执行工资指导线，非国有企业依工资指导线进行集体协商确定工资。指导线以企业职工平均工资增长率的形式发布，体现为3条线：基准线、上线（预警线）、下线。企业工资指导线每年发布一次，执行周期为一个日历年度（当年的1月1日至12月31日）。内容包括两方面：一是经济形势分析，包括上年度本地区宏观经济和社会发展状况分析、职工工资水平与相关经济指标关系分析，本年度本地区经济发展与相关经济指标状况的预测与分析；二是工资指导线水平，包括本年度企业货币工资水平增长基准线、上线（预警线）、下线。三条线分别适用于生产发展正常、经济效益增长的企业，经济效益有较快增长的企业和经济效益下降或亏损的企业。其中，经济效益下降或亏损的企业工资可以零增长或负增长，但不得低于本市公布的最低工资标准，以保障职工的基本生活。2008年，下线首次突破零增长或负增长的惯例，设定为3.5%。从2019年开始，不再发布上线（预警线）。

市劳动局要求各级劳动部门、企业主管部门要对企业工资增长情况进行动态监测，发现问题，及时纠正。同时综合运用调控手段，把试行工资指导线与实行弹性工资计划、工效挂钩、成本列支工资总额包干办法以及《企业工资总额使用手册》的审核有机地结合起来，使工资指导线实实在在地成为引导各类企业工资合理增长的实线。例如：2005年，由于原材料、燃料、动力的购进价格一直在高位运行，市劳动保障局要求对利润受影响较严重的企业，在安排当年职工平均工资水平时，要综合考虑企业的承受能力、发展后劲及职工的积极性等因素，做到合理适度。2010-2018年，市人力社保局不断要求国有及国有控股企业职工工资增长幅度一般不得突破上线（预警线），公共服务类的市属国有企业职工平均工资增长幅度一般不得突破基准线；国有及国有控股企业工资增长水平拟突破上线（预警线）的，应符合：①上年职工平均工资低于全市企业职工平均工资水平60%。②当年预计企业经济效益将实现显著增长。③企业人工成本状况（三项比重指标），劳动生产率指标处于同行业较好水平。④完成当年国有资本保值增值指标，并按隶属关系，分别经市国资委或企业上级主管部门审批后，报于市人力资源和社会保障行政部门备案；要求企业应当着力提高生产一线及技术工人岗位人员工资水平，各类企业应当积极开展工资集体协商，建立正常的职工工资增长机制；非公有制企业开展工资集体协商时，要着重体现劳动生产要素在分配中的价值，使职工工资水平随企业利润增长有较大幅度提高。2019年起，北京市按照《国务院关于改革国有企业工资决定机制的意见》和《北京市人民政府关于改革国有企业工资决定机制的实施意见》规定，对北京市国有企业职工工资增幅进行调控，不再发布预警线。

企业工资指导线发布以来，基本实现了引导企业工资适度增长，为企业集体协商决定工资水平提供重要依据，促进劳动力市场均衡价格的逐步形成，进一步完善工资宏观调控体系，对不同类别企业实行不同的调控方法的作用。

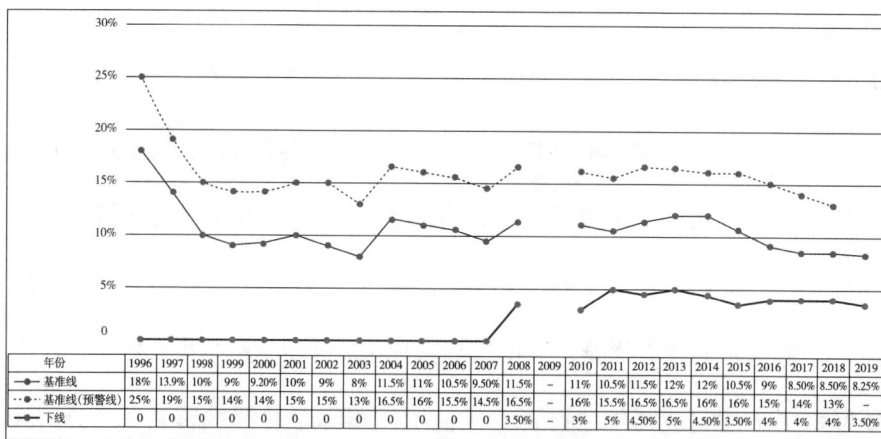

年份	1996	1997	1998	1999	2000	2001	2002	2003	2004	2005	2006	2007	2008	2009	2010	2011	2012	2013	2014	2015	2016	2017	2018	2019
基准线	18%	13.9%	10%	9%	9.20%	10%	9%	8%	11.5%	11%	10.5%	9.50%	11.5%	—	11%	10.5%	11.5%	12%	12%	10.5%	9%	8.50%	8.50%	8.25%
基准线(预警线)	25%	19%	15%	14%	14%	15%	15%	13%	16.5%	16%	15.5%	14.5%	16.5%	—	16%	15.5%	16.5%	16.5%	16%	16%	15%	14%	13%	—
下线	0	0	0	0	0	0	0	0	0	0	0	0	3.50%	—	3%	5%	4.50%	5%	4.50%	3.50%	4%	4%	4%	3.50%

图7-1　1996-2019年北京市企业工资指导线

注：1. 图中增长幅度指与上年工资比较。

2. 由于世界金融危机对本市经济影响较大，经市政府同意，2009年未发布工资指导线。

3. 2019年基准线为8%～8.5%。

4. 由于疫情对经济的影响，人社部明确暂缓调整2020年企业工资指导线。

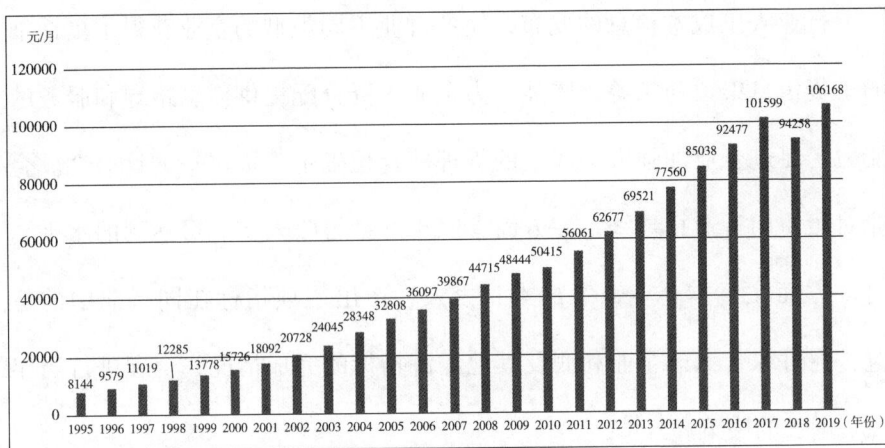

图 7-2　1995-2019 年北京市企业职工年平均工资

注：2018 年，依据国家《降低社会保险费率综合方案》，北京市人社局以城镇非私营单位就业人员平均工资和城镇私营单位就业人员平均工资为基础，公布全口径城镇单位就业人员平均工资，原北京市职工平均工资将不再发布。

（二）北京市行业人工成本信息指导制度

自 1996 年，北京市开始向社会逐年发布行业人工成本信息，建立行业人工成本信息指导制度，行业人工成本信息涵盖的行业逐年扩大，到 2000 年基本实现覆盖北京市全部行业。行业人工成本信息主要根据对各行业企业上年度人工成本状况进行调查汇总得来。行业人工成本信息发布的内容包括：各行业平均人工成本、人工成本占增加值比重、人工成本占销售收入比重、人工成本占成本总额比重、人工成本构成状况、平均人工成本状况及人工成本组成中社会保险费用构成状况等。并将行业人工成本信息按经济类型分为国有、集体、港澳台及外商投资 3 类，2005 年在经济类型中增加国有参股和私营经济分类。至 2021 年未变。

行业人工成本信息的发布，使各行业不同类型的企业获得了更详细的工资信息渠道与来源，增强了为企业工资分配提供信息指导和服务的能力，促进企业加强人工成本的管理，合理确定工资水平的针对性。企业对照使用行业指导线，一方面参照年度销售收入实际可达到的水平，另一方面注意本企业人工成本、投入、产出三项指标在同行业中的位置，同时综合考虑企业利润及其他经济指标的完成情况，合理进行当年工资增长的决策。

根据发布的信息来看，大部分行业的人工成本逐年平稳上升，其中，金融业人工成本最高；住宿和餐饮业人工成本从 2011 年到 2012 年急剧增加（从 55941 元／人到 165998 元／人），近些年平稳上升；租赁和商务服务业从 2011 年到 2012 年断崖式下降（从 132921 元／人到 67549 元／人），近些年平稳上升（见表 7-1）。

表 7-1　2011-2016 年北京市行业人工成本信息情况（单位：元／人）

行业＼年份	2011	2012	2013	2014	2015	2016
农、林、牧、渔业	61942	75725	81738	85173	94796	108578
采矿业	87587	115786	113210	113633	113371	143395
制造业	75004	93354	107455	119788	126172	145707
电力、燃气及水的生产和供应业	107885	114283	157948	158490	163482	156336
建筑业	74514	80411	103026	119929	141360	131014
交通运输、仓储和邮政业	71968	78301	102855	117563	118463	118606

（续表）

年份 行业	2011	2012	2013	2014	2015	2016
信息传输、计算机服务和软件业	102887	83284	88850	101955	101777	135673
批发和零售业	64967	62016	84654	77611	89041	106714
住宿和餐饮业	55941	165998	162595	189362	197102	189098
金融业	147904	182149	258449	311893	302718	336998
房地产业	85590	88343	96682	110951	155527	149032
租赁和商务服务业	132921	67549	74539	65035	70512	96876
科学研究、技术服务和地质勘查业	120736	113529	160030	186360	210292	208166
水利、环境和公共设施管理业	53038	63470	84169	95578	125713	121317
居民服务和其他服务业	60136	64934	65464	69859	89500	99782
教育	54457	72987	89636	82593	99769	118858
卫生、社会保障和社会福利业	67587	88238	104839	147814	164051	138536
文化、体育和娱乐业	86024	95147	114565	117081	131954	155641

（三）北京市劳动力市场工资指导价位制度

市劳动局自1998年开始向社会发布部分行业重点工资（岗位）职工平均工资情况，建立劳动力市场工资指导价位制度。当年，北京市劳动力市场工资指导价位制度初创之时，仅向社会发布了20个重点工种（岗位）职工平均工资及营业员、中西餐厨师两个工种初、中、高级工的分类职工平均工资。1999年发布了涉及12个重点行业的100个职位的工资指导价位。2000年发布了涉及45个重点行业的200个职位的工资指导价位。此后发布的数据范围逐年扩大，到2005年实现基本涵盖全市企业中主要的通用性职业（工种）。劳动力市场工资指导价位信息主要来源于对上一年各类企业在岗职工工资调查结果的分析汇总。其发布形式以职业（工种）为信息发布单元，每个工种发布高位数、中位数、低位数及平均数。并对生产服务类岗位按照技能等级分为"低级工、中级工、高级工、技师、高级技师"5类。至2017年始终涵盖全市通用性职业。

北京市实施劳动力市场工资指导价位制度后，将市场机制引入企业内部分配，为企业合理地确定工资水平和各类人员工资关系，开展工资集体协商提供了重要依据，为劳动力供求双方协商确定工资提供客观的市场参考标准，由于发布的情况可以具体到很多职业、工种，减少了供求双方的盲目性，求职者可以找到与自己直接对应或相近岗位的工资指导价位，有益于提高劳动者求职的成功率和劳动力市场运作的整体效率。

表7-2 北京市劳动力市场职业工资指导价位信息发布情况

发布年份	劳动力市场职业工资指导价位信息发布情况
1998	通用型职业（工种）20个
1999	通用型职业（工种）100个
2000	通用型职业（工种）200个
2001	通用型职业（工种）290个
2002	通用型职业（工种）264个
2003	通用型职业（工种）269个
2004	通用型职业（工种）284个

（续表）

发布年份	劳动力市场职业工资指导价位信息发布情况
2005	通用型职业（工种）336个，酒店业专项职业（工种）90个，家政服务业专项职业（工种）12个，新毕业生职业（工种）20个
2006	通用型职业（工种）325个，酒店业专项职业（工种）94个，家政服务业专项职业（工种）17个，新毕业生职业（工种）40个
2007	通用型职业（工种）374个，酒店业专项职业（工种）96个，家政服务业专项职业（工种）15个，新毕业生职业（工种）50个
2008	通用型职业（工种）412个，酒店业专项职业（工种）99个，家政服务业专项职业（工种）11个，新毕业生职业（工种）50个
2009	通用型职业（工种）393个，酒店业专项职业（工种）442，家政服务业专项职业（工种）14个，物业服务业专项职业（工种）211个，新毕业生职业（工种）143个
2010	通用型职业（工种）539个，酒店业专项职业（工种）309个，家政服务业专项职业（工种）11个，物业服务业专项职业（工种）95个，设备及机械制造业专项职业（工种）304个，信息和计算机服务业专项职业（工种）105个，新毕业生职业（工种）113个
2017	通用型职业（工种）612个，旅游饭店业专项职业（工种）110个，文化、体育和娱乐业专项职业（工种）139个，信息传输、计算机服务和软件业专项职业（工种）122个，物业服务业专项职业（工种）160个，新毕业生职业（工种）136个

（四）北京市行业工资指导线制度

为了加强工资指导线对不同行业企业工资分配的微观指导，自2000年起，市劳动保障局开始发布行业工资指导线。行业工资指导线发布内容包括行业工资指导线函数式及函数图、行业工资指导线说明、行业工资投入与销售收入产出状况比较。行业工资指导线函数式及函数图是行业工资指导线发布的核心内容。行业工资指导线说明内容包括本年度发布的行业工资指导线的行业数量、计算依据、工资指导线的函数式形式、行业工资指导线的参考应用。行业工资投入与销售收入产出状况比较的内容包括行业平均值、国有（及国有控股）企业平均值、集体企业平均值、合资企业平均值、国有参股及私营企业平均值。北京市行业工资指导线以行业为单位发布，是在开展企业人工成本状况调查的基础上，对该行业企业的年平均销售收入与年平均工资统计数据进行计算后形成的。其每年 8 月、9 月以市劳动保障局文件的形式向社会发布。2000 年，尝试发布了零售业、餐饮业、旅馆业 3 个行业的工资指导线。2001 年，增加土木工程建筑业、普通机械制造业、房地产开发与经营业、电子及通信设备制造业 4 个行业，达到 7 个。2006 年，扩展到13 个。至 2020 年，每年根据实际情况，调整发布行业工资指导线。

行业工资指导线发布后，政府劳动管理部门运用宏观经济状况分析和经济发展预测办法，制定相应的工资政策指导企业内部分配。企业依据掌握的宏观经济形势和国家政策导向，对照使用行业工资指导线，一方面参照年度销售收入实际可达到的水平，另一方面对照本企业人工成本、投入、产出三项指标在同行业中的位置，综合考虑企业其他经济指标的完成情况，控制人工成本，进行工资决策，保持工资的正常、适度增长。

表 7-3　北京市行业工资指导线发布情况

发布年份	行业指导线数量	发布行业
2000	3	餐饮业、零售业、旅馆业

（续表）

发布年份	行业指导线数量	发布行业
2001	7	餐饮业、零售业、旅馆业、土木工程建筑业、普通机械制造业、房地产开发与经营业、电子及通信设备制造业
2002	9	餐饮业、零售业、旅馆业、土木工程建筑业、普通机械制造业、房地产开发与经营业、电子及通信设备制造业、医药制造业、旅游业
2003	8	土木工程建筑业、普通机械制造业、房地产开发与经营业、电子及通信设备制造业、医药制造业、电气机械及器材制造业、仪器仪表及文化办公用机械制造业、食品制造业
2004	10	土木工程建筑业、普通机械制造业、房地产开发与经营业、电子及通信设备制造业、医药制造业、电气机械及器材制造业、仪器仪表及文化办公用机械制造业、食品制造业、交通运输设备制造业、建筑物的装饰装修业
2005	12	土木工程建筑业、普通机械制造业、房地产开发与经营业、电子及通信设备制造业、医药制造业、电气机械及器材制造业、仪器仪表及文化办公用机械制造业、食品制造业、交通运输设备制造业、建筑物的装饰装修业、房地产管理业（物业）、计算机应用服务业
2006	13	通用设备制造业、通信设备计算机及其他电子设备制造业、电气机械及器材制造业、仪器仪表及文化办公用机械制造业、食品制造业、房屋和土木工程建筑业、房地产开发经营业、交通运输设备制造业、建筑装饰业、物业管理业、计算机应用服务业、批发业、零售业
2007–2008	13	食品制造业、通用设备制造业、交通运输设备制造业、电气机械及器材制造业、通信设备计算机及其他电子设备制造业、仪器仪表及文化办公用机械制造业、房屋和土木工程建筑业、建筑装饰业、房地产开发经营业、物业管理业、计算机服务业、批发业、零售业
2009		未发布
2010	13	同 2007 年
2011	14	食品制造业、通用设备制造业、交通运输设备制造业、电气机械及器材制造业、通信设备计算机及其他电子设备制造业、仪器仪表及文化办公用机械制造业、房屋和土木工程建筑业、建筑装饰业、房地产开发经营业、物业管理业、计算机服务业、批发业、零售业、旅游饭店业

（续表）

发布年份	行业指导线数量	发布行业
2012	17	食品制造业、通用设备制造业、交通运输设备制造业、电气机械及器材制造业、通信设备计算机及其他电子设备制造业、仪器仪表及文化办公用机械制造业、房屋和土木工程建筑业、建筑装饰业、道路运输业、互联网信息服务业、批发业、百货零售业、超市零售业、旅游饭店业、房地产开发经营业、物业管理业、出版业
2013	17	食品制造业、通用设备制造业、道路运输业、电气机械及器材制造业、通信设备、计算机及其他电子设备制造业、仪器仪表制造业、房屋和土木工程建筑业、建筑装饰业、汽车制造业、互联网信息服务业、批发业、百货零售业、超市零售业、旅游饭店业、房地产开发经营业、物业管理业、出版业
2014	18	食品制造业、通用设备制造业、电气机械及器材制造业、计算机、通信和其他电子设备制造业、仪器仪表制造业、汽车制造业、房屋建筑业、土木工程建筑业、建筑装饰业、批发业、百货零售业、超市零售业、道路货物运输业、互联网和相关服务业、旅游饭店业、房地产开发经营业、物业管理业、出版业
2015–2019	19	在 2014 年基础上增加"汽车零售业"
2020	13	食品制造业、通用设备制造业、仪器仪表制造业、汽车制造业、房屋建筑业、土木工程建筑业、建筑装饰业、批发业、百货零售业、旅游饭店业、房地产开发经营业、物业管理业、出版业

（五）北京市最低工资保障制度

1990 年以后，北京市国有企业加快转换经营机制步伐的同时，外商投资企业、私营企业、雇工的个体工商户、乡镇企业等其他所有制企业发展很快。经济成分的多样化，带来劳动关系复杂化，随之出现了少数企业拖欠、克扣职工工资或以产品抵发工资，随意延长工作时间，不保证职工最低劳动报酬的情况时有发生，少发或不发职工工资的劳动争议案件大幅度上升。

为维持劳动力的正常生产和再生产过程顺利进行，保障劳动者的合法权益，1994 年 11 月，北京市人民政府发布《北京市最低工资规定》政府令，规定要求市劳动局根据全市就业者及赡养人口的最低生活费用、社会平均工资水平、劳动生产率、就业状况和经济发展水平等因素的变动情况，协商有关部门后，提出北京市最低工资标准的意见，报市人民政府批准发布实施。规定公布了当年最低工资标准、计入和不计入内容，明确了企业支付劳动者工资低于最低工资标准的，劳动者有权要求补足。对违反本规定的 3 种行为，由市、区（县）劳动局给予处罚等。

同年 11 月，根据市人民政府令，市劳动局印发《关于贯彻执行〈北京市最低工资规定〉的有关问题解释的通知》，进一步明确最低工资的适用范围包括国有、集体、股份制、港澳台、外商、私营、个体工商户等企业，计入项目含工资中计时、计件、岗位技能工资，奖金中包括生产奖、节约奖、劳动竞赛奖以及 1997 年以后实行的各种补贴。不计入项目含计划生育费、探亲路费、冬季取暖费等，同时明确国有、集体企业的下岗待工人员执行的最低生活费标准。

根据国家相关法律法规以及适应社会经济发展需要，《北京市最低工资规定》进行了多次修改、调整和完善。例如：1997 年，根据国家劳动法、国家工会法和国家劳动争议处理条例有关规定，对《北京市最低工资规定》适用范围、监督主体、最低工资标准、企业支付赔偿金标准，做出调整或修改；2003 年 12 月，市人民政府颁布《北京市工资支付规定》，进一步明确从事非全日制工作的劳动者实行小时工资制，由用人单位与劳动者协商确定，但不得低于小时最低工资标准或法定休假日小时最低工资标准；2004 年 1 月，国家劳动保障部发布《企业最低工资规定》，进一步完善了最低工资政策，明确适用范围、测算考虑因素、调整频率、企业责任等内容，提供了比重法、恩格尔系数法、国际惯例等 3 种最低工资标准测算方法，北京市主要采用了比重法，参考恩格尔系数法和国际惯例，调整最低工资标准时统筹考虑物价水平、职工平均工资水平和企业承受能力等相关因素。

至 2020 年间，我市根据社会经济形势的变化发展，着力改善民生的要求，提高低收入人员收入水平，切实保障低收入劳动者及其家庭成员的基本生活，不断上调最低工资标准。例如：1999 年，适逢中华人民共和国成立 50 周年，当年 5 月 1 日、9 月 1 日调整了两次标准；2000 年，北京市调整劳动者工作时间，职工工作时间由每月 21.5 天改为 20.92 天，为不降低以工时计算工资的劳动者收入，两次调整工时最低工资标准；2019 年全市最低工资标准每小时不低于 24 元，每月不低于 2200 元。

表 7-4　1994-2020 年北京市最低工资标准

适用时间	最低工资标准（元／月）	非全日制最低工资标准（元／小时）	非全日制法定节假日小时最低工资标准（元／小时）
1994 年 12 月 1 日 -1995 年 6 月 30 日	210	1.1	
1995 年 7 月 1 日 -1996 年 6 月 30 日	240	1.4	
1996 年 7 月 1 日 -1997 年 5 月 30 日	270	1.6	
1997 年 6 月 1 日 -1998 年 6 月 30 日	290	1.7	
1998 年 7 月 1 日 -1999 年 4 月 30 日	310	1.8	
1999 年 5 月 1 日 -1999 年 8 月 30 日	320	1.9	
1999 年 9 月 1 日 -2000 年 6 月 30 日	400	2.3	
2000 年 7 月 1 日 -2001 年 6 月 30 日	412	2.46	
2001 年 7 月 1 日 -2002 年 6 月 30 日	435	2.6	
2002 年 7 月 1 日 -2003 年 6 月 30 日	465	2.78	
2003 年 7 月 1 日 -2004 年 6 月 30 日	495	2.96	6
2004 年 7 月 1 日 -2005 年 6 月 30 日	545	3.26	6.8
2005 年 7 月 1 日 -2006 年 6 月 30 日	580	3.47	7.3
2006 年 7 月 1 日 -2007 年 6 月 30 日	640	3.82	7.9
2007 年 7 月 1 日 -2008 年 6 月 30 日	730	4.36	8.7
2008 年 7 月 1 日 -2010 年 6 月 30 日	800	4.6	9.6
2010 年 7 月 1 日 -2010 年 12 月 31 日	960	5.5	11
2011 年 1 月 1 日 -2011 年 12 月 31 日	1160	6.7	13
2012 年 1 月 1 日 -2012 年 12 月 31 日	1260	7.2	14
2013 年 1 月 1 日 -2014 年 3 月 31 日	1400	8.05	15.2
2014 年 4 月 1 日 -2015 年 3 月 31 日	1560	8.97	16.9

（续表）

适用时间	最低工资标准（元／月）	非全日制最低工资标准（元／小时）	非全日制法定节假日小时最低工资标准（元／小时）
2015 年 4 月 1 日 –2016 年 8 月 31 日	1720	18.7	45
2016 年 9 月 1 日 –2017 年 8 月 31 日	1890	21	49.9
2017 年 9 月 1 日 –2018 年 8 月 31 日	2000	22	52.6
2018 年 9 月 1 日 –2019 年 6 月 30 日	2120	24	56
2019 年 7 月 1 日至今	2200	24	56

三、事业单位工资制度演变——率先实现绩效工资

中华人民共和国成立后，事业单位与党政机关长期实行同一套工资制度①，根据不同时期社会经济发展的情况和对收入分配政策提出的要求，我国事业单位的工资制度不断发展变化，大致可以概括成"四次改革"。四次改革，是指事业单位和国家机关一样，自中华人民共和国成立以来经历了四次大工资制度改革。

（一）1956 年工资制度改革②：建立职务等级工资制度

1949 年，老革命根据地的事业单位基本是随着机关走的，实行的是与部队相同的供给制，没有形成专门的事业单位工资制度。1956 年国家进行了一次工资制度的全面改革，确立了企业、事业和机关单位的工资

---

① 由于事业单位与党政机关长期实行同一套工资制度，为避免重复述，部分内容归入下一节。

② 何宪．事业单位工资制度改革研究［J］.中国井冈山干部学院学报，2017，1（25）：15-24.

制度，一直延续到改革开放的初期。这一时期，没有全国统一的"事业单位"工资制度。国家分别出台了高等学校教员、高等学校行政职工、中学教员、小学教员、医疗卫生技术人员、医疗卫生管理人员、研究人员、记者编辑、运动员等工资标准。在建立初期，这些工资制度比较重视不同行业的特点，但在后来的工资管理中，逐步向机关的职务等级工资制靠拢，都能在机关30个等级中找到对应的等级，实际上演变成了与机关相同的职务等级工资制。

（二）1985年工资制度改革：探索实行多种结构工资制

"文化大革命"结束后，经过较长时期的反思和研究，针对原职务等级工资制度存在的主要问题，按照按劳分配的原则，在1985年进行了中华人民共和国成立以来第二次大的工资制度改革，从总体上讲，相关事业单位建立了以职务工资为主要内容的结构工资制。但改革文件规定，事业单位行政人员和专业技术人员的工资制度，允许根据各行各业的特点因行业制宜。可以实行以职务工资为主要内容的结构工资制，也可以实行以职务工资为主要内容的其他工资制度。实行结构工资制的，可以有不同的结构因素。同时，改革文件还单独设立了教学、科研、卫生技术人员的工资标准。但实际上，这次改革后，各级各类事业单位基本都实行的是与机关相同的以职务工资为主要内容的结构工资制，只是在具体的工资标准上，专业技术职务与行政职务没有完全对应，制度可以说是完全统一的。

（三）1993 年工资制度改革：建立不同类型的工资制度

随着改革开放和社会发展，事业单位逐步显现出与机关不同的特点，与机关脱钩的问题也在出现。1993 年全国机关事业单位工资制度改革，首次将事业单位和党政机关工资制度分开，开始与党政机关走上不同的道路。1993 年至 2006 年，北京市事业单位依据经费来源，分为 3 种工资构成方式①：全额、差额和自收自支；按照单位工作特点，专业技术人员实行 5 种不同类型工资②、管理人员实行职员职务等级工资、技术工人实行技术等级工资。事业单位在政府推进指导下，寻求建立符合事业单位特点的分配方式，探索尝试的分配方式有 5 种。

第一种，逐步完善工资总额管理，扩大内部分配自主权。这是以政府调控方式推进分配制度改革，具体有 3 种管理形式：①工资总额与经济效益挂钩浮动办法（简称工效挂钩）；②工资总额包干办法（简称工资包干，大部分事业单位实行该办法），即除新建单位和增编、调整机构和

---

① 按照经费来源 3 种方式为：全额款的事业单位，工资构成中固定部分占 70％，活的部分占 30％；差额款的事业单位，工资构成中固定部分占 60％，活的部分占 40％；自收自支的事业单位，工资构成中固定部分占 55％，活的部分占 45％。

② 专业技术人员 5 种不同类型工资制度：一是专业技术职务等级工资制，教育、科研、卫生、农业、出版、图书馆等工作性质接近的单位，由专业技术职务工资、津贴两部分组成；二是专业技术职务岗位工资制，地质、测绘、交通、海洋、水产等岗位责任明确的单位，由专业技术职务工资、岗位津贴组成；三是艺术演出人员结构工资制，由艺术专业职务工资、表演档次津贴、演出场次津贴 3 部分构成；四是运动员实行体育津贴、奖金制，由体育基础津贴、运动员成绩津贴、奖金 3 部分构成；五是金融单位实行行员等级工资制，由行员等级工资、责任目标津贴两部分构成。

建制以外，增人不增工资总额、减人不减工资总额；③工资总额动态包干办法（简称动态包干），即在工资总额包干的基础上，将工资总额基数与收入增长指标以一定比例挂钩，提取效益工资。该办法在以卫生医疗机构为主体的差额拨款事业单位中普遍实行。这类办法使单位有了一定自主分配权，为搞活内部分配提供了条件。

第二种，试行岗位评价，探索按岗定酬和科学定酬的方法。1999年，部分事业单位又尝试运用岗位评价方法实施内部分配。从岗位的任务、责任、难易及知识技能等方面，分三大类要素28个子要素，对各个岗位的相对价值进行量化评价，并以此为基础确定不同岗位的薪酬水平。2000年北京市职业信息技术学院和北京市第五福利院率先运用岗位调查、分析、评价、分类的测评方法实行以岗位工资为主要内容的内部结构工资制，实现由按身份管理向按岗位管理的转变，在工资标准上，严格遵循"以岗定薪"原则，打破年资、身份的界限，使一批年轻优秀的专业技术人才和管理人才脱颖而出。

第三种，加大重点岗位分配力度，激励高层次人才。1998年在完善教师结构工资的基础上，部分中小学校试行校长职级制，校长岗位津贴与单位的行政级脱钩，与单位的职工工资水平脱钩，促进了学校管理者的合理流动与校长提高办学质量的积极性。2000年市属高校也积极进行内部分配制度改革的探索，北京工业大学和首都师范大学开始试行设立校聘重点岗位和院聘重点岗位，实行校内岗位津贴制度，对承担校、院两级重点岗位职责和任务的骨干教师给予较大力度的校内岗位津贴：不同岗位实行不同级别的津贴，在同一种岗位上个人津贴级别的确定，综合考虑聘任上岗者的条件、岗位责任、任务量、繁重程度、工作业绩和表现等多项因素。卫生系统从1998年开始，陆续进行以"紧缩编制、强化聘任、转换机制、提高效益"为目标的人事分配制度改革，采取缩减编制、清退临时工并在3年内纳入编制管理等措施，以竞争择优、聘任上岗的办法建立能上能下的用人机制。在此基础上，单位实行工资总额动态包干和内部技术劳务结构工资制。工资结构包括基本工资、福利工资和技术劳务浮动工资3部分。在分配上贯彻按劳分配及技术、成果和管理因素参与分配的原则，向一线倾斜，尤其加大对科室带头人和具有突出贡献者的分配力度，初级与正高级的收入比例由原来的1.00：1.76调整为1.0：（2.5～3.0），拉开差距。

第四种，实施技术要素参与分配，促进科研成果转化。单位通过技术服务、技术市场等途径转化技术成果并扩大分配的要素内容，从而提高关键技术人员的薪酬水平和激励程度。在部分科研院所专业技术人员中，以实行任务（包括课题、项目，以下同）负责人的工资居多，其工资根据任务的完成情况从任务经费中按比例提取，科研成果进入技术市场或直接转化为生产力，还可以从实现的效益中按比例提取个人收益。北京市农科院蔬菜研究中心的做法是，对于培育新品种3年内转化成果的，开发人员可增加2%的提成，课题主持人可先提15%，第二主持人可先提 12%。这一分配办法激励了科研人员的工作积极性。

第五种，结合行业特点，创新分配形式。许多事业单位根据自身的人员结构、经济状况和工作目标以及人才市场情况制定工资分配的结构和水平，实现职工收入或部分收入与工作岗位和业绩挂钩。比如有的单位从平稳过渡角度考虑，在保留国家规定工资标准和结构的基础上，对奖金分配按照职工工作岗位和工作业绩拉开合理差距；有的单位将国家规定比例的津贴、奖金整合，按照职工的工作岗位和业绩进行分配；有的单位将职工原先的所有收入进行整合，通过岗位测评建立岗位工资制，实现全部岗位收入与岗位和业绩挂钩；有的单位在收入全部整合的基础上，将工资分为基本生活保障和岗位工资两部分，职工的基本生活保障部分保持一致水平，岗位工资部分紧密结合单位工作性质、岗位特点，适当地拉开收入差距；还有的单位则根据本单位特点，在工资分配中加进职务、经验、工龄业绩等因素，实行更为全面、灵活的结构工资制。

在此框架下，全市许多事业单位对薪酬分配进行积极探索，采用扩大内部分配自主权，按岗定酬和科学定酬，实施技术要素参与分配等多种形式，推动分配制度改革向深入发展。这次工资制度改革，为事业单位注入活力，但在分配制度改革过程中，也遇到许多矛盾、问题。主要是大部分事业单位实行聘用制，但没有配套完整的社会保障体系，使其改革难以深入发展。其管理体制不适应事业发展需要，某些单位占着国家资源，享受财政支持，利用事业单位亦政亦企的模糊空间，最大限度地享受政府部门与企业的权利和利益。既无政府部门所应受到的行政约束，也无企业所承受的市场压力，形成"两头占，两头靠"。部分干部职工心理承受能力弱，习惯平均分配[①]。既存在区域间、行业间、单位间收入差距明显问题[②]，也存在工资分配与工作业绩脱钩，一流人才一流业绩无法获得一流报酬现象[③]。分配不公与平均主义并存，激励导向作用未充分体现。

（四）2006年工资制度改革：提出绩效工资的新理念

2006年7月，全国机关、事业单位工资制度改革，贯彻按劳分配与按生产要素分配相结合的原则，建立与岗位职责、工作业绩、实际贡献紧密联系和鼓励创新创造的分配激励机制工资调整机制，加大向高层次人才和关键岗位的倾斜力度，与此同时实行分级分类管理。主要内容是事业单位实行岗位绩效工资制度。岗位绩效工资由岗位工资、薪级工资、绩效工资和津贴补贴4部分组成，取消年终一次性奖金，将一个月基本工资的额度以及地区附加津贴纳入绩效工资；岗位津贴、补贴体现

---

① 源于2005年《北京人才发展蓝皮书》，课题《生产要素贡献参与分配的实现形式》，课题负责人左小玲，课题顾问董克用。中国青年出版社出版，出版地北京，2006年6月第一版，第123页。原文为"事业单位主管领导、中层部和一般职员之间工资收入之比约为1.75∶1.37∶1，高低之比不足2倍。工资的部分并未活用。活薪并未发挥应有的激励作用"。

② 源于《机关事业单位工资管理使用手册》，左小玲著。中国青年出版社出版，出版地北京，2010年10月第一版，第79页，原文为"据对占事业单位职工总数62.3%的职工工资收入调查，职工收入的高低倍数，区域间为1.8倍，行业间为2倍，单位间为8.7倍"。

③ 源于2005年《北京人才发展蓝皮书》，课题《生产要素按贡献参与分配的实现形式》，课题负责人左小玲，课题顾问董克用。中国青年出版社出版，出版地北京，2006年6月第一版，第123页，第五行。

对苦、脏、累、险及其他特殊岗位工作人员的政策倾斜。

同年 10 月，北京市工资改革规范工作领导小组办公室（以下简称市工改办）制定出套改工资的具体政策，下发《关于事业单位工作人员收入分配制度改革的实施意见》，对教育、卫生、科学研究；文化、艺术、体育、新闻、出版、广播电影电视；农业、林业、水利、水产、畜牧、兽医；交通、海洋、地质勘查、测绘、气象、地震；社会保障、社会福利、检验检疫、环境保护、环境卫生、园林绿化、房地产管理、物资储备；机关、团体附属独立核算单位；列入事业编制的各类学会、协会、基金会、监管机构及其他事业单位实施绩效工资制度。人员范围：限于事业单位 2006 年 7 月 1 日在册的正式工作人员。

套改岗位工资的办法：管理人员按本人聘用的岗位执行相应的岗位工资。专业技术人员先按本人聘用的专业技术岗位，执行相应的岗位工资标准。完成规范的岗位设置后，专业技术人员再按明确的岗位等级执行相应的岗位工资标准。技术工人按现任技术等级（职务）执行相应的岗位工资标准。普通工岗的人员执行普通工岗位工资标准。套改薪级工资的办法：工作人员按照本人套改年限、任职年限和所聘岗位，套改相应的薪级工资。

2006 年 11 月，市工改办制定下发了事业单位工资套改的具体实施办法，对规范事业单位工资审批程序进行统一规定。12 月底全市工资套改工作完成，事业单位职工的岗位工资、薪级工资全部入轨。2009 年，在此基础上进行了一次延续性改革，旨在建立符合事业单位特点、体现岗位绩效和分级分类管理的收入分配制度，完善工资正常调整机制，在制度形式和运行机制上与机关公务员工资制度彻底脱钩，逐步实现事业单位收入分配的科学化和规范化。从以上可以看出，这次改革充分体现了国家加强事业单位工资制度改革的力度和决心。

遵照国务院确定的"分类指导、分步实施、因地制宜、稳慎推进"的方针，北京市薪级工资全部入轨绩效工资制度中的绩效部分，共分成三步完成。

第一步是从义务教育学校开始。自 2009 年 1 月 1 日起，首先对按国家规定实行事业单位绩效工资制的义务教育学校正式工作人员实施绩效工资。按照"统筹安排、区县实施、分步到位"的原则，以"规范教师工资、规范学校收费、调动学校积极性、调动职工积极性"为重点，在全市全面铺开。要求义务教育教师平均工资水平以不低于当地公务员平均工资来确定绩效工资水平。绩效工资由基础性绩效工资、奖励性绩效工资、节日补贴、学年奖四部分构成。教育主管部门依据考核结果拉开差距，重点向考核优秀的学校、艰苦地区学校、艰苦岗位倾斜。分配主要与考核挂钩，坚持多劳多得，优绩优酬，重点向一线教师、骨干教师、有突出成绩的工作人员倾斜。校长绩效工资在人事、财政部门核定的绩效工资总量内，由主管部门根据对校长的考核结果统筹确定。

第二步是公共卫生与基层医疗卫生单位。2009 年 12 月，经国务院批准，人社部、财政部、卫生部印发《关于公共卫生与基层医疗卫生事业单位实施绩效工资的指导意见》。2010年8月，经市人民政府同意，市人力社保局、市财政局、市卫生局下发《关于公共卫生与基层医疗卫生事业单位实施绩效工资政策的意见》。规定实施范围的公共卫生事业单位，包括疾病预防控制、健康教育妇幼保健、精神卫生、应急救治、采供血、计划生育技术服务等专业公共卫生机构。基层医疗卫生事业单位，包括乡镇卫生院和社区卫生服务机构。绩效工资由基础性和奖励性两部分构成，基础性绩效工资总量占两者总量的60%～70%。奖励性绩效工资可采取灵活多样的分配方式和办法。绩效工资可设立岗位津贴和综合目标考核奖励等项目，根据考核结果，向关键岗位、业务骨干和做出突出成绩的工作人员倾斜。

第三步是其他事业单位。2010年12月，经市人民政府同意，市人力社保局、市财政局联合下发《关于推进其他事业单位实施绩效工资工作的意见》。决定除义务教育学校、公共卫生与基层医疗卫生事业单位外，按国家规定执行事业单位岗位绩效工资制度的其他事业单位正式工作人员，从2010年1月1日起实施绩效工资。文件要求合理确定事业单位绩效工资调控线，对绩效工资水平实行"限高、稳中、补低"，调节不合理的收入差距。绩效工资构成与义务教育、公共卫生系统基本一致。区（县）和主管部门可根据实际情况，确定基础性绩效工资占总量之和的比例，绩效工资具体项目、标准和发放办法，设立岗位津贴和综合目标考核奖励等项目。在绩效工资总量内，规范统一的节日补贴。实施绩效工资后，事业单位不得在核定的绩效工资总量外自行发放任何津贴补贴或奖金，不得突破核定的绩效工资总量，不得违反规定的程序和办法进行分配。

2011年，中共中央、国务院出台《关于分类推进事业单位改革的指导意见》，对事业单位的类别划分提出了明确要求，确定了不同类型的事业单位的改革方向，同时还出台了深化事业单位收入分配制度改革的意见。根据要求，2013年3月7日，北京市人民政府发布《关于事业单位分类的实施意见》以及《关于深化事业单位收入分配制度改革的实施意见》等配套文件。将现有事业单位按照社会功能划分为承担行政职能、从事生产经营活动和从事公益服务三个类别。对承担行政职能的，逐步将其行政职能划为行政机构或转为行政机构；对从事生产经营活动的，逐步将其转为企业；对从事公益服务的，继续将其保留在事业单位序列，强化其公益属性。对不同类型的事业单位实行不同的绩效工资分配政策，在规范事业单位收入分配的同时，也根据不同类型的事业单位的特点推进分类管理。

北京市不断深化事业单位绩效工资制度改革，巩固义务教育学校、公共卫生与基层医疗卫生事业单位绩效工资工作，确保落实到位；同时不断完善事业单位绩效考核制度，优化绩效工资水平调控办法，加大调节力度；完善绩效工资政策，研究绩效工资分类管理，重点探索不同公益类事业单位的绩效工资水平确定机制和管理模式；指导行业主管部门优化绩效考核管理办法，强化绩效工资分配与考核体系的优化对接。

目前，北京市结合事业单位分类改革，逐年完善事业单位绩效工资制度。稳步提高事业单位收入水平，探索建立工资正常增长机制；继续推进事业单位内部分配制度改革，加强绩效管理与工资分配体系的优化对接，不断完善高层次人才分配激励政策，实施体现知识价值、鼓励创新的激励机制，落实科技人员在科技成果转化、技术服务、科研项目管理等方面的分配收益政策，对高层次人才实行灵活多样的分配办法，提高科研人员收入水平；继续推行公立医院薪酬制度"两个允许"改革，提升基层机构医务人员收入水平，出台义务教育学校绩效工资指导意见，优化奖励激励机制，提高教师待遇，抓好文化领域事业单位绩效管理试点。

事业单位的分类管理及对收入分配的规范，是一件难度较大的事。虽然，我市已经做了大量的改革任务和工作推进，但仍存在工资增长机制不完善、工资总额管理不科学等问题，需要继续探索建立事业单位工资确定机制和增长机制、推出符合高校特点的工资分配制度、探索建立符合科研单位特点的工资制度、建立中小学教师工资水平保障机制。通过多方面的努力，最后达到改革的总体目标。

四、打破平均主义，规范公务员工资

中华人民共和国成立后，党政机关工资福利制度始终由中央政府统一制定与颁布，地方政府遵照执行。北京市公务员工资始终按照国家政策规定，贯彻按劳分配的原则，体现工作职责、工作能力、工作实绩、资历等因素，保持不同职务、级别之间的合理工资差距，探索建立适应公务员分类改革要求的工资制度。

（一）公务员工资制度三次改革

1956年，我国进行的工资制度改革，建立起了统筹安排全国机关、事业和企业的统一工资制度。1985年，国家进行了一次大的工资制度改革，建立了新的以职务工资为主要内容的结构工资制。在工资管理体制上，提出了分级管理的思想，但工资管理体制没有发生实质性的改变。

1993年，国务院发布《国家公务员暂行条例》，机关干部开始执行公务员工资制度，根据机关公务员特点和实际情况，建立起了既考虑职务高低、责任大小，又兼顾资历和贡献的职级工资制。在国家的工资福利政策允许范围之内，根据北京市实际情况，1995年全市建立工资增长机制，每5年考核称职以上的可以晋升一级别工资，连续两年考核称职以上的，可以晋升一档职务工资，每工作一年增加一年工龄工资。2004年为贯彻中共十六大和十六届三中全会精神，全市开展规范公务员收入工作。通过清理整顿，取消了各单位自定的津贴、补贴、奖金，公务员的工作津贴伴随公务员工龄和任职年限的增长而增加。此次规范公务员收入工作，对全国公务员工资制度改革发挥了积极促进作用，国家人事部给予充分肯定。2005年，国务院要求全国范围内规范公务员津贴、补贴，此后，人事部又连续下发文件重申不允许地方自行调整津贴、补贴。因此，北京市实施的工资增长机制和退休费增长机制停止执行。

2005 年全国人大常务委员会颁布《中华人民共和国公务员法》。2006 年根据该法，国家实施公务员工资制度改革。根据国家人事部、财政部关于《公务员工资制度改革实施办法》，市工改办要求从 2006 年 7 月 1 日起，将公务员基本工资构成由职务工资、级别工资、基础工资和工龄工资四项调整为职务工资和级别工资两项，在 1993 年工资制度改革的基础上，进一步加大了级别工资的分量。职务工资主要体现公务员的工作职责大小，级别工资主要体现公务员的工作实绩和资历，取消了基础工资和工龄工资。同时明确规定，公务员年度考核称职及以上的，一般每 5 年可在所任职务对应的级别内晋升一个级别，一般每 2 年可在所任级别对应的工资标准内晋升一个级别档次。公务员的级别达到所任职务最高级别后，不再晋升级别，在所任级别对应工资标准内晋升一个工资档次。此次改革实行国家统一的职务与级别相结合的工资制度，第一次将机关领导职务工资与非领导职务工资分开，进一步理顺工资关系，合理拉开不同职务、级别之间的工资差距。

（二）晋升工资制度

1996 年 2 月，市人事局、市财政局、市计划委员会下发《北京市机关、事业单位工作人员晋升工资档次的通知》，通知规定：机关 1995 年 9 月 30 日在册的工作人员晋升一个工资档次，从 1995 年 10 月 1 日起执行。

1998 年 4 月 13 日，市人事局下发《关于机关工作人员 1998 年晋升级别工资的通知》，规定：1993 年 10 月 1 日工资制度改革首次确定级别后至 1997 年底，年度考核连续为称职以上并未晋升过级别的人员，从 1998 年 1 月 1 日起在本职务对应的级别内晋升一个级别，并兑现相应的级别工资。其中现级别已达到所任职务最高级别的工作人员，不再晋升级别，可按所任职务最高级别工资与下一个级别工资的差额加工资，级别不变。1993 年工资制度改革后办理离退休手续的人员，若符合国务院办公厅 1993 年文件规定滚动升级条件，由于已达到所任职务最高级别而未晋升级别的，可按增加倒级差的办法增加工资，并重新核定离退休费。

1998 年 12 月 1 日，市人事局、市财政局下发《关于机关工作人员 1999 年晋升级别工资的通知》，规定从 1994 年级别变动后至 1998 年，年度考核连续 5 年称职或连续 3 年为优秀并未晋升过级别的人员，从 1999 年 1 月 1 日起，在本职务对应的级别内晋升一个级别，并兑现相应的级别工资，现级别已达到所任职务最高级别的工作人员，不再晋升级别，但可按所任职务最高级别工资与下一级别工资的差额增加工资，级别不变。如晋升职务，可就近纳入新任职务相应的级别工资。1993 年工资制度改革以后至 1998 年底前，工作人员如已连续 3 年考核为称职及以上，并在第四个考核年度的 1 月 1 日以后办理了离退休手续，可在办理离退休手续的同时晋升一级级别工资。

1999 年 12 月 3 日，市人事局、市财政局下发《关于北京市机关工作人员正常晋升级别工资的通知》，规定从 2000 年 1 月 1 日起，机关工作人员晋升级别工资工作仍按《关于机关工作人员 1999 年晋升级别工资的通知》执行。工作人员晋升级别后，考核年限从晋升级别工资的当年起重新计算。

根据国务院《公务员工资制度改革方案》，2006 年 11 月 14 日，市工改办下发《公务员正常晋升工资的规定》，依照规定公务员按年度考核结果增加工资。公务员年度考核称职及以上的，一般每 5 年可在所任职务对应的级别内晋升一个级别，一般每 2 年可在所任级别对应的工资标准内晋升一个工资档次。机关工作人员年度考核合格及以上的，一般每 2 年可在对应的岗位工资标准内晋升一个工资档次。从 2006 年当年起计算，公务员年度考核累计 5 年称职及以上的，从次年 1 月 1 日起在所任职务对应级别内晋升一个级别，级别工资就近就高套入晋升后级别对应的工资标准。晋升级别的考核年限从级别变动的当年起重新计算。公务员的级别达到所任职务最高级别后，年度考核累计 5 年称职及以上的，不再晋升级别，在所任级别对应工资标准内晋升一个工资档次。从 2006 年当年起计算，公务员年度考核累计 2 年称职及以上的，从次年 1 月 1 日起在所任级别对应工资标准内晋升一个工资档次。晋升级别工资档次的考核年限从晋升工资档次的当年起重新计算。公务员晋升级别就近就高套入晋升后级别对应工资标准增加工资时，增资额与原级别晋升一个工资档次的档差相比，未超过一个工资档差的，晋升级别工资档次的考核年限连续计算；如超过一个档差的，晋升级别工资档次的考核年限重新计算。公务员按年度考核结果晋升级别和工资档次在同一时间的，先晋升级别，再晋升工资档次。

（三）调整工资标准

1997 年 10 月 30 日，市人事局、市财政局转发人事部、财政部《关于 1997 年调整机关事业单位工作人员工资标准等问题的通知》规定：从 7 月 1 日起，将机关工作人员基础工资标准由原每人每月 90 元提高到110 元。参照机关行政人员工资标准的调整幅度，根据机关工人的工资构成，相应适当调整机关工人的岗位工资标准，工资构成中的奖金部分按原有的比例相应提高。同时相应提高机关新录用人员的试用期工资标准。1999 年 9 月 7 日，市人民政府办公厅转发《国务院办公厅转发人事部、财政部〈关于调整机关事业单位工作人员工资标准和增加离退休人员离退休费三个实施方案〉的通知》。规定从 7 月 1 日起，将机关工作人员基础工资标准由每人每月 11 元提高到 180 元，级别工资标准由十五级至一级每人每月 55 ～ 470 元提高到 85 ～ 720 元，同时适当调整机关工人岗位工资和技术等级（职务）工资的标准，工资构成中的奖金部分按原有比例相应提高，以及新录用人员试用期的工资待遇。

2001 年 3 月 27 日，市人民政府办公厅转发《国务院办公厅转发人事部、财政部〈关于调整机关事业单位工作人员工资标准和增加离退休人员离退休费四个实施方案〉的通知》规定，从 1 月 1 日起，将机关工作人员的基础工资标准由每人每月 180 元提高到 230 元，级别工资标准由十五级至一级每人每月 85 ～ 720 元提高到 115 ～ 1166 元。同时适当调整机关工人的岗位工资、技术等级（职务）工资标准和按规定工资构成中的奖金比例，及新录用人员试用期的工资待遇。

2001 年 11 月 2 日，市人民政府办公厅转发《国务院办公厅转发人事部、财政部〈关于调整机关事业单位工作人员工资标准和增加离退休人员离退休费三个实施方案〉的通知》。规定从 10 月 1 日起，公务员（含参照、依照公务员制度管理的人员）各职务层次职务工资起点标准由 50 ～ 480 元提高到 100 ～ 850 元。同时适当调整机关的岗位工资标准和按规定工资构成中的奖金比例及新录用人员试用期的工资待遇。2003 年 12 月 16 日，市人事局、市财政局联合部署贯彻落实国办发《关于 2003 年 7 月 1 日调整机关事业单位工作人员工资标准和增加离退休人员离退休费三个实施方案》的通知。规定从 2003 年 7 月 1 日起，调整机关事业单位工作人员工资标准。具体办法是：机关行政人员各职务起点工资标准由现行的 100 ～ 850 元提高到 130 ～ 1150 元；适当调整机关工人的岗位工资标准和按规定工资构成中的奖金比例部分及新录用人员试用期的工资待遇。

近些年，北京市按照国家部署完善公务员工资结构，持续推进公务员工资制度改革，推动职务与职级并行制度试行工作。实施与政府绩效管理、综治管理等配套的考核激励机制；按照国家部署，强化津贴补贴的日常考核和激励机制，完善工资审核、动态监管、责任追究机制，严格津贴补贴规范管理；建立适应公务员分类改革要求的工资制度，努力做好司法人员、警察、城管执法人员的工资分配；完善福利保障制度，严格规范管理，加强机关福利管理工作；扩大工资管理信息系统试点范围，健全工资审核、动态监管、责任追究机制，强化监督检查。

五、扩大中等收入群体，推动共同富裕

党的十九大报告强调，中国特色社会主义进入新时代，我国社会主要矛盾已经转化为人民日益增长的美好生活需要和不平衡不充分的发展之间的矛盾。党的十九届五中全会在描绘 2035 年基本实现社会主义现代化远景目标时，明确提出"中等收入群体显著扩大，全体人民共同富裕取得更加明显的实质性进展"。北京作为首都，在全面建设社会主义现代化国家征程中，必须把实现共同富裕摆在更加重要位置，率先探索推动共同富裕的有效路径和机制，努力走出具有超大型首都城市特色的共建共治共享共同富裕之路，更好满足市民群众美好生活需要。

围绕提高收入水平，扩大中等收入群体，推动共同富裕的目标要求，应该坚持目标导向和问题导向相统一。

（一）改善分配结构，规划企业工资分配制度

在工资分配改革中，仍然存在着诸多不平衡不充分的发展的矛盾，不少困难亟待解决，国家、企业、居民个人三者收入分配关系尚需进一步理顺，居民收入在国民收入中、劳动报酬在初次分配中比重仍需进一

步提高；不合理的行业和群体之间的收入差距仍需持续控制；普通职工工资正常增长机制仍有待健全；工资分配宏观调控体系的系统性、有效性仍有待加强，巩固扩大中等收入群体，推动共同富裕的任务依然艰巨。

北京市仍需努力使发展成果更多更公平惠及全体劳动者，不断健全合理有序的工资收入分配格局，使劳动者工资收入平稳增长。不断深化市属国企负责人薪酬制度改革，推动国有企业工资总额决定机制，健全国企工资改革配套政策，规范国企工资分配秩序，实施技能人才激励增收政策；突出企业工资分配市场化方向，加快健全符合市场规律、反映人力资源市场供求的工资决定和正常增长机制；不断健全农民工工资联动执法和联合惩戒机制，坚持标本兼治、综合治理，实现"无拖欠工资"。

（二）优化收入结构，强化工资分配调控政策

加强工资支付保障与正常增长机制，强化并用好工资分配调控政策。指导企业建立职工工资随人力资源市场供求和企业效益动态调整机制，帮助农民工较集中的劳动密集型企业建立职工工资与企业效益、劳动生产率提高挂钩的正常增长机制，提升劳动者技能与提高相应劳动报酬，做好新就业形态劳动者报酬激励与规范；强化并用好工资分配调控政策，在"提低"和"限高"上做文章，严格贯彻执行现行最低工资标准、工资指导线等政策。继续优化事业单位工资确定机制和增长机制、推出符合高校特点的工资分配制度、建立符合科研单位特点的工资制

度、建立中小学教师工资水平保障机制。增加知识价值为导向的收入分配政策，扩大劳动者收入的来源，合理保护劳动者的经营性和资产性收入，提高劳动收入占比，优化收入结构，缩小收入分配的两极分化，扩大中等收入群体规模，增强中等收入群体的自我认同感与社会认同感。

（三）提高劳动者综合素质，保障高质量就业

扩大中等收入群体，最关键的是要为更多人提供更高质量的就业，通过更高质量的就业来获得更高的收入、扩大中等收入群体。要适应经济发展方式转变新要求，不断提高劳动者受教育程度，在保持高等教育较高入学率的同时，着力把教育质量搞上去。健全就业公共服务体系、终身职业技能培训制度，实施知识更新工程、技能提升行动，培养更多高水平工程师和高技能人才，加强对农民工的技术培训，使他们能够长期专注于提升某一方面技能，实现由单纯的体力型劳动者向技能型或技艺型劳动者转变。

参考文献

1. 北京市地方志编纂委员会.北京志·政务卷·人事志［M］.北京：北京出版社，2004.

2. 北京市地方志编纂委员会.劳动志［M］.北京：北京出版社，1999：7，20-92.

3. 北京市地方志编纂委员会.北京志（1995-2010）［M］.北京：北京出版社，1999：24-28，43-46.

4. 刘军胜，肖婷婷.我国工资分配改革路在何方［J］.中国劳动和社会保障科学研究院，薪酬中国杂志.

5. 中国人力资源和社会保障年鉴（工作卷）2015［M］.北京：中国劳动社会保障出版社，中国人事出版社，2016：538.

第五篇
规范优化人力资源服务保障

"理国要道，在于公平正直。"习近平总书记指出，"要把促进社会公平正义、增进人民福祉作为一面镜子，审视我们各方面体制机制和政策规定，哪里有不符合促进社会公平正义的问题，哪里就需要改革；哪个领域哪个环节问题突出，哪个领域哪个环节就是改革的重点。"对内干部录用考核晋升、对外依法监察是人力资源服务保障公平正义的重要体现。北京市的干部录用考核制度严格遵循"公开、平等、竞争、择优"的原则，坚持依法考录与科学考录相结合，从制度层面为建设高素质干部队伍打下了坚实基础。聘用合同制度伴随着事业单位改革的推进不断完善，从传统的终身制到合同聘用制，打破了传统管理体制下形成的工人、干部身份的限制和干部职务终身制。劳动者权益保护随着我国劳动立法状况的发展而发展，从初期主要对劳动安全与卫生、童工等涉及劳动者基本人权或者人身权益的事项进行监督检查，逐步扩展到整个劳动法及社会保障法领域。劳动保障监察部门作为政府构建和谐劳动关系的关键行政力量，依法行政，保护人力资源市场各方的合法权益。但是，在新时代背景下，如何积极响应劳动者对"体面劳动、美好生活"的向往，科学应对新技术、新经济、新业态引致的劳动关系重构，维护首都劳动关系和谐稳定，考验着劳动监察部门的智慧与担当。

第八章 干部考核录用工作演变

周 璠

一、干部考核工作演变

中国古代的选官任官制度主要有科举、荫叙、荐举、捐纳等。在中国共产党的历史上"干部"一词在中国有着广泛的含义，既包括党政机关干部，也包括企事业单位的管理人员，不同领域的干部其考核标准也不相同。

对干部的考核在不同时期有不同称呼，在新民主主义革命时期称为"审查"，中华人民共和国成立后是"考察"和"鉴定"（有时也叫"考核"），直到1983年才统一为"考核"。干部考核是指考核机关按照一定的程序和方法，对干部的思想政治表现、业务水平、工作能力及其业绩所进行的考察与评价，并将其作为干部任用、培训、奖惩、晋升等环节的依据。逐步完成了从计划经济时期干部的统一管理，到市场经济的干部分类管理的演变。

（一）干部鉴定逐步向分级干部管理制度转变

第一阶段 干部考核制度创建阶段（1949–1978年）

中华人民共和国成立初期，政府稳定政治秩序、改造社会、发展经济等工作都需要扩充干部队伍力量,大规模发展党员干部。但由于发展党员干部缺乏严格的程序规定和实质性的考察,干部队伍素质参差不齐,急需提高干部素质、改进干部工作。

1. 干部考核以干部鉴定和干部审查为主要形式

1949 年,北京市主要采用干部鉴定制度,依据 1949 年 11 月中共中央组织部《关于干部鉴定工作的规定》,检查干部的政治业务素质及工作成绩和工作态度。重点放在"了解并弄清每个干部的出身、历史情况、政治面貌,清除混入党政机关中的反革命分子、蜕化变质分子,保持干部队伍的纯洁性"。对新干部的鉴定,重在划清敌我界限,树立革命人生观方面。1951 年,颁布《北京市人民政府工作人员考绩奖惩暂行办法》。1953 年,北京市人民政府将考绩工作作为了解干部、改进工作的重要方法之一。同年 11 月,北京市人民政府在《北京市人民政府工作人员考绩奖惩暂行办法》的基础上,制定了《北京市人民政府工作人员考绩评奖办法》。规定仍使用平时考绩、年终考绩、临时考绩 3 种考绩种类。1956 年,北京市取消一年一次的干部年终鉴定,改为在调动工作、提拔干部时对干部进行一次鉴定,或在某一项工作告一段落时进行一次鉴定。对长期未调动工作的干部,可以每隔 3～5 年进行一次鉴定。由于对定期考核缺少具体的规定和明确的要求,在以后相当长一段时期内,干部考核实际上根据干部管理工作的需要,以不定期考绩为主。

1962 年 10 月召开的中央组织工作会议提出加强干部管理的会议精

神，落实干部的考察、鉴定和监督的要求，北京市决定建立经常性的干部考核制度，恢复干部鉴定制度，使之成为整个干部监督体制中的重要组成部分，使干部考核的作用进一步加强。1963 年 1 月，中共中央《关于对中央管理的干部进行一次重新考察了解的通知》要求对干部进行一次全面考察和普遍鉴定。

2. 逐步建立分级管理的干部制度

1953 年 11 月，中共中央第二次全国组织工作会议通过了《关于加强干部管理工作的决定》，提出"逐步建立在中央和各级党委统一领导下，在中央和各级党委组织部统一管理下的分部分级管理干部的制度"。1955 年 1 月《中共中央管理的干部职务名称表》出台，规定中组部下管"省部级、地厅级"两级干部。随后，各省区市和部委仿效中央，制定各自管理的干部职务名称表，初步建立分部分级管理干部制度。在建立党委各部分管干部制度之后，干部管理中的干部考察任务则由中央及各级党委的各部承担。

第二阶段　干部考核工作更加规范（1979–1999 年）

党的十一届三中全会以后，确立了正确的思想、政治和组织路线，揭开了干部考核的新篇章。1979 年 11 月，北京市贯彻中央组织部《关于实行干部考核制度的意见的通知》精神，对干部考核的内容、方法、期限、标准等做出具体规定，决定用干部考核替代干部鉴定工作，干部考核主要采取平时考察与定期考核相结合的办法。阐述了建立干部考核制度的重要意义；提出干部考核应坚持德才兼备的原则，按照各类干部胜任现职所应具备的条件，从德、能、勤、绩四个方面进行；采取领导和群众相结合的方法，将平时考核与定期考核结合起来；要根据干部的类型有所侧重，对技术类干部要侧重于技术、业务水平和成果，党政干部要侧重于政治思想水平、政策水平和工作能力；对领导干部的考核应更严些、要求更高些，着重考核其政策思想水平、组织领导能力、熟悉业务的程度，执行民主集中制的状况和工作的实际成效。这是第一个关于干部考核工作最全面、最详尽的文件，标志着我国干部考核制度开始形成。

1980 年 8 月中央政治局会议提出了干部"革命化、年轻化、知识化、专业化"的要求，明确了新时期干部考察工作的指导思想。1983 年 7 月 16 日至 20 日，中组部召开全国组织工作座谈会，会议的中心议题是以改革的精神加速领导班子"四化"建设，从组织上保证社会主义现代化建设任务的实现。同年 9 月，党中央批转了此次会议的工作报告，系统地提出了干部考核的方针、原则和重点；首次提出着重考核工作实绩的原则。

1982 年 9 月 29 日，劳动人事部发布《关于制定〈吸收录用干部问题的若干规定〉的通知》。通知明确了吸收录用干部要进行德、智、体全面考核的要求，同时规定，试用期间，录用单位对录用的干部要认真考察其思想品质、政治表现和身体状况。

1983 年 10 月，中组部制定了《关于改革干部管理体制若干问题的规定》，规定提拔干部必须经过民主推荐和民意测验环节，凡没有走群众路线就上报的，不予审批。按规定应当民主选举的，必须按期选举，切实发扬民主，尊重选举人的意志。

1986 年《中共中央关于严格按照党的原则选拔任用干部的通知》强调提拔干部决定做出之前，必须按拟任职务所要求的德才条件进行严格考察，既要看历史表现，也要根据不同岗位、不同工作的实际采用不同的标准着重考察近几年的工作实绩。同时强调要注意发现和起用能创造性地工作、扎实为人民办事的干部。

1988 年 6 月，中组部颁发了《县（市、区）党政领导干部年度工作考核方案》《地方政府工作部门领导干部年度工作考核方案》和《关于试行地方党政领导干部年度工作考核制度的通知》，提出地方党政领导干部年度工作考核的指导思想是："贯彻和体现注重实绩、鼓励竞争、民主监督、公开监督的原则，以及管人与管事既紧密结合又合理制约的原则，从我国干部管理工作的实际出发，力求于法周严，于事简便，使干部考核工作逐步规范化、制度化，适应干部分类管理的要求。"并进一步明确了考核的内容、程序、原则、方法和要求。注重工作实绩的原则后来被《国家公务员暂行条例》和《公务员法》所确认，成为新时期领导干部考核的鲜明特征。

1989 年，中组部、人事部下发了关于试行中央、国家机关司处级领导干部年度工作考核方案的通知，在更高一层的党政机关试行领导干部年度工作考核制度。

1994 年 9 月，党的十四届四中全会通过了《关于加强党的建设的几个重大问题的决定》，提出："要全面考核干部的德、能、勤、绩，注重考核工作实绩，坚持领导与群众相结合的考核方法。有关部门要根据不同领导职务的不同特点，制定科学的考核体系和标准，对工作实绩进行全面考核和准确评价。根据考核结果实施升降奖惩，对不胜任现职的要果断调整。要使干部能上能下形成制度。"并提出"衡量干部的德和才，应该主要看贯彻党的基本路线的实绩""选人用人要注意社会公论"等论断。

1995 年 2 月中共中央颁布的《党政领导干部选拔任用工作暂行条例》，进一步规范了干部选拔任用工作。同年 8 月，中组部下发了《关于加强和完善县（市）党委、政府领导班子工作实绩考核的通知》，要求各地制定符合本地区实际的实施细则和考评标准；同时在全国选择了 9 个地（市）共 140 多个县进行试点。

1996 年，在中央指导下，中组部首次对全国 107 个省部级领导班子进行届中考察，共考核了 987 名省部级领导干部。不少地方和部门对地厅和县处级领导干部也进行了届中考察。届中考核的做法改变了以往不调整领导班子就不考核的状况。1998 年颁发的《党政领导干部考核工作暂行规定》，在总结各地考核工作经验的基础上，建立了届中、届末考核制度；在考核程序中规定了述职、经济责任审计等环节；并将工作实绩规定为在经济建设、社会发展、精神文明建设、党的建设、推进改革、维护稳定等方面取得的成绩和效果。这一文件的颁发，标志着党政领导干部考核工作基本完善。

第三阶段　干部管理制度新篇章（2000年至今）

这一时期干部考核制度逐步向法制化科学化转变，一是逐渐形成了以《公务员法》为核心的干部考核及其监督的政策法规网络；二是探索和初步实行了科学发展观指导下的干部考核办法。

2000年颁发的《深化干部人事制度改革纲要》提出，要普遍实行届中和届末考核的方式，建立健全定期考核制度。对不称职、不胜任现职或相形见绌的干部，除按规定免职、降职外，可实行待岗制，或采取改任非领导职务、下岗学习、离职分流等多种办法予以调整和安置。建立考核举报、考核申诉、考核结果反馈等制度，研究制定防止干部考察失真失实的对策，根据实际情况试行考察预告制。

2001年中组部颁发《党政领导干部任职试用暂行办法》，2002年修改并颁发《党政领导干部选拔任用工作条例》（以下简称《干部任用条例》），2004年颁发《2004—2008年全国党政领导班子建设规划纲要》《党政领导干部辞职暂行规定》《公开选拔党政领导干部工作暂行规定》《党政机关竞争上岗工作暂行规定》《关于党政领导干部辞职从事经营活动有关问题的意见》和《党的地方委员会全体会议对下一级党委、政府领导班子正职拟任人选和推荐人选表决办法》。

党的十六届四中全会从提高党的执政能力建设的高度，明确提出要"抓紧制定体现科学发展观和正确政绩观要求的干部实绩考核评价标准"。根据中央的统一部署，中组部从 2004 年开始，就建立体现科学发展观要求的干部综合考核评价办法，进行了一系列广泛而长期的调研，并逐步扩大试点范围，提高试点层次。

2006 年实施《公务员法》，2008 年印发《关于深入整治用人上不正之风进一步提高选人用人公信度的意见》。这些规划、纲要等组合性文件的颁布，和以前所颁发的各种规范性文件一起，初步构成了我国干部考核及其监督制度的政策法规网络。

（二）建立科学化的公务员考核制度

1. 建立公务员制度的初步计划

公务员制度的建立是中华人民共和国成立后，对干部实行分类管理迈出的一大步，1987 年 10 月，中国共产党第十三次全国代表大会决定建立和推行有中国特色的公务员制度。1992 年，经国家人事部批准，北京市开展公务员制度推行试点工作。

2. 公务员试点工作

1992 年 4 月，经国家人事部批准，市人事局在部分委办局区县，进行北京市国家公务员制度推行试点工作。试点期间，研究制定了《北京市国家公务员录用实施办法》《北京市国家公务员考核试行办法》《北京市国家行政机关工作人员任职资格审查办法》《北京市国家公务员辞职辞退试行办法》《北京市国家公务员回避制度实施细则》等单项法规，开展了公务员制度的宣传和学习，进行了职位工资套改工作。1993年8月14日，《国家公务员暂行条例》发布。此后，试点工作结束，其做法和经验为制度贯彻落实与逐步推广打下基础。

3. 公务员考核制度逐步建立（1992—2000年）

这一时期，公务员制度逐步完成过渡，建立制度。1992年，党的十四大提出要逐步建立健全符合机关、企业和事业单位不同特点的分类管理机制和有效的激励机制。1993年，《国家公务员暂行条例》颁布实施，标志着公务员的人事管理从大一统的干部人事制度体系中分解出来。1995—1996年，人事部制定出台了关于公务员考核制度方面的综合性法规和政策指导性文件，各地区、各部门也先后制定了具体的考核工作实施办法，公务员考核工作全面铺开。

1994年人事部印发《国家公务员考核暂行规定》，在全国正式推行公务员考核制度。1995年、1996年人事部相继发布通知部署全面开展公务员考核工作并强化对考核工作的指导，对各地区、各部门在开展考核工作中陆续反映的一些问题进行明确，如关于合理确定考核等次、关于对考核不称职而又无职可降人员的处理等。同时要求，从1994年起各地区、各部门都要在政府机关建立正规的考核制度，未按照要求实施年度考核的单位，不得兑现《国家公务员考核暂行规定》的相关待遇。

1995 年 7 月 31 日，市人民政府下发《关于印发〈北京市国家公务员制度实施方案〉的通知》，成立北京市推行国家公务员制度领导小组。要根据机构改革的进程，与其他各项改革相配套，争取用一年左右的时间，在全市范围内基本建立起国家公务员制度，实现平稳过渡后，再逐步完善。同年 8 月，中共北京市委、市人民政府召开大会，部署全市公务员制度推行工作。同年 10 月 31 日，市人事局下发《关于印发〈北京市国家公务员职位分类工作实施办法〉的通知》，通知指出：职位分类是国家公务员制度入轨运行的基础。实施的主要内容是，结合机构改革，进行职位设置，通过分析、评价职位调查结果，确定每个职位的工作量、职责和资格条件，并制定职位说明书。同年 11 月，市人事局下发《北京市国家行政机关工作人员向国家公务员过渡的实施意见》，规定了过渡的指导思想和原则、人员条件、程序、审批权限等。

1996 年 7 月 24 日，市人事局下发《关于北京市国家行政机关工作人员向国家公务员过渡有关问题的通知》，规定各单位在职位分类验收合格的基础上，完成了人员过渡等工作，可以办理过渡手续。

到 1998 年 8 月底，北京市市、区（县）级国家行政机关工作人员向国家公务员过渡工作基本结束。

4.建立科学化的公务员考核制度（2000—2012 年）

这一时期，逐渐形成了以《公务员法》为核心的干部考核及其监督的政策法规网络；探索和初步实行了科学发展观指导下的干部考核办法。

2000 年，人事部印发《关于进一步加强国家公务员考核工作的意见》，从充实内容、改进方法、增设考核等次、加强考核结果的使用、严格备案管理制度等方面，对完善公务员考核制度提出了新的要求，对探索定性与定量相结合的考核方法加强了工作指导。考核法规不断充实和完善，基本形成了比较系统完备的制度体系。

2005 年，《中华人民共和国公务员法》颁布，进一步完善了考核规定。具体表现为：一是考核等次由三等变为四等，增加了"基本称职"这一等次。二是考核内容上增加了"廉"。之前的条例中将"廉"归入德的内容考核，对公务员的德、能、勤、绩进行全面考核，重点考核工作实绩。《公务员法》也体现了这种变化，规定"全面考察公务员的德、能、勤、绩、廉，重点考核工作实绩"。三是考核方式上，区分了领导成员和非领导成员，规定"对领导成员的定期考核，由主管部门按照有关规定办理"。

2008 年印发《关于深入整治用人上不正之风进一步提高选人用人公信度的意见》。这些规划、纲要等组合性文件的颁布，和以前所颁发的各种规范性文件一起，初步构成了我国干部考核及其监督制度的政策法规网络。

2007 年 1 月，中共中央组织部、国家人事部制定下发《公务员考核规定（试行）》。2007 年，根据该规定，北京市辞退 6 名公务员。

2008 年 6 月，市人事局和首都社会经济发展研究所联合进行"北京市公务员分类分等考核指标体系建设"的课题研究，课题从公务员考核的内涵、特征、功能、原则、理论基础、考核方法等几个方面对公务员考核进行梳理和研究，形成《北京市公务员分类分等考核指标体系研究报告》及《北京市公务员考核基本称职和不称职标准》等研究成果。

2009 年 5 月，中共北京市委组织部、市人力社保局根据上级《公务员考核规定（试行）》研究制定了《北京市公务员考核实施办法》。办法规定：对公务员的考核，以公务员的职位职责和所承担的工作任务为基本依据，全面考核德、能、勤、绩、廉，重点考核工作实绩。平时重点考核公务员完成日常工作任务、阶段工作目标情况以及出勤情况，可以采取被考核人填写工作总结、专项工作检查、考勤等方式进行，由主管领导予以审核评价；定期考核采取年度考核的方式，在每年年末或者翌年年初进行。年度考核的结果分为优秀、称职、基本称职和不称职 4 个等次。

《北京市公务员考核实施办法》与《北京市国家公务员考核暂行办法》的改进之一是将考核内容德、能、勤、绩 4 个方面改为德、能、勤、绩、廉 5 个方面。二是将考核结果优秀、称职、不称职 3 个等次改为优秀、称职、基本称职、不称职 4 个等次。三是将被确定为优秀等次的人数，一般掌握在本部门国家公务员总人数的 10% 以内，最多不超过 15%，调整为一般掌握在本机关参加年度考核的公务员总人数的 15% 以内，最多不超过 20%，新增加了连续 3 年被确定为优秀等次的，记三等功，不占本单位年度记三等功指标，同时还规定公务员年度考核重点考核工作实绩。

以上考核政策实施至 2010 年未变化。

5. 建立符合新时代标准的公务员考核制度（2012 年至今）

党的十八大以来，习近平总书记提出了新时期好干部标准，党的十九大提出了新时代建设高素质专业化干部队伍的目标，这些标准和目标为建立科学规范的干部考核评价体系提供了基本遵循和具体要求。

一是全面推进公务员平时考核。研究制定加强公务员职业道德建设的意见；制定专门的管理办法，深入开展平时考核工作；研究拟定公务员及时奖励办法，对在处理突出事件、完成专项任务等工作中做出显著成绩的给予奖励；进一步加强评比达标表彰活动的审批和监督管理；严格落实及时奖励政策，从严管理评比表彰项目，稳妥做好公务员纪律惩戒和申诉工作。二是考核结果与职务职级晋升相结合。2015 年，中共中央办公厅、国务院办公厅《关于县以下机关建立公务员职务与职级并行制度的意见》明确，职级主要依据任职年限和级别，"任现职级或职务期间每有 1 个年度考核为优秀等次，任职年限条件缩短半年；每有 1 个年度考核为基本称职等次，任职年限条件延长 1 年"。这一规定大大提高了年度考核结果运用的实际作用。2019 年，中共中央办公厅《公务员职务与职级并行规定》规定，"公务员晋升职级所要求任职年限的年度考核结果均应为称职以上等次，其间每有 1 个年度考核结果为优秀等次的，任职年限缩短半年；每有1个年度考核结果为基本称职等次或者不定等次的，该年度不计算为晋升职级的任职年限"。年度考核结果与晋升和待遇提升紧密联系，极大地提升了公务员对年度考核工作的重视程度，也激发了公务员干事创业的积极性。

（三）干部考核工作的启示与思考

我国干部考核制度的形成、发展与改革是一个不断继承、完善与创新的过程，随着不同时期历史任务的变化而变化。整体分析干部考核的发展历程，有助于明确今后发展的方向。

从历史上来看，干部考核的内容随着社会发展需求而变化，从最初的注重个人品行和政治背景到后来的德才兼备。这反映出我党从建设时期至今一脉相传地注重"政治品德"，后来的变化更是我党切实结合"中国特色社会主义"的体现，中华人民共和国成立初期由于政权不稳定以及政治形势的复杂化，在干部考核上，政治品德也就显得尤为重要。改革开放至今，随着我党政治重心向着发展经济、改善民生方向改变，其考核指标也变得更科学、更规范、更注重工作实绩。在考核方式上，从初期政治运动式审查到改革开放后转向制度化考核。由于封建历史遗留，干部和群众中普遍存在腐朽思想，以干部考核运动的形式，做到了去除官气，解放群众思想，推动形成人民与干部间上下流动的干部制度。改革开放后，随着我党对社会主义中国化认识的逐步加深，我国干部考核制度不断向制度化、科学化转变，在市场经济条件下，对干部的考核与监督不仅要从纵向着手，更要从横向着手；不仅要有上级对下级的考核与监督，更要有广大人民群众对公职人员的参与式考核与监督。

针对现行公务员考核制度做出以下几点思考：一是进一步推进北京市公务员量化考核工作的基础性工作，结合首都的特点，深入扎实开展公务员分类研究，鼓励基层在公务员分类上创新实践，并及时总结推广成功经验；二是确立科学有限量化的推进策略，重点关注能够充分量化的指标，围绕工作能力、工作实绩细化考核内容和标准，充分显示公务员工作能力、工作实绩上的差异；三是确立信息循环反馈的量化考核思路，加强对考核结果的运用；四是确立多元考核主体共同参与的量化考核思路，提高公务员考核的社会参与水平，将群众评议的结果作为公务员考核的重要依据；五是充分利用现代信息技术手段推进量化考核，提高量化考核工作的效率，改进考核方式，增强考核工作的科学性。

二、干部录用工作演变

1949 年中华人民共和国成立以后，我国干部录用制度经历了初期的统包统配时期到公务员录用制度建立、完善期的转变。大体分为三个阶段：1953 年以前，大量的干部由行政学校培养输送，少量的由熟人推荐、组织审批为主；1953 年后通过逐步明确吸收录用干部的范围、标准、审批权限及工作程序，基本形成了一套相对完整的干部吸收录用制度；1992 年以后，因实行国家公务员制度，在吸收录用中逐步推行了公务员考试录用制度。

（一）从"社会招干"到录用工作统一管理

第一阶段　社会招干（1949–1953 年）

中华人民共和国成立初期，是我国干部制度的建立和发展期，北京市各级政府工作部门和各行各业急需补充大量工作人员，当时还没有建立正常的录用制度，录用主要通过统包统配和个别选调的方式。各单位需要补充的人员主要来自以下 3 个渠道：旧政权人员经严格筛选后留用；从部队选调干部复员转业到地方工作；从社会上招收青年学生及闲散专业技术人员。

1950 年北京市成立了行政学校，对从部队选调的干部和从社会上招收的青年学生进行短期的政治、业务培训，同时对他们进行政治、历史审查。培训期一般为 3 个月，期满后，分配到用人单位。对于少量需要从社会上招收的人员，通过熟人介绍，经用人单位组织人事部门进行政治历史审查并提出任用意见，报市政府人事处审批后正式录用。

在录用主体方面，中央到地方各级各部门都建立了相应的人事机构，负责人事行政管理工作，1954 年成立了国务院人事局，下设任免、调配、军队职业等科室主管干部的录用工作，到 1959 年撤销人事局，在内务部设立政府机关人事局，这就形成了中央党委组织部统一管理、政府人事部门协助管理的系统。

国务院先后颁布了《关于高等学校毕业生由国家统一分配的制度》

《高等学校毕业生调配、派遣暂行办法》《中国人民解放军退出现役干部转业地方工作暂行办法》《国家机关吸收录用工作人员暂行办法》等，规定退役的中国人民解放军排以上干部由各级政府分配工作，中央各部委直属高等学校的毕业生由中央统一分配，地方所属高等学校的毕业生由中央与地方分成分配，并从工人、农民、社会闲散人员和待业青年中录用干部，确立了统包统配的干部录用方式。

这些措施有效缓解了中华人民共和国成立后急需恢复生产生活秩序的迫切问题，但主要是针对录用人员进行历史鉴定，未对人员素质条件、工作能力做出具体要求。

第二阶段　有序的干部录用工作（1953–1979 年）

1.《北京市人民政府录用机关工作人员暂行办法》

1953 年 9 月，北京市人民政府以政府令形式颁布《北京市人民政府录用机关工作人员暂行办法》（以下简称《暂行办法》），要求：机关工作人员必须符合的首要条件是政治条件，即必须拥护共同纲领，愿为人民事业服务、历史情况交代清楚，同时规定必须具有适合工作需要的能力和能够坚持 8 小时以上工作的健康条件。对于年龄和性别，无具体规定，但若因工作性质而必须加以限制时，要经北京市人民政府批准。明确指出不能录用的情形有：受刑事处分并剥夺政治权利，尚未恢复者；受国家机关开除处分，尚无确切悔悟表现者；国家机关、民主党派及人民团体工作人员，未经单位许可离职者；在校学生，未经许可退学者；

在私营企业部门工作，未办理离职手续者及不符合劳动就业或求职登记条件者。

明确录用程序一般是：申请工作的人员填写履历表、撰写详细自传并提交必要的证件及指定医疗部门的体格检查报告；人事部门严格审查上述材料和证件，必要时向有关部门进行调查；经人事部门审查合格并提请局级行政首长批准（各区政府由区长批准）方可确定录用。

《暂行办法》的颁布首次对录用人员方式方法做出明确规定，同时加强对工作能力、综合素质的考核。但是，各个单位自主进行录用的方式在一定程度上造成了人员管理的混乱。

2."试用期"的正式确立

1954 年 3 月，北京市人民政府发布《北京市人民政府录用机关工作人员办法的补充规定》，对试用期的有关问题做出具体规定。试用人员不得发给正式工作人员证明，不享受公费医疗待遇，不得享受长期补助；试用期满的鉴定结果无论正式任用或继续试用或停止试用，均要向本人讲清楚；如果继续试用，则期满后应按照规定及时办理手续；对于先行集中训练的，应在招收时说明。历史交代不清楚或因健康状况不能坚持学习工作的，以及结业考试不及格的，均不得分配工作。试用期制度的确立，进一步规范了干部考核方式。

3.录用权限的统一管理

1956 年 9 月，北京市人民委员会下发《关于录用机关工作人员审批权限的规定》，要求凡北京市直属局各行政单位录用人员需报市人民委员会人事局审批；凡事业、企业单位录用人员在编制数内由各该市级主管部门负责审批。

1957年2月21日，北京市人民委员会办公厅转发国务院《关于国家机关停止扩大机构编制的通知》和《关于有效地控制企业事业单位人员增加，制止盲目招收工人和职员的现象的通知》。

1962年7月，北京市人民委员会根据中央"为了继续减少城市人口，今后任何地区和部门不经批准不得招收新职工"的精神发出通知，限制录用新职工和调入人员，规定今后市级、区级各级机关、党派、团体和所属企业、事业单位如果确需录用新职工包括正式职工、学徒工和临时工，一律先向市劳动局提出申请，由市劳动局提出意见后，报人民委员会核定并报中央批准。

1966–1976年"文化大革命"期间，录用干部工作停止。"文化大革命"结束后，录用干部仍按1953年《暂行办法》规定执行。当时，北京市总体情况是干部富余，因此，一般不从社会上吸收录用干部。需要补充干部时，原则上从富余的干部中调剂，以及通过安置军队转业干部和分配大学生解决。

4. 过渡时期的"以工代干"转干

20世纪60年代以来，由于未建立正常的吸收录用干部制度，厂矿企业因干部不足，选调了一批工人从事干部岗位工作，未办理提干手续，这就是"以工代干"。党政机关、事业单位缺乏干部，也陆续使用了"以工代干"人员。"文化大革命"中，干部管理混乱，"以工代干"人员越来越多。他们大部分成为工作中的骨干，但也有一部分人不符合干部条件，或年龄偏大，文化程度偏低，不能胜任本职工作。大批"以工代干"人员的出现，给干部管理工作带来了不少问题。因此，中央决定整顿"以工代干"。

第三阶段　改革开放时期考试录用工作（1979年至今）

1983年6月，中共北京市委、北京市人民政府先后转发了中共中央组织部、劳动人事部于1983年2月下发的《关于整顿"以工代干"问题的通知》和劳动人事部《关于制定〈吸收录用干部问题的若干规定〉的通知》，组成了"以工代干"整顿工作领导小组。

1984年4月2日，经中共北京市委、北京市人民政府批准，由中共北京市委组织部、北京市人事局组织召开了全市整顿"以工代干"工作会议。会议对整顿工作的意义、重要性以及政策规定都做了详尽的阐述，对做好这项工作提出了具体要求，对全市以工代干的情况和整顿的任务做了说明。

至1984年底，北京市大规模整顿以工代干的工作基本结束。1984年12月，北京市人事局在《关于结束以工代干工作的通知》中要求，按规定可以转干的人员必须在1985年1月25日前办理完各种转干手续。同时要求各区县、局和总公司对整顿以工代干工作中各类人员情况进行统计，并进行总结。各单位对不能转干的人员中属转干范围、代干多年又符合退休条件的人员，在 1985 年 6 月 30 日前可按干部办理退休，并享受退休干部待遇。为从根本上解决重新出现以工代干的问题，通知规定各单位若因工作和生产需要从工人中补充干部，应按照吸收录用和选聘干部有关规定办理。

1982 年，在总结中华人民共和国成立以来的干部录用工作的基础之上，原劳动人事部颁布了《吸收录用干部问题的若干规定》，作为我国第一个关于干部录用工作的综合性文件，首次提出了"考试录用"概念，"从社会上成批录用干部，要统一招考"。不过此时考试录用仅仅是干部录用的一种补充形式，并没有大规模执行。1987 年党的十三大把建立国家公务员制度作为干部人事制度改革的重点，提出"凡是进入业务类公务员队伍的，均应通过法定考试，公开竞争"。

1988 年初，中央组织部和原劳动人事部在干部录用工作中试行考试办法，这开创了干部录用工作的新局面。1989 年，人事部与审计署等 6 部门共同组织了公务员考试录用试点工作，中央和省级人民政府的干部录用工作采取考试的办法，强调凡是进入国家行政机关一律实行考试，这标志着公务员考试录用制度的初步确立。

1993 年 8 月《国家公务员暂行条例》颁布后，通过考试录用公务员的形式逐步确立。规定国家行政机关录用担任主任科员以下非领导职务的国家公务员，采用公开考试、严格考核的办法，按照德才兼备的标准择优录用。这从法律上确立了公务员考试录用制度。

1995 年，北京市开始实施公务员录用资格考试制度。报考者笔试合格后，持北京市国家公务员录用资格证书再报名具体公务员职位，经过面试等考核程序，合格者被录用。

2005 年通过了《中华人民共和国公务员法》，并于 2006 年 1 月 1 日施行，标志着公务员考试录用制度的正式形成。到 2007 年人事部颁发《公务员录用规定（试行）》，对公务员录用的管理机构、程序、条件等做出具体规定。《公务员法》颁布实施后，与之相配套的政策法规陆续推出，公务员制度改革不断深化。

2008 年大、中专毕业生公务员录用资格考试停止。同年，中共北京市委组织部、市人事局下发《关于印发北京市各级机关 2009 年考试录用公务员工作实施方案的通知》，决定自 2009 年起，北京市公务员录用考试全面推行职位竞争考试。北京市公务员录用职位竞争考试制度代替了录用资格考试制度，公务员录用职位考试针对各单位具体公务员职位进行，采用定向报名，经资格审核、笔试、面试、考察、公示等步骤，合格者被录用，考试结果当年有效。

2010 年中央机关录用有基层工作经历的人员比例大幅提高，2011 年我国明确了公务员制度改革的方向和重点，即健全和完善中国特色公务员制度，建设以人为本、执政为民的公务员队伍。

（二）公务员录用工作的思考

随着社会的不断进步发展，人民对服务型政府的需求越来越强烈，对于公务员选拔的要求越来越高，实行公务员考试录用制度，一是有利于选拔优秀的人才进入国家公务员队伍，参加公共事务管理，能够最大限度地为政府吸引和选拔优秀人才。二是有利于公务员队伍的素质提高，保证了公务员"人口"的高质量，对于整个公务员队伍素质的提高起到了积极的作用。三是有利于现代人事制度的建立。我国要建立现代人事制度，首先要抵制用人上的不正之风。通过实行考试录用制度，建立科学、公正的录用标准，遵循法定的条件和程序，才能确保人才选拔的客观公正性，保障现代人事制度的建立和完善。

1.建立考试录用法律法规体系

随着国家相关法律法规的出台，各省、自治区、直辖市也根据实际情况，制定了地方性的实施办法、细则和配套政策，公务员的录用制度从无到有，逐步形成较为完整的法律法规体系，进一步明确了考试录用相关环节的具体要求或操作标准，使得公务员录用管理有法可依，促进了考试录用工作的规范化。

2.健全考试录用监督机制

建立健全公务员考试监督机制，是公务员考试录用制度客观公正实施的重要保障，它直接影响着我国公务员队伍的素质水平，也历来是社会各界关注的焦点。从考录制度建立之初，招考政策、招考职位和数量、报考条件、考试成绩、录用结果全部公开，即"五公开"制度便被确立下来，这将考录的全过程置于阳光下，随着互联网的发展，监督过程更加公开透明，公务员主管部门和招录机关及时受理举报，并按管理权限处理，接受全社会的监督审查。另外，《公务员录用规定（试行）》中还明确建立了违规处罚机制。同时通过各地各部门开展违规进入自查自纠工作，明确了相关制度的严肃性，杜绝用人上的不正之风。

综上所述，公务员录用制度遵循"公开、平等、竞争、择优"的原则，坚持依法考录与科学考录相结合，既借鉴了西方的公务员考试录用制度，也借鉴了我国古代科举制的优秀传统，使得公务员录用制度具有科学性、客观性、严格性的特点。虽然受到时代背景差异的影响，考试的科目、内容和形式不尽相同，但均是以考试的方式，在全国范围内选拔优秀人才。经过十几年的实践与变革，公务员考试录用制度不断完善，已逐步建立起一套完整的制度体系，有助于公务员队伍整体专业化素质的提高。

参考文献

1. 北京市地方志编纂委员会.北京志·政务卷·人事志［M］.北京：北京出版社，2004.

2. 罗国亮.干部考核制度：新中国60年来的演变与启示［J］.中共南京市委党校学报，2009（5）.

3. 周黎安.中国地方官员的晋升锦标赛模式研究［J］.经济研究，2007（7）.

4. 徐维.我国公务员考核制度的历史沿革［J］.中国人事科学，2096-5761（2020）08-0013-09.

5. 中国人力资源和社会保障年鉴（工作卷）2015［M］.北京：中国劳动社会保障出版社，中国人事出版社，2016：538.

6. 句华.中国公务员录用制度的发展历程与变革趋势［J］.行政管理改革，2009（9）.

7. 侯建良.公务员制度发展纪实［M］.北京：中国人事出版社，2007：126.

第九章　聘用制及职称管理

周　璠

一、聘用制搞活事业单位

聘用合同制度是我国事业单位特有的人事管理制度，在事业单位改革中应运而生，并伴随着改革的推进不断完善。

事业单位传统的用人制度是职工一旦被调入或分配到其单位，就终身成为该单位的职工。聘用制就是将传统的用人制度改革成为合同契约式的用人制度，是在保证事业单位用人自主权的基础上，打破传统管理体制下形成的工人、干部身份的限制，使优秀工人能够走上管理或技术岗位，同时打破干部职务终身制，充分发挥市场机制在人力资源配置方面的基础性作用，实现干部"能上能下"的新的干部人事管理制度，旨在建立适合社会主义市场经济发展的事业单位人力资源管理体系。

（一）改革探索阶段

改革开放后百废待兴，重建事业单位成为改革重点，适当下放各类事业单位的人事管理权限。自1983年起，北京市对聘用制进行了初步探索，一些事业单位对新聘用人员探索使用聘用制，在一定程度上满足了人才需求。

1983 年初至 1984 年底，北京市陆续对市属企业、事业单位"以工代干"人员进行了整顿，并明确提出取消企业、事业单位的"以工代干"，实行干部聘用制。但是由于没有制定统一的政策规定，审批权限在基层单位，致使干部聘用工作缺乏规范性。

1984 年 6 月，中共北京市委办公厅转发中共北京市委组织部《关于改革干部制度的几项试行意见》提出，要适当下放干部管理权限，逐步推行干部选聘制。按照文件要求，北京市在各郊区县的乡镇试行了干部选聘制。随后，北京市部分集体和国有企业、事业单位陆续试行干部选聘制。

（二）重点推进阶段

这一阶段的重点是完善各类制度，下放事业单位用人自主权，调动事业单位人员积极性。

1987 年 10 月，为摆脱企业、事业单位沿用党政机关单一管理模式的局面，拓宽企业、事业单位选用人才的渠道，促进企业、事业的改革和发展，经北京市人民政府批准，下发了《北京市人事局关于北京市企业、事业单位补充干部实行聘用制的暂行规定》，要求北京市所属全民所有制企业、事业单位补充干部，除国家统一分配人员和按照国家规定选举产生的领导人员外，均应实行聘用制。

事业单位从社会上聘用干部，须在新增干部计划指标内，由人事部门统一组织公开招聘，进行文化、业务考试或考核。经考试或考核合格人员，填写《聘用干部审批表》，由聘用干部的单位按隶属关系报区、县或市政府委办、局（总公司）人事部门审批。聘用领导干部，按照干部管理权限办理审批手续。从社会上聘用的干部应有 1 年试用期。续聘不再有试用期。聘用单位与受聘干部应签订聘用合同。

1987 年 11 月，北京市印发《北京市人事局关于〈北京市企业、事业单位补充干部实行聘用制的暂行规定〉的说明》，除了对规定做出具体解释外，还明确集体所有制单位也可以参照执行此规定。同时，在专业技术岗位上工作的聘用干部，确因需要，在本单位干部编制定员、专业技术职务比例限额和增资限额内，符合专业技术职务任职条件的，可以聘任专业技术职务。任职期间，享受相应职务的同等待遇，补办吸收录用手续。

（三）逐步推开阶段

1988 年，为贯彻中共十三大提出的"进行干部人事制度改革就是要对国家干部进行合理分解，改变集中统一管理的状态，建立科学的分类管理体制：改变用党政干部的单一模式管理所有人员的现状，形成各具特色的管理制度"的精神，北京市所属事业单位在普遍推行多种承包经营责任制的基础上，进一步引入竞争机制，在中层干部和管理人员中实行了"在定岗、定员、定任务的基础上，公开上岗条件、平等竞争、双向选择、允许流动、层层承包、招聘、招标、订立合同"的优化劳动组合。推行优化劳动组合的企业，扩大了实行聘用制的范围，除补充干部实行聘用制外，国家原固定身份的干部，通过竞争上岗后也签订聘用合同。

1991年8月，北京市印发北京市人事局《关于进一步做好聘用制干部管理工作的通知》，对聘用制干部的管理及审批程序、流动调配的手续、工资和退休待遇等管理办法都做了进一步修订。

1993年6月，北京市人事局、北京市劳动局联合下发《关于为1988年以来社会聘用干部补办招工手续的通知》，决定对1988年以来从社会上直接聘用的干部补办合同制职工的手续。

改革开放后，针对事业单位人事管理上机制僵化、资源浪费、铁饭碗式职务终身制等问题的存在，使人员聘用制成为基础的用人制度，成为人事制度改革的重点，这一制度的确立，变单一的固化用人模式为多元化动态化，将动态化与稳定性相结合、固定岗位与流动岗位相结合、专职化与兼职化相结合，有效地探索出一条符合事业单位实际情况的人事管理新路径。

（四）改革持续深入发展的阶段

1995年国家人事部和中央机构编制委员会办公室联合召开了全国事业单位机构和人事制度改革工作会议，标志着我国事业单位人事制度改革进入全面探索的新阶段。这次会议是中华人民共和国成立以来第一次专门研究和部署事业单位机构、人事制度改革工作的全国性会议，也是党的十四届五中全会后人事和编制部门召开的第一次全国性会议。会议的主要任务是结合工作实际，认真贯彻党的十四届五中全会精神，在调查研究、工作试点、分类布局的基础上，全面推进事业单位机构和人事制度的配套改革，明确事业单位改革的意义和思路，研究事业单位改革的目标和任务。

根据人事部有关政策规定，1995 年至 2000 年，北京市事业单位的人事制度改革工作，主要开展了调查研究、了解情况、摸清底数，并在科研、文化等行业选择 25 个单位进行试点。

2000 年以后，中共中央、国务院及有关部门分别印发《深化干部人事制度改革纲要》《关于在事业单位试行人员聘用制度的意见》《事业单位岗位设置管理试行办法》等一系列重要文件，为事业单位人事制度改革指明方向、提出要求、提供动力。北京市首先全面推行事业单位人员聘任制度和岗位管理制度，促使事业单位人事管理由身份管理向岗位管理转变。到 2010 年底，北京市除参照《公务员法》进行管理的事业单位以及实行劳动合同制的人员外，全部实行了聘用合同制。其后，继续进行分类改革，开展事业单位岗位设置，推进事业单位改革持续深入发展。

2010 年，全市有事业单位 90 余个，人员编制 50 万名、实有人数 46 万人，北京市事业单位完成岗位设置方案的制定和人员聘用制度的改革，公开招聘工作基本实现了全覆盖。

1. 事业单位人员聘用制度

1999 年 1 月，市人事局开始在部分单位进行聘用合同制度的试点，首先选择条件较好、有一定基础的科研、文化系统 25 个事业单位先期试行聘用合同制，通过探索总结经验，逐步推开。

2002 年 5 月，市人事局印发《关于北京市事业单位实行聘用合同制中未聘人员安置有关问题的通知》，文件的落实，妥善安置了事业单位推行聘用合同制中未被聘任上岗的人员，解决了他们的后顾之忧，有效地克服了推动聘用制工作遇到的困难。

2002 年 11 月，为建立适应社会主义市场经济体制要求的事业单位人员聘用制度，保障事业单位和职工的合法权益，市人民政府办公厅印发《北京市事业单位聘用合同制试行办法》，自此，北京市事业单位推行聘用合同制度工作全面展开。由于聘用合同制度的实施，2004 年 4 月，市人事局印发《关于调整北京市事业单位聘用制干部管理政策有关问题的通知》，规定从 2004 年 4 月 1 日以后，全市事业单位不再办理“聘用制干部”的审批和续聘手续，选拔使用干部逐步实施按需设岗、按岗聘任、竞争上岗。对于之前已经办理“聘用制干部”审批手续的人员，继续聘用至聘期结束。

2004 年 5 月，为规范事业单位选人用人，优化事业单位人员结构，市人事局印发《事业单位补充人员实行公开招聘有关问题的通知》，要求公开招聘要贯彻“公开、平等、竞争、择优”的原则，做到信息公开、过程公开、结果公开，接受社会及有关部门的监督。结合北京市实际情况，规定北京市财政全额拨款及差额拨款的事业单位补充专业技术人员、管理人员以及工勤人员，除政策性安置和涉及特殊岗位确需使用其他方法选拔人员的以外，原则上都应当实行公开招聘。

2005 年 12 月，市人事局印发《北京市事业单位工作人员考核试行办法》，要求考核必须坚持客观、公正的原则；考核范围为管理人员、专业技术人员和工勤人员。考核内容包括品德、能力、知识、业绩 4 个方面，重点考核工作业绩。考核结果分为优秀、合格、基本合格和不合格4 个等次。办法明确了考核的基本程序、结果应用及组织实施，为全市事业单位工作人员考核提供了政策依据。

2007 年，我国《劳动合同法》颁布，依据该法，2007 年 6 月，市人事局、市劳动保障局印发《关于机关事业单位做好签订聘用合同、劳动合同工作有关问题的通知》，通知规定对于实行聘用制的事业单位，尚未按照《北京市事业单位聘用合同制试行办法》签订聘用合同的，要在2008 年 1 月底前与工作人员签订聘用合同；纳入工资规范管理的事业单位，在 2008 年 1 月底前与工勤人员签订聘用合同。事业单位的编制外用工，由各单位根据自身管理模式和实际情况，可选择签订聘用合同或签订劳动合同。实行签订聘用合同的，按照《北京市事业单位聘用合同制试行办法》的有关规定执行；签订劳动合同的，按照《劳动合同法》的有关规定执行。对签订聘用合同和劳动合同的人员，按国家有关规定参加社会保险。按照该通知执行，至 2007 年底前北京市事业单位全部实行了聘用制度，与绝大多数工作人员签订了聘用合同。

2010年4月，根据国家人力社保部《事业单位公开招聘人员暂行规定》，市人力社保局印发《北京市事业单位公开招聘工作人员实施办法》，对事业单位补充工作人员进一步规范。办法要求，各级组织人事部门公开招聘工作执行3条原则。一是谁招聘谁负责的原则，严禁公开招聘中弄虚作假，营私舞弊现象的发生。二是政府宏观指导和用人自主相结合原则，政府的职责是制定制度规则、监督检查，不直接组织统考和统一招聘。事业单位出现岗位空缺时，可随时补充工作人员，既可以自主命题，也可以委托人才服务机构或人事考试机构负责命题。三是信息公开的原则，全市所有事业单位组织招聘工作，招聘公告必须在市人力社保局网站公布，人事部门对招聘信息进行严格的审查，审查招聘公告是否设置歧视性内容，是否符合岗位需求，是否设有指向性条款，是否私自划定招聘范围等，通过信息公开，有效减少了违规招聘行为，保证了应聘人员的合法权益。办法还强调招聘过程的公开，规定考试及格分数线和入围比例，笔试、面试综合成绩的权重比例，面试过程准许有关人员旁听，面试必须全程录像，考试试卷和面试音像资料上报市人力社保局备案并保存一年等，该办法还要求制定配套政策，不搞"一刀切"。

截至2010年底，基本实现北京事业单位补充人员公开招聘全覆盖。

2.事业单位岗位设置管理

2006年7月，人事部印发《事业单位岗位设置管理试行办法》及其实施意见。北京市正式启动事业单位岗位设置工作。

2007 年初，为落实上述文件，市人事局针对实施岗位设置工作，制定《北京市事业单位岗位设置管理实施意见》，经市长办公会研究同意，报人事部备案后，同年 5 月，以市人民政府办公厅名义印发全市。文件规定事业单位要按照科学合理、精简效能、统一规范的原则进行岗位设置，坚持按需设岗、竞聘上岗、按岗聘用、合同管理。单位范围是，为了社会公益目的、由本市国家机关举办或其他组织利用国有资产举办的事业单位。人员范围是，管理人员（职员）、专业技术人员和工勤技能人员。岗位分为管理岗位、专业技术岗位、工勤技能岗位 3 种类别。其中管理岗位分为单位领导岗位、内设机构领导岗位和普通管理岗位，为 8 个等级；专业技术岗位为从事专业技术工作，具有相应专业技术水平和能力要求的工作岗位，为 13 个等级；技术工岗位为承担技能操作和维护、后勤保障、服务等职责的工作岗位，为 5 个等级，普通工岗位不分等级。主要以专业技术提供社会公益服务的事业单位，应保证专业技术岗位占主体，一般不低于单位岗位总量的 70%。主要承担社会事务管理职责的事业单位，应保证管理岗位占主体，一般应占单位岗位总量的 50% 以上。主要承担技能操作和维护、服务、后勤保障等职责的事业单位，应保证工勤技能岗位占主体，一般应占单位岗位总量的 50% 以上。文件还对岗位总量和结构比例、岗位基本条件、岗位设置程序、核准权限、岗位聘用等做出详细规定。

2008年10月，在工作推进过程中，发现部分单位扩大了批准内退和离岗待退人员的范围，经报主管市领导和中共北京市委组织部批准，将内退和离岗待退人员纳入岗位设置范围，比照在职同类人员条件进档，但不占结构比例。11月21日，市人事局印发《关于停止办理事业单位内部退休、离岗待退的通知》，废止了2002年下发的《关于北京市事业单位实行聘用合同制中未聘人员安置有关问题的通知》，对于已经办理内部退休或离岗待退手续的人员，继续按照职工与单位签订的内部退休或离岗待退协议执行。由于政策清晰，问题得到了妥善解决。

2010年底，北京市事业单位岗位设置工作基本入轨。全市共设置岗位46万个，其中管理岗位9万个、专业技术岗位30万个、工勤技能岗位7万个。

3.北京市事业单位特设岗位

为建立更加有效的引才聚才制度，促进北京市事业单位人才队伍建设，推动事业发展，使这项为引进紧缺急需的高层次、高技能人才打开"绿色通道"的制度真正落地，2019年北京市委组织部、市人力社保局共同推进特设岗位建设，特设岗位是经批准在事业单位设置的非常设工作岗位，在人事管理制度完善、用人机制健全、以专技为主提供公益服务的事业单位实施，主要用于根据事业发展聘用的急需紧缺高层次人才、高技能人才，不受常设岗位总量、最高等级和结构比例限制。

采取"两个兼顾"，拓展特设岗位适用范围。一是兼顾高层次人才和高技能人才，允许在本单位主系列专业技术岗位或主要技术工种岗位中设置特设岗位。二是兼顾引进人才和本土人才。明确事业单位特设岗位主要用于引进紧缺急需人才，本单位现有符合条件的人才，也可申请设置特设岗位。通过分层分类和制度设计，鼓励事业单位向高端人才集聚。

（五）北京市事业单位聘用合同制度改革的思考

聘用合同制度作为事业单位的一项基本的用人制度，是全面改革事业单位人事制度的基础和前提。虽然我市已推行聘用制多年，但总体上聘用合同制属于较新的制度，仍处在不断调整、完善的阶段，以自主选择、公平竞争、优胜劣汰为指导原则的各项具体制度有待进一步完善，对实施聘用制的规律有待进一步总结，整体配套改革有待进一步推进。就现阶段来讲，健全和完善北京市聘用合同制度的对策建议主要有：

1. 转变观念，严格按照合同实施管理

在事业单位建立聘用制度，是市场机制在事业单位人力资源配置方面发挥基础性作用的一种实现形式，事业单位的聘用关系越来越信赖于市场进行调节，协调、命令和思想政治工作等行政手段发挥的余地将越来越小。单位和个人要在正确认识改革、理解政策的基础上，依据合同的约定以及法律法规的规定调整双方的聘用关系；必须按照聘用制的管理办法和实施细则规定，遵守聘用程序、岗位职责、待遇、考核奖惩、辞聘、解聘以及聘用期限条款，建立单位和被聘人员之间的工作关系，履行双方的权利义务。只有广大职工转变观念，真正接受执行聘用制这一制度，才能推动聘用制改革的深入发展。

2.建立灵活、动态的编制管理机制

对事业单位的编制管理，要根据事业单位发展的需要，建立灵活动态的管理办法。改变以往编制基数多年不变的做法，及时增减编制，才能避免出现在编制满额的情况下，各事业单位大量扩充无法签订聘用合同的编外人员和其他人员，防止事业单位人员结构复杂，人事管理分割的现象发生。同时要重视事业单位编外用工管理问题，在签订合同、工资薪酬等方面统一标准，更好地对编外人员进行规范管理。

3.加快事业单位人事立法进程

在全面强调依法行政的今天，事业单位人事法制建设的空白和滞后，直接制约了事业单位改革的力度。既无法为推进事业单位改革提供法律保障，又使事业单位人事管理缺乏法律依据，致使事业单位基本的用人制度即聘用合同制没有法律地位，无法确定单位和职工基本的法律关系，同时也影响了聘用合同的效力和作用，在解决矛盾和纠纷上缺乏法律依据。从国家的角度来看，有必要尽早予以规范，从顶层设计的层面，颁布效力比较高的法规，建立起适合事业单位特点的法律法规体系，同时，要预留接口，兼顾与《劳动合同法》的衔接，《劳动合同法》已有明确规定的，具体人事政策应与之相适应，不得冲突和抵触；《劳动合同法》尚未有规定的，可以制定适用于事业单位的人事政策予以补

充，以保证人事法制的规范统一。

4.建立统一的劳动和人事争议预防处理机制

基于劳动合同引发的争议，遵循《劳动争议调解仲裁法》进行处理，而聘用合同的上位法缺失，影响了人事争议仲裁的规范性和统一性。为公正及时处理人事争议，拓展延伸大部制改革的成果，必须尽快建立统一的劳动和人事争议预防处理机制。要积极推进仲裁办案实体化建设，建立劳动人事争议仲裁院，加强仲裁办案规范化、标准化建设，为劳动人事争议调解仲裁工作提供坚实的组织保障，维护争议双方当事人合法权益，提升调解仲裁机构服务社会的能力。同时，要将关口前移，建立争议案件预警机制。通过对人事争议案件的分析总结，及时找出在改革中易出现争议和发生纠纷的问题，实现案件共性问题的及时沟通和预防。争议发生后，应本着降低仲裁成本的原则，积极引入"强化调节机制"，争取在仲裁之前将问题解决，有条件的事业单位，应建立内部调解机构，提升事业单位人事干部队伍在纠纷预防、改革操作技巧等方面的能力。

二、职称制度改革历史演变

在中国人才评价制度体系中，职称制度是对专业技术人才评价和管理的一项基本制度，关系到几千万专业技术人员的实际利益。

我国的职称制度主要历经了技术职务任命制（1949年至20世纪50年

代末）、专业技术职称评定制（1977 年至 1983 年）、专业技术职务聘任制（1986 年以来）三个发展阶段，经历了职务任命制、职称评定制、职务聘任制和"职""称""资格"三位一体，"专业技术职务聘任制度"和"专业技术职业资格制度"双轨运行的发展过程。纵观职称制度的历史演进，每个阶段的职称制度都与我国当时的经济体制、用人制度和收入分配制度密切相关，对贯彻党的知识分子政策，调动各类人才的积极性发挥了重要作用。

（一）职称制度历史演变

1. 职称管理机构

北京市在中华人民共和国成立初期到 1958 年，中央各部委有关职称文件直接发到北京市各局或将有关精神通知业务部门，北京市各业务主管部门按规定条件和标准执行，然后将晋升、提拔结果上报市人民委员会人事局，由市人民委员会人事局进行任命，各单位人事部门按所任命的职务（技术职务）发薪并管理。

1964 年，根据国务院科学技术干部局关于县以上各级国家机关、企业事业单位建立与健全科学技术干部专管机构或设置专职管理人员的要求，北京市在中共北京市委组织部设立科学技术部处，负责统一管理全市科学技术干部工作。科学技术委员会的任务是：根据中央有关科学技术干部的方针、政策和市委的有关指示检查执行情况；调查了解北京市科学技术干部队伍的状况；参加制订北京市科学技术干部培养计划，组织交流经验；提出合理使用科学技术干部的调整方案或建议；拟定有关科学技术部的规章制度；与有关部门配合制订大学毕业生需求计划，做好留学生、研究生的选拔与分配工作；协同有关部门审查科学技术研究机构助理研究员、工程师以及研究技术人员、行政与业务领导干部的使用、调动，掌握技术骨干与技术拔尖人员的培养、提拔、使用情况；审定研究机构中技术编制问题；审查研究机构的技术干部配备、补充、培养计划。

各区县所属科学技术干部的管理，由北京市委有关各部帮助区县党委研究具体规定，报经北京市委批准后执行。区县属工业、农业、卫生等方面的科学技术干部，由各区县党委制订管理办法，报市委备案。市级国家机关各有关局和区县人事部门设专职干部负责本局和本区县科学技术干部的管理工作。

1978 年 6 月，中共北京市委批转市委组织部、北京市科委、北京市计委关于加强落实知识分子政策，加强科技干部管理工作会议情况的报告，明确科技干部分级管理的分工。中共北京市委直接管理的有高等院校的教授，科研单位的研究员，市属各有关局的总工程师、总农业师，各个领域中有学术造诣、业务专长和有突出成就的优秀人才、知名专家。北京市委、北京市革委会有关部委受北京市委委托代管高等院校的副教授，科研单位的副研究员，市属医院的主任医师，各有关局的副总工程师、副总农业师，国防工办所属的总工程师，局属各公司、总厂和重点厂矿、企事业单位的总工程师，三级以上工程师和市属研究所工程师以上人员。各区、县、局和大专院校，主要负责管理下属单位的讲师、助理研究员、主治医师、工程师、农技师以上的人员。

1979 年初，北京市政府委托市科学技术委员会代行北京市技术职称评定委员会职权，承担工程、农业和科研等高级职称的评定工作。

从 1980 年起，由于有关部委在确定与晋升技术业务职称方面直对市各业务主管局，北京市职称评定工作形成由 6 个业务主管部门分别管理的局面。分别是北京市科委、北京市高等教育局、北京市成人教育局、北京市劳动局、北京市卫生局、北京市人事局职称评定办公室。

1983 年 9 月，北京市成立职称评定工作领导小组。同年 12 月，北京市决定成立北京市科技干部局。职称评定工作领导小组办公室设在北京市科技干部局。北京市科技干部局的主要任务是检查党的知识分子政策的执行情况；研究制定科技干部合理流动、配置、考核、奖励、培训等项制度和办法；发现和管理有突出贡献的专业技术干部；检查了解专业技术干部职称评定方针政策的贯彻执行情况，做好协调工作；调查了解大学毕业生、研究生、归国留学生、引进专家的方针政策等。

1986 年 1 月，北京市委、市政府将北京市职称评定工作领导小组改为北京市职称改革工作领导小组，领导小组办公室设在北京市科技干部局。北京市职称改革工作领导小组的职责和任务是：贯彻执行中央文件和各专业技术职务试行条例，结合北京市实际情况，制定实施办法，明确各系列主管单位及其职责、任务，审定各系列主管单位制定的实行专业技术职务聘任制实施细则和实施计划，规定各系列各级专业技术职务评审权限，审批各系列各单位专业技术职务结构比例及专业技术岗位设置，检查、指导、协调各系列各单位专业技术职务评审和聘任，建立健全受聘专业技术职务人员的考核制度。

区、县、局（总公司）、市直各单位也相应成立职称改革领导小组，下设办公室。区县职称改革领导小组由 5 人至 7 人组成，组长由主管职称工作的副区长（县长）担任，办公室设在区、县人事局。密云县、延庆县、大兴县设在县科学技术委员会。局（总公司）职称改革领导小组由 5 人至 11 人组成，组长由主管职称工作的副局长（经理）担任，办公室设在局、总公司人事部门或组织部门。

2. 专业技术职务系列的主管部门

1986 年上半年，参照中央职称评定工作领导小组确定的各专业技术职务系列主管部、委的做法，北京市开设 21 个系列，各系列专业技术职务聘任工作分别由各业务主管单位作为系列牵头单位分工管理。

这一时期，北京市职称改革工作坚持统一分工管理，实行条块结合、以块为主的原则。统一领导就是在北京市职称改革工作领导小组领导下实行专业技术聘任制，统一政策、统一计划、统一部署和研究解决实行专业技术职务聘任制工作中的重要问题，防止政出多门。各区、县、局（总公司）及其下属单位相应建立领导小组，统一领导本地区、本部门、本单位的职称改革工作。分工管理就是按所开展的各专业技术职务系列的性质、特点，由北京市职称改革工作领导小组分别委托业务主管部门管理，成为某个系列的牵头单位。各系列牵头单位建立职称改革工作领导小组，在北京市职称改革工作领导小组的统一协调和部署下，对本系列的职称改革进行业务指导。

2000年1月，北京市人民政府机构改革，市科干局撤销，将专业技术人员管理职能并入市人事局，北京市职称改革办公室（以下简称市职改办）随之并入市人事局。同年启用"北京市人事局职称专用章"，废止"北京市科技干部局职称工作专用章"。

随着职称工作步入正常化、规范化，2003年4月，经市人民政府第2次市长办公会议审议通过，撤销北京市职称改革工作领导小组，工作由市人事局承担。2009年4月起，北京市职称管理工作由市人力社保局负责。

3.专业技术职务评审委员会

1987年6月，北京市职称改革工作领导小组办公室召开职称改革工作会议，强调在保证质量的前提下，简化评审程序，减少条块交叉，凡具备条件的高级评审委员会，可以评审其他有关系列的高级专业技术职务；对专业技术人员集中、具备条件的部门，经批准也可以单独成立高级或中级评审委员会，行使相应的评审权利。经北京市职称改革工作领导小组批准，卫生系统科研人员高级职务任职资格评审划归卫生技术高级评审委员会评审；体育科研人员高级职务任职资格评审从自然科学研究系列中划分出来，由教练员高级评审委员会评审；北京市农科院单独组建农业技术系列高级评审委员会；北京市高等教育局高级评审委员会负责评审高校系统卫生、科研、经济、统计、会计系列高级职务。

1987 年 7 月，北京市职称改革工作领导小组批复同意北京市科学技术委员会、北京市经济委员会关于科研、工程系列高级职务由北京市科学技术委员会组建高级评审委员会评审，北京市企业所属研究院所的科研、工程系列高级职务由北京市经济委员会组建高级评审委员会评审。

同年 8 月，北京市职称改革工作领导小组同意北京市科学技术委员会调整和充实北京市科学技术委员会职称改革领导小组和自然科学研究系列高级评审委员会。自然科学研究系列高级评审委员会委员调整为21 人，评审范围不变。同年 11 月，北京市职称改革工作领导小组下发《关于实行专业技术职务聘任制工作中若干问题的补充说明》，明确专业技术力量强，具备组建高级评审委员会条件的委、局，可以组建高级评审委员会，报北京市职称改革工作领导小组批准后行使相应评审权利。

同年，北京市工艺美术系列因已评出部分高级职务人员，北京市职称改革工作领导小组同意北京市工艺美术总公司选水平较高人员与中央工艺美术学院教授组建高级评审委员会。另外，为适应职称改革，下放评审权，北京市职称改革工作领导小组同意北京市经济委员会组建 5 个工程技术高级评审委员会，同意北京市教育局将中学高级教师职务任职资格评审权下放给区、县。至 1988 年 5 月，北京市职称改革工作领导小组共批准组建高级评审委员会 28 个。

1988 年至 1995 年，北京市职称改革工作领导小组，根据相关文件又陆续批准了北京市新闻系列高级评审委员会、北京市文学艺术联合会、北京市文联、北京市经济委员会等多个相关部门组建高级评审委员会。

通过调整，高级评审委员会委员的学历层次有很大提高，一批具有硕士学位、博士学位人员成为评委；年龄结构也有所改善，每个评审委员会都有 40 岁左右的青年专家担任评委。各评审委员会还注意吸收除本系统以外的专家，加强评审的社会性。

截至 1995 年底，北京市职称改革工作领导小组根据高级专业技术职务评审委员会的组建及评审专业范围，共审批高级评审委员会 36 个。

1994 年 10 月，经过职称改革工作探索，市职改办印发《北京市高级专业技术职务任职资格评审工作管理办法》，文件明确规定了北京市 55 个高级评审委员会的评审权限、评委人数、评委任职资格、任期（每一届为 3 年）、评审程序、有关部门职责、评审纪律等。明确规定高级评审委员会要有 2/3 以上人员出席才能进行评审工作，申报人须得到高级评审委员会全体成员 1/2 以上同意才算通过评审。

1997 年 4 月，市职改办印发《关于对〈北京市高级专业技术职务任职资格评审工作管理办法〉部分条款进行修改的通知》，其中将第三章第十三条由"申报人须得到高级评审委员会全体成员 1/2 以上同意才算通过"修改为"申报人必须得到到会高级评审委员会人员的 2/3 以上同意才算通过"。

1998 年 3 月，市职改办印发《关于做好中、初级专业技术职务评审委员会换届工作的通知》，文件明确提出中、初级专业技术职务评审委员会换届工作要求，以及评审委员会人员组成审批权限，评审工作流程等内容。

2000 年 10 月，市人事局印发《新一届北京市高级专业技术职务评审委员会评审专业及评审工作要求的通知》，对高级评审委员会的工作流程进行规范，明确各评审委员会不得超越评审范围；强调必须有 2/3 以上的委员出席才能召开评审会，申报人必须得到到会委员的 2/3 以上同意才算通过。使评审工作更加严格规范。

同月，市人事局印发《建立评审专家库的高级评审委员会主任委员、委员及专业评议组成员的确认办法（试行）的通知》，首次提出高级评审委员会新的组建方式，即建立专家库，主任委员、委员、评议组组长、评议组成员以随机抽取方式确认。并对具体的操作方法及程序做出规定。

2001 年 2 月，市人事局印发《关于做好中、初级专业技术职务评审委员会换届工作的通知》，通知要求：中学教师、小学（含幼教）教师 2 个系列可以组建初级评委会，其他系列不再组建初级评委会，由本系列中级评委会代行初级评审工作，卫生系列中、初级评委会暂不进行调整，可继续工作 1 年。

2003 年 8 月，根据北京市高级评审委员会管理办法和北京市社会化职称评审改革意见，市人事局印发《关于调整北京市高级职称评审委员会设置的通知》，开展北京市高级职称评审委员会换届调整工作，组建评审专家数据库，采取随机抽取的办法确定当年评委会成员、主任委员、专业评议组成员、评议组组长。文件再次重申了申报人需得到全体到会委员人数的 2/3 以上（不含 2/3）同意票方可通过。

截至 2010 年，北京市专业技术职务评审委员会共设置了 70 个高级评审委员会和 81 个中级评审委员会。

4. 职称评定工作

20 世纪五六十年代，北京市在专业技术职务方面实行技术职务任命制和职务等级工资制，对中华人民共和国成立前北平市一些专业技术人员原有的技术职务予以保留，由各单位人事部门进行任命。

（各职称主管部门和各区、县、局（公司）领导机构对工程师、讲师、主治医师以及相当这一职称级别的人员逐个复查学历、岗位、技术工作经历、考核考试的具体做法及成绩。对个别条件差和扩大范围的，还查阅业务考绩档案，认真考核技术工作经历和技术工作业绩。同时召开各种类型的座谈会，征求专家、技术人员、主管领导和主管部门的意见，广泛听取各方面的反映。在检查的基础上，对本单位、本系统职称评定工作进行总结。）北京市的职称评定工作，按照国务院及有关部门颁布的职称条例规定进行，发展健康，取得一定成绩，但也存在一定的问题：一是由于职称与工资福利挂钩，有的主管领导和部分评委、专家怕影响技术人员的调资，只强调学历、资历，忽视实际工作能力。二是有的同志过分强调"解决历史遗留问题"和"落实政策"，不按条例标准办事，不经过严格考核就直接套改或授予职称。三是全市职称评定工作由 6 个部门分别负责，对有些标准的解释和特殊情况的处理原则不尽相同，造成互相攀比，影响晋升质量。1984 年 4 月，北京市科技干部局在全市普遍检查总结的基础上，将北京市职称评定工作情况书面报告给中央职称评定工作领导小组。

1949 年至 20 世纪 80 年代，职称评定工作主要包括：工程技术人员职称评定、卫生技术人员职称评定、高等学校教师职称评定、社会科学专业干部技术职称评定等。

1983 年 9 月，根据中共中央办公厅和国务院办公厅《关于整顿职称评定工作的通知》要求，北京市停止职称评定工作，进行全面整顿。

1984 年初，北京市根据中央职称改革工作领导小组有关职称整顿精神，停止全市职称评定工作，成立北京市职称评定工作领导小组，办事机构设在北京市科技干部局，在市政府统一领导下进行职称整顿、总结和验收。同年 2 月，北京市科技干部局先后 3 次召开各职称主管部门会议，研究部署职称工作的总结和整顿。各单位逐级成立以专业技术人员为主，有主管领导和主管部门参加的复查验收领导机构。讲师、工程师、主治医师以及相当这一级的职称，由区、县、局（总公司）复验收，报主管部门审批。副教授、副主任医师、高级工程师以上及相当这一级的职称，经各主管部门复查后，由北京市科技干部局职称评定办公室验收审批。（各职称主管部门和各区、县、局（总公司）复验收领导机构，对工程师、讲师、主治医师以及相当这一职称级别的人员逐个复查学历、岗位、技术工作经历、考核考试的具体做法及成绩。对个别条件差和扩大范围的，还查阅业务考绩档案，认真考核技术工作经历和技术工作业绩。同时召开各种类型的座谈会，征求专家、技术人员、主管领导和主管部门的意见，广泛听取各方面的反映。在检查的基础上，对本单位、本系统职称评定工作进行总结。）

中共中央、国务院在 1986 年决定推行职称的评定改革，此次改革主要推行专业技术职务聘任制度。在之后的两年之内，曾经共 22 个的职务，经职称体系评定调整成了 29 个职称体系，共增加 7 个职称。就此职称评定的道路开始步入正轨，规范化的内容以及正常化的发展方向逐渐清晰明了。1986 年上半年，参照中央职称评定工作领导小组确定的各专业技术职务系列主管部、委的做法，北京市开设 21 个系列，各系列专业技术职务聘任工作分别由各业务主管单位作为系列牵头单位分工管理。

5. 职业资格证书

1994 年 2 月，国家人事部会同劳动部下发《职业资格证书制度暂行办法》。从此，包括职业许可（即执业资格制度）和职业能力认证两个体系的职业资格制度，与专业技术职务聘任制度并行，构成了我国现行的职称制度。为适应首都人才资源配置市场化和用人主体多元化的发展趋势，北京市职称管理工作依照国家政策，不断深化职称制度改革，逐步建立政府管理部门、行业主管部门、社会中介组织以及用人单位分工合作的综合管理体制，形成专业技术职务聘任制度、专业技术职务任职资格制度、专业技术资格制度和职业资格证书制度并行的分类管理体系；完善以业绩能力为导向的人才评价机制，实行评聘分开、评聘结合和以聘代评的职称分类管理模式，确立量化评审、以考代评、考评结合并存的职称评审模式。从而进一步拓宽职称工作服务领域和范围，打破专业技术人员身份和单位限制，使各种所有制单位中专业技术人员的学术、技术、管理水平及能力业绩得到公正评价和社会认可，为更好地对专业技术人才进行管理、配置、使用提供了依据，奠定了基础。

随着首都经济社会建设的稳步发展，专业技术队伍规模逐渐扩大，北京市不断加强重点行业领域的职称改革工作，在不断完善专业技术职务聘任管理的同时，逐步在工程技术、农业技术、经济、统计、会计、审计、体育教练员、工艺美术、翻译、艺术、广播电视播音新闻出版、文物文博、图书资料、档案等 14 个专业技术系列推进评聘分开社会化职称评审改革，在高等学校教师、自然科学研究、科学社会研究、卫生技术、实验技术、中等专业学校教师、中学教师、小学教师、技工学校教师、公证员、律师等 11 个专业技术系列实行评聘结合的职称改革，以及在部分科研院所和具有科研教学性质的高等院校试行专业技术职务聘任制管理。按照国家职业资格规划，全面落实专业技术人员职业资格制度，为规范行业管理，实行行业准入，与国际接轨提供了人才和政策保障。同时，北京市的职称制度改革，在社会化职称评审、量化职称评审标准和考评结合等一系列职称评价方式方面的创新做法，走在了全国职称改革工作的前列。

截至 2010 年，北京市已开展 27 个专业技术系列的职称评审工作，职称评审服务机构达 54 家，组建 70 个高级评委会和 81 个中级评委会。1995 年至 2010 年，通过职称评审的人员约 60.8 万人，其中正高级职称1.1 万人、副高级职称 9 万人、中级职称 23 万人、初级职称 277 万人。

（二）深化改革更好发挥职称制度指挥棒作用

2018 年北京市委、市政府办公厅发布《关于深化职称制度改革的实施意见》（以下简称《意见》），打破职称评价"一把尺子量到底"、职称论文"一刀切"、职称晋升"玻璃门"等条条框框，对不同人才制定不同标准，支持人才自选代表性成果代替论文，新开通多类人才的职称申报渠道。此次改革是自 1986 年职称改革以来，30 多年来本市再次启动的职称领域重大改革，涉及全市 300 多万名专业技术人员。

1. 职称评价重品德、能力和业绩

为避免职称评审时"一把尺子量到底"，本次职称制度改革系统地将职称评价标准归结为品德、能力和业绩三个方面，科学分类评价专业技术人才能力素质，对不同领域、不同行业、不同层次的专业技术人才，制定不同的评价标准和业绩权重，激发各类人才创新动力和积极性。

例如，卫生技术人才按照临床为主和科研为主分类评价，突出临床实践。对临床为主的，重点评价临床医疗医技水平、实践操作能力和工作业绩；对全科医生，重点评价掌握全科医学基本理论知识、常见病多发病诊疗、预防保健和提供基本公共卫生服务的能力等；对科研为主的，重点评价科研创新和成果转化应用能力。

2.人才可自选代表性成果替代论文

在《意见》中，职称评价将全面推行职称评审代表作制度，人才可自选最能体现能力水平的代表性成果，作为评审考核的主要内容，强化质量。过去职称论文评审一直存在"一刀切"的问题，而此次改革将职称评审"唯论文"改为"菜单式"，让人才做"多选题"。通过改革，让人才深耕专业，将更多精力投入创新创业中。除论文、论著外，基础研究、技术开发和应用推广人才的代表作还可包括专利、项目报告、研究报告、技术报告、工程方案、设计文件、业绩报告、工作总结等。哲学社会科学人才的代表作还可包括理论文章、决策咨询研究报告等。教育教学、卫生技术人才的代表作还可包括精品课程、教学课例、疑难病案等。文化艺术人才的代表作还可包括文学作品、影视作品、戏剧作品、工艺作品等。

3. 新增 4 类人才职称申报渠道，创新 6 类晋升方式

此次改革进一步打破了国籍、户籍、地域、身份、人事关系等制约，除国有企事业单位和非公有制经济单位人才外，新开通了优秀外籍人才、港澳台人才、自由职业人才、高技能人才的职称申报渠道，为各类专业技术人才畅通晋升通道。

取得国家级人才表彰奖励、获得国家级科技奖项、担任国家级重大科技项目负责人、在自主创新和科技成果转化过程中取得突出成绩的领军人才，可通过职称评审"直通车"取得正高级职称；取得重大基础研究和关键技术突破、解决重大工程技术难题、在经济社会各项事业发展中做出重大贡献的业绩突出人才，可破格申报高级职称；长期扎根基层一线、做出重要贡献的基层人才可单独评审、优先评聘；具有特殊技能、在特殊领域、特殊岗位取得突出业绩、做出重大贡献的特殊人才可直接认定职称等级；高校科研机构的创新创业人才，以及援藏、援疆、援青等对口支援和援外医疗的专业技术人才可享受职称评聘的支持政策。

出台《北京市科研机构专业技术职务自主评聘管理办法》，逐步在全市条件成熟的科研机构、新型研发机构、新型智库推行职称自主评聘。北京市农林科学院、北京市科学技术研究院 2 家单位已率先完成本单位职称自主评聘方案制定工作，首批获准开展职称自主评聘，首次实现职称评审范围全覆盖。进一步拓展职称申报人员范围，开通了外籍人才、港澳台人才和艺术系列自由职业专技人才职称评价渠道；并将中关

村领军人才正高级工程师直通车的申报范围扩大到全市。

开展专业技术人员职业资格证书便利化服务改革。推动"互联网＋人社"建设和数据信息共享服务，启用新版职业资格证书，在人社局官网开通了专业技术人员职业资格证书网上查询功能。

全面推进职称评审分类评价标准和代表作清单制定工作。将深化职称制度改革与落实国家《关于分类推进人才评价机制改革的指导意见》相结合，以分类评价为切入点，邀请专家500余人次参与，在全市开展了工程、农业、新闻出版、文物博物、工艺美术、图书资料等系列职称评价标准修订和代表作清单制定工作，并在全市职称评审工作中试行运用。

4. 制订高层次人才计划

高层次人才是提高自主创新能力的核心战略资源，是"科技北京"建设的重要力量。为加强高层次人才队伍建设，全面实施首都人才发展战略，为首都经济和社会发展提供人才保障和智力支持，北京市制定了《关于进一步加强高层次人才队伍建设的意见》（京办发〔2007〕13号），这一文件的实施进一步完善了首都高层次人才引进、培养、使用和流动的机制。

5. 职称政策向偏远、重点地区、重点领域倾斜

2014年实施"远郊人才扶持开发计划"，在房山、门头沟等6个远郊区县加强政策倾斜，设立特聘岗位、建立专家服务基地，推动城乡人才一体化发展。

2015 年出台"京郊十条"促进远郊区县人才发展意见，对房山等6 个区县引进培养人才、设立特聘岗位等给予支持。

2020 年印发《关于调整优化北京市卫生系统职称结构比例的通知》，一是优先解决疫情引发的我市疾控人才、基层公共卫生人才发展储备瓶颈问题，将疾控部门和社区卫生中心的高级职称比例分别提高 18 个和 9 个百分点，支持疫情防控一线吸引储备高层次专业人才。二是与市卫健委研究出台我市支持防控一线医务人员的职称岗位评聘和奖励表彰政策，疫情防控一线医务人员可提前申报职称评价和晋升岗位等级，做出突出贡献的给予奖励激励。目前，已对 136 名援鄂医疗队队员给予"记功"奖励，颁发奖章证书，兑现一次性奖励待遇。

6. 高技能人才培养

按照"高端引领，技能为本，终身培训"的思路，完善培训补贴政策，扩大补贴范围和工种、提高补贴标准。启动培养带动工程，实施培训示范基地、公共实训示范基地和首席技师工作室等重点建设项目。开展职业技能竞赛和成果交流展示活动，推进企业技能人才评价改革试点，健全技能人才鉴定体系。全年培养高级工 5 万人，技师、高级技师1 万人。

2013 年规划建设全市性公共服务实训平台，加强工贸技师学院等6 大骨干公共实训基地建设；推动国家级和市级技师工作室建设，开展技师研修及优秀技能人才国际交流研修项目；做好企业高技能人才评价改革试点工作；推进国家级高技能人才培养基地及示范校建设。全年培养高技能人才 8 万人。

2014 年推动技术创新和科技成果转化。以打造"示范集群"为目标，深入推进骨干技工院校、国家技能大师及首席技师工作室、公共实训示范基地建设；在电子控股公司等市属国有企业开展高技能人才评价试点，进一步推行技师院校化考评工作；继续推进国家级高技能人才培养基地建设。全年新增高技能人才 8 万人。

2015 年技能人才队伍建设力度持续加大。完善职业培训支撑体系，门头沟区与轻工技师学院建立技能人才培养开发平台。一些轻高级技术学校晋升为技师学院。推进世界技能大赛集训基地建设，加快培养国际化高技能人才。全年新增高技能人才 5.5 万人，2 人荣获中华技能大奖。

2016 年推行以"招工即招生、入厂即入校、校企双师联合培养"为主要内容的企业新型学徒制，在 5 家企业开展试点。制定职业资格改革工作意见，推进技能人员水平评价改革，强化职业技能鉴定监督管理。启动新一轮高技能人才"百千万"带动计划，加强技师研修培训和高技能人才培训基地、首席技师工作室等建设。

7. 进一步深化职称制度改革

出台工程、农业、卫生、经济、自然科学研究等系列职称制度改革实施办法，为不同领域专业技术人才量身定制科学合理的评价制度，使人才"评得上、用得好、留得住"。坚持以"品德、能力、业绩"为导向，持续推进职称分类评价标准和代表作制度，深入推行"个人自主申报、行业统一评价、单位择优使用、政府指导监督"的社会化职称评价，畅通民营企业人才、外籍人才职称评价渠道。扩大用人主体的人才评价使用自主权，支持条件成熟的高校、科研机构、新型研发机构等用人主体开展职称自主评聘。优化职称专业目录，增设人工智能、创意设计、知识产权等职称专业，支持新业态、新职业发展。调整优化卫生、教育、农业等基层一线事业单位职称结构比例，增加高级职称岗位，引导专业技术人才向急需紧缺岗位集聚。

8.创新技能人才评价制度

健全以职业能力为导向、以工作业绩为重点、注重职业道德和知识水平的技能人才评价体系。完善职业资格评价、职业技能等级认定、专项职业能力考核等多元化评价方式，使评价更加贴近企业需求和劳动者技能水平提升需要。根据产业发展和就业创业需要，及时推动发布新职业，分类做好标准开发工作，实行差别化技能评价。优化顶层设计，打通高技能人才与工程技术人才职业发展通道，搭建高技能人才与工程技术人才成长立交桥。

9.制订"五新"目录，畅通人才社会性流动渠道

围绕支撑服务新基建、新场景、新消费、新开放、新服务，完善人力资源开发目录，对人力资源流动、合理开发和岗位匹配形成指导。建立以政府投入为引导、产业基金为重点、用人单位为主体的多元化人才

发展投入机制。畅通人才跨地区、跨行业、跨所有制流动渠道，完善与个人职业发展相适宜的医疗、教育等行业多点执业新模式，优化人才评价、人事关系转移和人事档案管理等服务，促进人才顺畅有序流动。鼓励事业单位专业技术人员到乡村和企业挂职、兼职和离岗创新创业，保障离岗创新创业人员在职称评定、工资福利、社会保障等方面的权益。落实人才发展及智力支持等向京郊倾斜政策，支持高端人才及团队到远郊区建立研发基地。深化京津冀人才交流合作，联合组织项目引进、博士后人才引荐会，促进区域人才资源共享。组织博士后智力服务团开展智力帮扶。引导猎头机构在全球范围内延揽急需紧缺高层次人才，促进人才社会化、国际化流动。

随着职称制度改革的不断推进，将建立一个更加科学、有效、公正的人才评价体系，切实发挥好职称评价指挥棒的作用，进一步调动人才的积极性，充分发挥人才的创新创业能力，能够让广大人才集中精力创新创业。

参考文献

1. 北京市地方志编纂委员会.北京志·政务卷·人事志［M］.北京：北京出版社，2004.

2. 罗国亮.新中国60年来的演变与启示［J］.中共南京市委党校学报，2009（5）.

3. 范巍，蔡学军.职称制度改革任重道远［J］.人力资源，2017（5）.

5. 孙彦玲，孙锐.制度有效性视角下职称制度改革探讨［D］.北京：中国人事科学研究院，2019（3）.

第十章　秉公执法保护劳动者权益

夏瑞莉

劳动保障监察是指劳动行政机关对用人单位和劳动者双方在遵守、执行有关劳动就业、劳动力管理、劳动组织、劳动报酬、社会保险、职工福利、职业技术培训等劳动关系方面的法律法规的情况进行监察，对违反劳动法律法规的行为进行纠正或处罚。它伴随着我国劳动立法状况的发展而发展，主要经历了改革开放前和改革开放后两个大的发展阶段，早期主要是对劳动安全与卫生、童工等涉及劳动者基本人权或者人身权益的事项进行监督检查，逐步扩展至整个劳动法及社会保障法领域。但是，在新时代背景下，人民对"体面劳动，美好生活"有了更具体的向往，新经济、新业态的蓬勃发展，对传统劳动法和劳动关系带来了巨大冲击，面临这些新的挑战，劳动保障监察部门作为政府构建和谐劳动关系的关键行政力量，亟待寻求新的办法去积极响应和应对。

一、劳动保障执法发展沿革

（一）萌芽阶段

中华人民共和国成立初期，劳动法律极不健全，除 1949 年 9 月中国人民政治协商会议通过的《中国人民政治协商会议共同纲领》和 1954 年 9 月全国人民代表大会通过的《中华人民共和国宪法》中对调整劳动关系有一些基本条文规定外，没有调整劳动关系的基本法，只有由政务院（或国务院）以及劳动部发布的一些单项的劳动条例、法规，地方政府发布的一些有关劳动的地方法规或实施办法、细则。劳动行政部门虽有监督检查劳动法律法规执行情况的职能，但没有形成依法实行劳动监察的制度。

这一时期，北京市现代化工业极少，多数是作坊式的小工厂，劳动环境差，机器设备简陋，缺乏安全装置和安全操作规程，经常发生工人被皮带、齿轮绞伤、绞死、电死、摔伤和挤压致死等事故；另外，由于还存在私营企业和雇用学徒、帮工的个体经营者，劳资争议也不断发生，特别是在小手工业作坊、小店铺中，如铁匠铺、剪刀作坊、小五金厂、杂货铺、理发店等，在管理上存在着封建性，打骂虐待工人、学徒的情况经常发生，劳资争议也更为频繁。所以，当时劳动监察主要针对劳动工作中涉及劳动安全与卫生、工资、童工等人身安全的某些具体问题进行监督检查。1949 年 5 月起，由市劳动局主管全市企业的劳动安全综合保护管理、监督检查工作，逐步发布"决定""办法"督促企业贯彻执行。

初期的安全检查，主要是由政府劳动部门或者企业主管部门派干部和技术人员组成检查组到基层企业去检查。如 1949 年，门头沟地区的区政府京西矿务处把当时全区 153 家小煤窑的 437 名技术管理人员编成 15 个小组，检查各小煤窑的工程，另组成 4 个检查组督促检查，共发现 116 家小煤窑中有 145 架梯子、3160 根木撑、2817 对木柱都已损坏，严重影响安全生产。1953 年以后主要采用组织发动群众参加安全大检查的办法，对查出的不安全问题提出解决办法，自己能解决的自己解决。如 1954 年因建筑业工伤事故多，市政府第 205 次行政会议决定在建筑业发动群众开展一次安全大检查，全市由中央和地方所属的 48 个建筑企业的 210 名中共党组织、行政、工会、共青团的领导干部，充分发动 173700 名群众（占建筑业工人的 99%）参加了大检查，共查出工棚、电气、架子、土方、机械、隧道等方面的不安全问题 12222 件，及时处理了 8763 件。这次大检查以后，许多企业制定或者修订了各种安全制度，有 22 个企业建立了安全责任制。1975 年市劳动局把全市区、县、有关企业主管局和企业及部分中央所属在京大厂中约 2000 名安全干部、工会劳动保护干部、安全生产积极分子及老工人组成 16 个检查组，在全市检查从领导机关到企业的安全生产情况，同时全市还成立了安全生产检查办公室监督检查，结果共发现 5088 项隐患，各区、县、局自行解决了 4768 项，由全市统一安排解决 121 项。

（二）起步阶段

改革开放以后，随着经济体制和劳动体制改革的进行，多种经济类型的出现，劳动关系发生了很大变化，劳动立法工作亟待加强，特别是企业有了较大的劳动管理的自主权，劳动者也有了一定的择业权，职工的流动性加大，使企业或其他用工单位与劳动者之间的劳动关系出现了一些新的问题，如鼓励自行就业后，个体经济迅速发展，一部分个体工商户雇工、收学徒，逐渐兴起的一些私营企业、外资企业、中外合资、合作企业等雇用职工，改革开放以后北京的生产建设、基本建设、第三产业的发展，吸引了大批外地人员进入北京务工、经商等。在用工制度改革中，"统包统配"的固定用工制度向市场化用工转变，推行劳动合同制，逐步将用人权和工资奖金分配权下放给企业。1987年，市劳动局下达通知，要求在新招工人中实行劳动合同制，企业录用新职工时要公开招收、择优录取。北京市率先采取自愿原则和典型引路的方法，以增强企业活力为中心，以充分调动劳动者的积极性、创造性为目的，分期分批积极稳妥地推进试行全员劳动合同制。在执行劳动合同中，在企业自主决定雇用辞退职工和工资分配等问题上，企业经营者和职工之间必然会产生分歧意见或争议。

在新的形势下，旧的劳动法规有的要修改，新的劳动法规要建立，在扩大和保障企业经营管理和劳动管理方面自主权和劳动者的合法权益方面，不断产生新的矛盾，劳动者的合理流动和城镇流动人口的过度膨胀也产生了新的问题，都需要加强劳动法规建设和建立劳动监察制度。北京市面对这些问题，由市、区、县劳动行政部门组织力量在全市范围内，对用工单位和劳动者双方的劳动关系，一项一项地进行检查，根据检查中发现的问题，一项一项地建立劳动监察制度，监察的对象、范围和内容逐步扩大，对北京市劳动监察的发展起到了一定的促进作用。如

1989 年 5 月起，对个体工商户雇工、收学徒和私营企业招收职工情况进行检查，针对检查过程中发现的问题，于 1990 年 10 月 4 日发布了《北京市全民所有制企业临时工管理监察暂行办法》，1990 年 12 月 7 日发布了《北京市个体工商户、私营企业雇工劳动监察暂行规定》，1991 年 4 月 10 日发布了《北京市劳务市场管理监察暂行规定》《北京市劳务市场管理监察程序》，1991 年 7 月 19 日发布了《北京市外地人员务工管理监察暂行规定》《北京市外地人员务工管理监察程序》等一系列规章制度。

监察的方法也在逐步完善，有日常检查、专项检查、综合检查几种。日常检查是市、区、县劳动部门对用人单位遵守劳动法律、法规、规章进行的分散的经常性的检查。专项检查是有针对性地对某项政策、法规的实施情况或某些方面存在的突出问题组织的专门检查。综合检查是在一定时间内有组织地进行全面性的检查。除日常检查外，检查的起因有的是新发布的劳动法律、法规在贯彻实施期间的需要，有的是根据一个时期掌握的情况认为需要侧重检查的问题，有的是上级领导发布新的文件或指示，有的则是从群众的举报中发现的问题。在检查中发现用人单位、劳动者或职业介绍中介机构有违反法律、法规、规章行为时，要依法进行处理，包括纠正和处罚。

案例链接：非法劳动力市场专项检查

由于改革开放以后北京市不断出现庞大的民工潮，他们聚集在某些路段不断形成非法劳动力市场，对非法劳动力市场的检查，主要是采取突击形式的专项检查。1990 年 6 月 6 日，市政府以第 16 号令发布《北京市实施〈全民所有制企业临时工管理暂行规定〉细则》，规定了对用工企业不按规定办理招用手续，擅自使用临时工的，不按时缴纳养老保险金的，违反有关临时工工资、劳动保险待遇规定的，要进行检查处理。1991 年，市劳动局会同公安、工商管理部门、市综合整治办公室和东城、西城、崇文、宣武、朝阳、海淀等区联合行动，先后组织了 3 次对市内繁华地段（崇文门三角地、厂桥、立水桥）的自发形成的劳动力市场进行检查取缔，共对 1067 个违法用工单位和个人进行了处罚。

表 10-1　1991–1994 年违反 16 号令处罚情况表

年份	违章起数	罚款或没收		警告和限期改正起数
		起数	金额（万元）	
1991	117	8	2.0	109
1992	25	16	2.2	9
1993	39	—	—	39
1994	2	—	—	2
合计	183	24	4.2	159

（三）建立拓展阶段

1993 年 8 月劳动部颁布的《劳动监察规定》，明确了劳动保障监察程序，对除劳动安全卫生以外的其他方面劳动监察的一般规则作了规定，用行政规章的形式确立了我国的劳动监察制度。1995年1月1日起实施的《劳动法》，专设"监督检查"章节，其第十一章明确规定，县级以上各级劳动行政部门依法对用人单位遵守劳动法律、法规的情况进行监督检查，对违反劳动法律、法规的行为有权制止，并责令改正；同时规定县级以上各级劳动行政部门监督检查人员执行公务，有权进入用人单位了解执行劳动法律、法规的情况，查阅必要的资料，并对劳动场所进行检查。《劳动法》的实施，为建立全面的劳动保障监察制度打下了法律基础，从此我国劳动行政执法由劳动安全卫生监察步入全面劳动执法阶段。从1995年1月至2004年11月，全市劳动监察机构依据《劳动法》赋予的职责，开展劳动监察工作。

进入20世纪90年代以后，北京市从局部工作开始，主动进行劳动监察工作，逐步扩大范围，到1994年，劳动监察范围不再仅限于用工方面，而是扩大到劳动关系的各个方面，凡是国家和地方政府发布的劳动法律、法规，都属于劳动监察范围，全市的劳动监察制度实际上已经建立起来了。1994年6月6日，市人民政府以第7号令公布《北京市失业职工失业保险规定》，详细规定了失业保险基金的征集、管理、使用、组织管理机构及相应法律责任，从而将失业保险纳入监察范围，到1999年1月国务院颁布实施《社会保障费征缴暂行条例》（国务院令第259号），劳动监察范围正式从劳动领域扩大到社会保险领域，形成了目前意义上的劳动保障监察。1995年1月，北京市劳动局正式成立劳动监察处和劳动监察大队，市、区（县）劳动行政部门相继建立了劳动监察机构，开展全面劳动监察执法工作。劳动监察的方式主要有以下几种形式：查处举报、投诉案例；专项检查；日常巡视检查；书面材料审查（劳动年检）、群体性事件应急处理等。劳动监察的内容，包括一切由国家和地方政府制定的有关劳动关系的法律、法规和规章的执行情况，并根据监察的对象不同而有所侧重。劳动监察的对象有用工单位、职工和职业介绍与培训机构。至 1996 年，全市基本形成了市、区（县）、街道（乡镇）三级劳动监察网格，为做好劳动监察工作提供了坚实的组织保障。

案例链接：遵守《劳动法》大检查

1995 年《劳动法》的实施，使劳动制度发生了重大变革，标志着劳动关系的建立、运行和调整进入了法制化轨道，确立了以协商、调解、仲裁、诉讼为主要环节的劳动争议处理制度。依据该法，同年 2 月《北京市实行劳动合同制度的若干规定》颁发，全市全面推行劳动合同制度，集体合同制度也开始重新恢复，劳动合同制度成为调整劳动关系的重要机制。然而，随着《劳动法》的广泛宣传，用人单位和劳动者维权意识显著增强，再加上当时的法律规章更多的是原则性规定，缺乏相应的具体实施规范，所以由解除、变更、续订、终止劳动合同引发的劳动争议案件呈增长趋势。1995 年起，北京市各级劳动监察机构连续 3 年在全市开展了用人单位贯彻执行《劳动法》情况专项大检查，分别是

1995年10月1日至12月25日，市、区（县）局和各局总公司大检查；1996年9月至10月，根据劳动部开展全国劳动监察执法期活动的通知，开展了全市用人单位遵守《劳动法》情况大检查；1997年5月，根据劳动部开展劳动监察执法月活动的通知，组织开展了用人单位遵守《劳动法》情况大检查，这次检查重点是非国有企业。3次共检查了35915个单位，涉及职工190多万人，其中存在违法行为企业5896个，处罚金额102.96万元，补签劳动合同逾22.5万份，补发工资近225万元。

表10-2 1995-1997年执行《劳动法》情况专项检查统计

年份	检查单位数（个）	涉及职工人数（万人）	存在违法行为企业数（个）	补签劳动合同数（份）	补发工资数（万元）
1995	6678	79.54	1265	188635	120.40
1996	21761	73.00	1671	21367	44.27
1997	7476	37.74	2960	15518	60.32
合计	35915	190.28	5896	225520	224.99

（四）提高发展阶段

2004年11月国务院颁布了《劳动保障监察条例》，进一步明确了监察的职责和内容，规定了劳动保障监察的实施程序，强化了监察的执法手段，标志着我国的劳动保障监察立法工作迈上了更高台阶，劳动保障监察有了统一的法律依据。2004年12月1日以后，全市劳动监察机构依据《劳动法》《劳动保障监察条例》等一系列法律、法规、规章开展行政执法工作。2008 年 1 月《劳动合同法》开始实施，该法针对用人单位不订立劳动合同、滥用试用期和违约金条款、劳务派遣用工形式不规范、劳动合同短期化等问题做出了制度完善，将劳动合同制度推到一个新的历史阶段。北京市为切实贯彻实施《劳动合同法》，提前准备，于 2007 年 10 月发布《市劳动保障局关于全面推进本市实施劳动合同制度的意见》，进一步要求加强劳动合同管理，全面落实国家标准，加大劳动保障监察执法力度，强化劳动争议处理工作，明确将用人单位签订劳动合同情况列入劳动保障书面审查内容和建立用人单位劳动保障守法诚信档案。至 2010 年，逐步建立了以《劳动法》《劳动合同法》《就业促进法》为基础，以《劳动保障监察条例》为框架的一系列地方性法规和部门规章的劳动保障监察法律制度，劳动保障监察职能几乎涵盖了劳动和就业各个环节的法律法规；形成了劳动保障监察程序制度、管辖制度、重大违法行为社会公布制度、行政执法责任制制度、劳动保障监察执法资格管理等基本工作制度；确立了查处举报（投诉）案件、专项检查、日常巡视检查、书面材料审查、群体性事件应急检查等主要执法方式。

案例链接："劳动用工规范一条街"工程专项检查

2003 年 4 月 9 日，市劳动保障局下发《关于在全市组织实施"劳动用工规范一条街"工程的通知》，决定从 2003 年起在全市各街道（乡镇）选择用人单位集中区域集中开展规范劳动用工行为活动。规范内容主要是：用人单位执行劳动合同规定情况，用人单位办理参加社会保险情况，用人单位工资支付情况，用人单位落实规定工种持证上岗情况，用人单位建立劳动用工管理规章制度情况。应达到的基本标准为：区域内的用人单位基本上实行了劳动合同制度、基本都参加社会保险、基本做到按月支付工资、持证上岗、基本建立健全劳动用工管理规章制度、在本年度内基本不发生违犯劳动保障法案件。通过规范，选定区域内用人单位劳动用工情况得到明显好转，劳动合同签订率、社会保险登记率均达到95%以上。

表10-3 2003-2010年"劳动用工规范一条街"工程工作基本情况统计表

年份	选定重点区域（个）	涉及用人单位（户）	涉及职工（万人）	劳动合同签订率（％）	社会保险登记率（％）
2003	44	2648	9.47	95.17	95.20
2004	228	8133	28.13	98.60	97.00
2005	25	1139	3.48	96.21	96.56
2006	40	1546	9.31	97.90	97.04
2007	225	5655	25.01	97.90	97.04
2008	230	5969	22.45	99.20	98.09
2009	252	6041	27.68	99.73	95.48
2010	251	7193	32.35	99.62	97.90
合计	1295	38324	157.88	—	—

（五）全面进阶阶段

2012 年以来，劳动保障监察进入全面进阶阶段，监察执法从源头预防到标本兼治、从综合施策到整体联动，并向着主动预防、城乡统筹、区域协同转变，劳动保障监察职能进一步拓展，工作更加贴近市场主体需要、有效服务劳动者，呈现出全面推进、重点突破的良好态势，依法保障劳动者"劳有所得"，维护社会公平正义。全市深入推进劳动监察"两网化"建设和"劳动用工规范一条街"工程，着力规范非公有制企业用工行为；探索建立拖欠农民工工资支付管理机制、京津冀劳动保障监察机制以及全市跨区域劳动保障案件流转平台，全力保障劳动者合法权益。本市通过日常巡查、专项检查、书面审查和案件查办等多种形式，严格规范用工行为、严厉处罚违法用工，首次实现了拖欠工资案件数、涉及人数和群体性突发案件数"三下降"目标，助力首都劳动关系和谐稳定发展。

近年来，市委、市政府将"治欠保支"工作列入重要议程，并纳入政府绩效考核和"平安北京"考核范畴，创建了"双考核"机制。我局高度重视根治拖欠农民工工资工作，将"治欠保支"作为工作重点，不断健全根治欠薪工作制度机制和工资支付保障制度，持续加大监管力度，不断创新监察模式，及时高效处置督办案件，形成合力联动机制，根治欠薪效果明显。

突出联动治理格局，欠薪案件逐年下降。加强与成员单位联合执法，数据对接，把整个根治欠薪工作统筹起来，实现预警信息实时共享，风险隐患联合跟踪处置。通过专项检查和联动治理，集中梳理一批欠薪隐患，集中解决一批欠薪陈案，集中办理一批督办案件，建筑工程领域发生以讨薪为名的突发事件数和参与人数同比逐年下降，有力促进了首都根治欠薪治理能力和水平的提升。

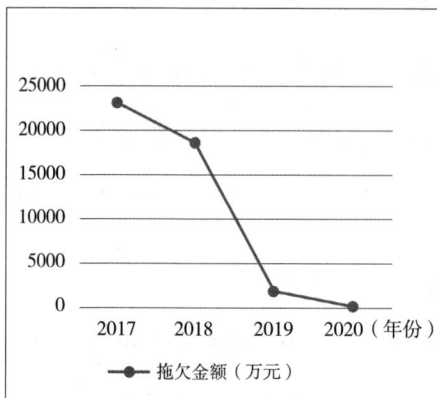

图 10-1

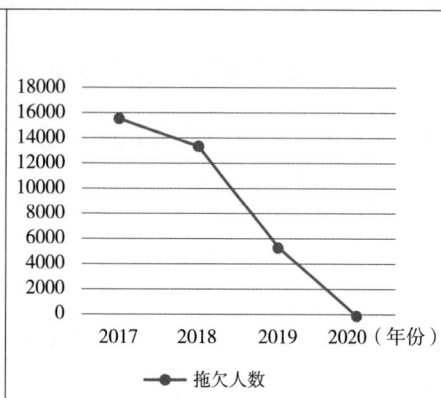

图 10-2

突出多渠道解决措施，立案案件逐年减少。全市逐步整合行政与司法资源，联合法院建立劳动保障监察对接工作站创新诉前调解机制、会同仲裁深化监察 + 仲裁联调联处工作机制，加强与工会协调建立劳动纠纷调处服务站等举措。通过发挥诉前调解、快裁快审、跨区域案件流转、跨部门对接协办等机制作用，最大限度地发挥了前端调解、化解的效能。以海淀区为例，2019 年 10 月至 2020 年 10 月，海淀区共接到劳动保障类投诉举报案件 1968 件，通过诉前调解成功的案件 1139 件，最终正式立案仅 829 件。

突出核心制度落实，制度覆盖率逐年上升。将近年来行之有效的协调联动、应急处置、激励惩戒、区域协同等制度机制和治理措施进一步巩固完善，形成了多个配套的规范性文件，加大力度推行农民工工资保证金、工资专用账户和总包代发工资等制度，房屋市政领域实名制管理系统已与全国建筑工人管理服务平台对接，使所有进场施工的农民工数据均能够做到有据可查，大大减少了非法讨薪案件的发生，以往多发的劳务费、班组承包费用纠纷案件也明显减少。

表 10-4　2019-2020 年农民工合法权益保障制度覆盖率　（单位：%）

制度名称	2019 年	2020 年
工程款支付担保	0	34.40
分账管理	10	64.63
工资专用账户	20	83.94
总包代发工资	20	83
实名制管理	40	90.38

突出监察模式创新，执法效能逐年提升。建立工资备用金制度，结合政府投资项目多的现状，将建设方未支付工程款档期额度的 25% 作为保障农民工工资支付的备用金，确保了政府投资项目"零欠薪"目标任务；建立了政府应急保障金制度，解决了企业工资保证金不足、负责人逃匿时农民工生活困难问题，兜牢了困难农民工基本生活保障底线。出

台轻微违法行为不予行政处罚清单，坚持包容审慎与严格监管并重，让用人单位感受到"有温度的执法"。在全国首推的农民工工资保函制度，为营造良好的营商环境做出了新的尝识。截至 2019 年底，全市办理保函备案 2480 家企业。其中，总承包企业 843 家，专业承包（劳务）分包企业 1637 家；北京企业 1611 家，外地企业 869 家，涉及资金 16.615 亿元。为原农民工工资保证金账户企业办理撤销账户手续，释放沉淀资金 8.1 亿元。保函的创新方式极大释放了企业的资金空间，让企业有更充裕的资金保障农民工工资的支付。

表 10-5　2018-2020 年撤销保证金账户数

2018 年撤销保证金账户数	2019 年撤销保证金账户数	2020 年撤销保证金账户数
302 个	1296 个	1484 个

二、新时期劳动者权益保护的特点

（一）劳动者维权有底气

进入新时代，人们对"美好生活"有了更高的诉求和更强烈的向往，不再是简单地满足于温饱时期的拼命工作赚钱，而是需要在工作之外获得更多价值，"体面劳动，美好生活"成为新时代劳动者的新追求，他们对自己应享有的权利也越来越敏感，当权益受到侵犯时，维权的诉求也越来越强烈，不再忍气吞声，像以前能忍则忍的加班、可有可无的妇女节妇女休假半天、说要就要的个人信息等一些不太在意的权益逐渐得到重视。这些隐形的权益逐步显现，一方面说明现在的劳动者的维权意识越来越强烈，另一方面也说明劳动保障法律法规宣传成效显著，但是更需要强调的是劳动保障监察要及时对接劳动者日益增强的维权意识和维权诉求。并且，随着我市电话、二维码、局网站等非现场方式的举报投诉渠道不断拓宽，劳动者维权渠道越来越畅通，且相关措施还在不断加大力度，导致案件量大增，特别是12345非政府紧急救助热线"接诉即办"的工作时效性、满意率要求，劳动保障监察多方压力只会有增无减。

（二）在劳动法上打擦边球

劳动关系认定是用工管理的前提，也是劳动者维护自身权益的基础。传统的劳动关系中，在劳动合同的制约下，劳动者与用工单位有较强的"隶属性"，劳动者一般需要在指定的时间、地点与相关制度下工作，劳动者和用工单位之间的权利和义务相对明晰，侵权行为的发生一般有迹可循、有据可查。但是随着新科技、新业态、新经济、新消费的快速发展，以互联网为连接器和聚合平台，"去劳动关系化""弱从属性"的新就业形态逐步涌现，它将每一个劳动者还原为原子状态，劳动者以液态形式自由流动结合。在这种模式下，网络平台将自身定义为信息中介，他们认为自己不是用工主体，不产生雇佣关系，只是信息的搬运工，所以为了达到这种目的，互联网平台往往设计一系列规避风险的措施，刻意规避劳动法律，用合作关系代替雇佣关系、劳务关系代替劳动关系，以期能够"合法"地避免不必要的麻烦或者躲开应负的责任，侵权行为越发地隐蔽。例如，美团网就否认与"送餐员"签订的是劳动合同，而认定为"劳务协议"，并且在协议的开头就明确指出"协议适用《合同法》《民法通则》和其他民事法律法规，不适用《劳动合同法》"。

（三）个体话语权淹没在技术洪流之中

在劳动力市场，劳资双方地位不平等是存在已久的一道难题，特别是在当今信息时代，掌握了信息，就掌握了资源和话语权，拥有绝大多数资源的用人单位无疑处于优势地位，资方的强势将进一步凸显劳动者的弱势。由于平台企业掌握了大量的信息资源，其对于就业者的工作分配、工作场所调度、绩效考核、提成比例、等级评定等均握有极大的话语权，企业能较为容易侵害相关就业者的合法权益。这些数据行政机关很难取得，即使能够得到一些数据，企业出于自身利益等因素的考虑，也只提供经过筛选的有利于自己的证据，对劳动保障监察工作产生干扰。并且现有法律规章中，仅有《关于实施〈劳动保障监察条例〉若干规定》对劳动监察机关如何进行证据收集与保存有所涉及，但该规定对于数据提取所应遵守的基本原则也未作具体规定，对数据收集的条件限制过于严苛，对于数据收集的重大程序性事项也不明确。另外，在劳动监察中，无论是监察执法人员的办案过程，还是监察预警的智能分析，抑或是多方互联互通的基础，全都依靠数据的交换与共享，但是我市劳动监察信息管理平台还处于初建阶段，各系统间缺乏对接以及与其他系统不能实现数据共享，与形势发展和推进工作的需要严重不相适应。

（四）"放"与"管"的天平在徘徊

2020 年全市新经济实现增加值 13654 亿元，占地区生产总值的比重达 37.8%。新经济蓬勃发展，新业态、新产业和新模式层出不穷，在拉动经济增长和就业的同时，极大地便利了生产和生活。但是，需要看到的是，新经济、新业态、新技术都是急需人才创意创新的领域，有创新就会有突破，特别是"两区"建设加速启航，核心任务就是制度创新，在这种情况下，企业和员工的工作形式、用工方式、收入考核等，相较于传统企业都发生了巨大的变化，当前，由此产生的问题已然凸显，如"互联网+"企业、金融服务、科技研发等行业高管及特殊技术人才的竞业限制、股票期权收益争议等，使劳动争议案情更加复杂。在现有劳动监察法律制度不能与之相适应，且较短时间内难以改变的情况下，如何精准拿捏"放管服"与"包容审慎"的监管尺度，既能为市场主体发展营造更为健康宽松的环境，又能很好地维护劳动者的合法权益，对劳动保障监察执法来说也越来越需要智慧和担当。

三、规范执法应对新时期新挑战

（一）以法为本，政法结合

法治社会中没有无法之地，无论是传统典型的劳动关系，还是非典型的雇佣关系、劳务关系或者"合作关系"，都应接受法律的监管，而要想从根源上解决新就业形态中劳动者权益保障问题，还是要通过填补"法律短板"来实现。从内容方面来说，以劳动关系为切入口，突破我国劳动关系认定非此即彼的"二分法"，重点应聚焦于新就业形态的界定，依据不同的服务类型及其社会保障需求程度，设置不同等级的用工模式及保障措施。例如英国采用的就是"三分法"。2021 年 2 月 19 日，经过五年漫长的法律拉锯，英国高法一致裁定优步（Uber）司机属于"工人"（worker），这是欧洲零工斗争中具有标志性意义的立法。英国的判例并未把网约车司机和普通雇员画等号，而是将其归入第三类高于"自雇人士"（self-employed，不受英国劳动法保护）、低于"雇员"（employee，受英国劳动法的全面保护）的"工人"（worker）类别。而"工人"类别是英国特有的劳动关系类型，和自雇佣人士比多了法定假日、年假和全国最低工资。从立法形式上来说，可以借鉴德国的"劳资共同制定"规章制度的立法模式，职工享有最高限度的参与权——共同决定权，即非经劳资双方就规章制度中的劳动条件达成一致，资方不能单方决定，如果没有劳动者集体同意，劳动规章不发生法律效力。法律管长远、管根本，但是如果确定法律关系、明确法律适用性时机还不太成熟，要善用政策，树立劳动政策监管也是法律监管的有机组成部分的理念，充分发挥政策具有较强的灵活性的特点，能较好地及时应对灵活多变的新型劳动关系。

（二）刚柔并济，包容审慎

当新经济成为北京经济转型升级的主角，当下急需的是为市场主体提供更多更自由的施展平台，保护好这份"韧性"，包容审慎监管，是当前为适应新兴经济发展而提出的一种监管方式。服务北京高质量发展，特别是服务好"两区"建设，重点在科技创新、服务业开放、数字经济等突出北京特色的领域，积极探索劳动保障监察执法创新，支持示范片区建设，对"五新"涉及企业秉持包容审慎态度。在加强事中事后监管方面下功夫，既要探索包容审慎监管和柔性执法的"白名单"，也要有支持信用良好企业发展的"红名单"，更要有针对拖欠工资或者严重违法行为的"黑名单"，既要有"温度"，又要有"力度"，着力解决事中监管不到位和事后监管过度等问题，探索形成人力社保领域规范监管体系，发挥制度优势，提升治理效能，让劳动者享受法治红利。例如，2020年北京市人力资源和社会保障局《轻微违法行为不予行政处罚清单（第一版）》一经发布就引发社会广泛热议，监管部门将"执法与指导""监管与服务""处罚与教育"有机结合，依法依规主动为用人单位发展提供容错支持，让用人单位倍感"有温度的执法"，彰显了监管的自信与担当。另外，创新案件办理机制，由单纯强调严格执法向惩戒与帮扶相结合转变，注重发挥部门联动机制作用，对于确受疫情影响暂时经营困难的企业，注意平衡企业发展利益和劳动者合法权益、劳动者当前利益和长远利益的关系，注重舆论引导，在坚持依法处置的同时为企业发展创造良好环境。

（三）借力科技，创新监管

把握信息时代发展趋势，创新监管手段，加快推进劳动保障监察信息化、智能化建设，以互联网思维和适应新经济特点的监管思路，打造"互联网＋劳动保障监察"的信息化监管模式，提升劳动保障监管与服务的水平，推进国家治理体系和治理能力现代化。一是强化自身建设，搭建全市劳动保障监察信息化管理平台。以劳动监察"两网化"为基础，统一信息采集标准，建立全域劳动保障监察数据库，实现市、区（县）、街（乡）三级联动的劳动保障监察立体联动执法格局；以需求为导向，研发应用模块，重点加强预警平台和大数据应用等模块的开发，通过大数据深度挖掘和关联分析，推动劳动保障监察由经验判断向数据分析决策加速转变。二是多方整合数据，实现内外数据共享衔接。进一步完善数据共享机制，整合资源、统一流程，一方面将人社领域内部数据如调解仲裁、信访维稳、12333电话咨询服务系统等数据贯通衔接汇集到大数据平台，另一方面加强与人社领域外相关部门的数据信息开放共享，提升监管数据的收集、整合、共享的实时性，从而提升风险识别的准确性和风险防范的有效性。同时完善相应的政策法规，依法依规将劳动监察信息平台与平台企业数据衔接，加强对算法和轨迹的追踪监测，强化对平台企业数据监管，从而能够及时有效地保护劳动者合法权益。

（四）多方协同，聚力共治

一是部门协作聚合力。劳动保障监察部门是劳动执法的主体，但是劳动保障监察工作覆盖范围广、涉及人员多、情况复杂多变，需要其他执法部门和职能部门的配合，因此要进一步健全日常联合执法协作机制，加强与各相关部门的沟通协调，充分发挥多职能部门的作用，推动劳动保障监察工作。例如，对恶意欠薪、讨薪行为，主动对接公安刑侦机关的联动；对失联、隐匿的用人单位，主动对接工商行政管理部门，实施准入规制。二是区域协同借外力。继续深化京津冀协同发展的协作机制，主动与河北省、天津市人力社保部门精准对接，加强跨区域联动，在根治欠薪、信息共享、维权联动、案件协查、联合惩戒等方面，特别是涉及拖欠农民工工资的重大案件、群体性事件和重要信息要及时互通互报，强化机制保障，实现"一点投诉、三地联动处理"，及时有效地处理劳动保障违法案件，提高劳动保障监察执法效率。三是多方协商促共治。在劳动保障监察领域推进公共治理，是治理现代化的必然要求。近年来，国外劳动监察机构越来越重视利益相关者参与监管活动，通过建立与雇主、企业层面劳资委员会以及劳工组织等非政府组织间合作监管伙伴关系，扩大国家劳动管制治理能力。我们也要充分借鉴国外经验，积极推进劳动保障监察公共治理，充分发挥现有的劳资协商、集体协商、协调劳动关系三方委员会等多方参与、多元共治的治理机制作用，多渠道、多方式、多主体全力维护劳动关系和谐稳定。

参考文献

1. 北京市地方志编纂委员会.北京志·综合经济管理卷·劳动志［M］.北京：北京出版社，1999（3）.

2. 北京市地方志编纂委员会.北京志·人力资源和社会保障志［M］.北京：北京出版社，2018（5）.

3. 邵芬，李晓堰.我国劳动保障监察制度的产生、发展和完善［J］.云南财贸学院学报（社会科学版），2006（1）.

4. 孙博.劳动监察制度研究［D］.长春理工大学硕士学位论文，2012.

5. 杨琳.中国劳动保障监察发展轨迹［J］.瞭望，2011（9）.

6. 徐新鹏，高福霞，张昕宇.共享经济的冷思考——以劳动保护为视角［J］.探讨与争鸣，2016（11）.

7. 石佑启，王诗阳.互联网送餐中劳动监察的困境及路径选择［J］.江汉论坛，2020（12）.

8. 高压平团队.从Uber案看零工平台应当具备的四大核心功能［EB/OL］.澎湃新闻，2021-03-16.

9. 夕岸.英高法判定优步司机为工人，是零工斗争界的喜讯吗［EB/OL］.澎湃新闻，2021-02-27.

10. 朱军.论我国劳动规章制度的法律性质——"性质二分说"的提出与证成［J］.清华法学，2017，11（3）.

11.问清泓.共享经济下劳动规章制度异变及规制［J］.社会科学研究，2018（3）.

12.王石川.北京市人社局发布"白名单"释放了哪些信号［J］.小康，2020（34）.

13.黄国琴.和谐劳动关系构建中劳动保障监察职能定位研究［J］.中国劳动，2019（6）.

附录

案例一：组织待业青年发展城镇集体所有制经济

1979 年北京市需要安排工作的有 40 万人，大部分是城镇待业青年。通过招工升学和上山下乡，可以安排 20 万人，其余 20 万人需要另外设法安置。中共北京市委市革命委员会，经过反复研究，决定广开就业门路，发动群众自己动手创造就业条件和岗位，积极组织发展各种集体所有制的生产服务企业。1979 年初，副市长王纯带领干部到崇文区体育馆路街道和其他街道进行调查，探索待业青年就业的途径，根据人民生活的需要和市场的需求，提出组建各种生产服务合作社，要求并督促有关部门从资金、场所、原材料等方面予以支持，并抓住典型进行试点，多次召开现场大会扩大影响，很快在全市出现了许多以待业青年为主体的、聘请有技术有管理经验的退休老职工参加指导的自负盈亏的生产服务合作社网点，经营手工业、服务业、修理业、商业、饮食业，包括卖大碗茶、特种手工艺品、风味小吃等，既解决就业又繁荣市场，方便人民生活，受到群众欢迎。

案例二：职工市内调动

劳动力调配是劳动部门对工人在部门单位地区之间调动工作的管理，主要有企业之间劳动力调节、抽调、安排转业，解决职工远距离上班的调动等形式。有关市内工人调动的政策前后也有变化，1980年以前受劳动计划管理体制的限制，工人的调动一般只能在相同的所有制单位之间进行，全民所有制单位与集体所有制单位之间不能调动，同时中央单位职工不能调到市属单位，有特殊情况必须调动的，要经过市劳动局批准才能办理。1980年以后调动政策逐渐减少限制，允许集体所有制单位工人调入全民所有制单位不再由劳动局审批调动手续，由调出调入的区县局批准就可办理。1984年市劳动局规定全民所有制单位正式工人调往集体所有制单位，只要双方同意，可以直接办理调动手续，本人要求保留全民所有制身份调入单位可以批准，填写审批表，装入本人档案；调到全民所有制单位的集体所有制工人，区县局一级主管部门批准就可办理，不再经过区县劳动部门审批，但一次调动10人以上，需要主管部门报市劳动局审批。

对劳动合同制工人的调动，市劳动局1987年做出规定，全民所有制的劳动合同制工人如调到集体所有制单位，不再保留全民所有制工人身份。1988年3月市劳动局规定，劳动合同制工人在转移工作单位时，在新单位可以有三个月的试用期，在试用期内如发现调入工人患有严重疾病，不能坚持正常工作的，可以退回原单位，劳动合同制工人调动工作，要与调出单位解除劳动合同，与调入单位重新签订劳动合同。1980 年以前，国营农林牧渔场的职工没有特殊情况，不能向其他部门调动。1980 年 10 月市劳动局做出新规定，允许调往其他单位，由调出调入双方单位协商同意，经主管区县局批准即可办理。1984 年 8 月又做了规定，国营农林牧渔场从农民中吸收的正式工人，原则上不得调出，特殊情况需要调出的，需报市劳动局批准。

案例三：企业之间劳动力调剂

20 世纪 50-60 年代初，为了既满足新建扩建企业增加劳动力的需要，又要严格控制从社会上招收职工，曾经采取把一些企业富余劳动力调给急需单位的办法，国务院在 1957 年发出《在企业之间开展劳动力调剂工作的通知》之后，当年市劳动局从 17 个企业调出 667 人到急需单位工作。

企业之间工人除正式调动外，还通过临时借调形式相互调剂，20 世纪 50 年代主要在建筑企业之间进行。1953 年 3 月成立了以市劳动局为主的北京市建筑业劳动力调剂联合办公室，负责组织各单位之间余缺工人的借调工作，成员单位有市总工会、市财政经济委员会和 8 个较大的建筑公司，调剂的办法首先由各建筑单位和主管部门做好内部各施工单位之间的劳动力余缺调剂，经过内部调剂还解决不了的问题，及时报告联合办公室，由联合办公室在全市范围内组织调剂，让供需双方当面协商互相借调的人数、工种以及借调时间和工人的待遇，并签订借调工人的合同。联合办公室每月召开一次调剂平衡会议，会上决定相互借调劳动力的单位，在两天之内办好借调手续，并签订借调合同。1953 年 6 月 7 日，市劳动局发出通告，规定各单位调动建筑工人，必须经市劳动局批准，当年 8 月召开了北京市建筑业劳动力调配工作专业会议，责成各单位建立健全劳动调配机构和管理制度，这种会议直到 1956 年每年召开一次交流经验，促进管理水平提高，减少劳动力窝工浪费。

案例四：安置退休职工子女

1962 年北京市根据国务院《关于当前城市工作若干问题的指示》，对年老退休的职工家庭生活有困难的，可允许单位招收其在本市有正式户口的子女顶替工作。1963 年，国有农场可以自行安置家居农场或城市的农场职工子女在农场工作。1965 年，从事野外作业的地质勘探、森林采伐、矿山井下等部门的职工子女可办理顶替工作，所设中等专业学校与技工学校也可优先照顾其子女入学，运输合作社的社员也可以办理子女顶替。1967 年，凡职工因工或非因工死亡后，在单位增人指标内经劳动部门同意，都可以吸收一名符合招工条件的其子女参加工作。根据国务院公布的《关于退休退职暂行办法的规定》，1978 年市劳动局正式制定了退休职工子女顶替暂行办法，1979 年 2 月起全市实行了包括干部在内的职工退休子女顶替的办法。自 1959-1994 年，全市共招收退休和死亡职工子女 24.6 万人。

后记

　　本书在北京市人力资源和社会保障局领导的悉心指导下，由科学研究所全体人员经过集体讨论，拟定全书的基本框架、编写内容和标准，由相关同志分别负责编写。初稿完成后，原局党组书记、局长徐熙同志专门召集局内相关处室负责同志进行研究，提出修改意见，二级巡视员陆晓播同志最后审订。编写过程中，得到许多单位和个人大力援助，局办公室提供了《劳动志》《北京志》的志书和相关资料，劳动关系处提出了修改意见，人力资源开发处（积分落户工作处）、离退休干部处等提供了相关数据和资料，谨对各相关单位和个人的无私帮助表示诚挚谢意。

　　由于能力和时间有限，我们深知本书尚存缺点和错误之处，恳请广大读者和业内同行提出宝贵意见。

本书编写组

2022 年 3 月 16 日于北京

图书在版编目（CIP）数据

北京人力资源开发服务的实践与探索 / 北京市人力资源和社会保障局编写组编著 . -- 北京：中国青年出版社，2022.7

ISBN 978-7-5153-6686-9

I.①北… Ⅱ.①北… Ⅲ.①人力资源管理—研究—北京 Ⅳ.① F249.271

中国版本图书馆 CIP 数据核字（2022）第 101390 号

责任编辑：彭岩
出版发行：中国青年出版社
社　　址：北京市东城区东四十二条 21 号
网　　址：www.cyp.com.cn
编辑中心：010 – 57350407
营销中心：010 – 57350370
经　　销：新华书店
印　　刷：三河市君旺印务有限公司
规　　格：710mm×1000mm　1/16
印　　张：22.75
字　　数：240 千字
版　　次：2022 年 7 月北京第 1 版
印　　次：2022 年 7 月河北第 1 次印刷
定　　价：50.00 元